书在版编目（CIP）数据

视名人的心理奥秘 / 陈明远著.

北京：中央编译出版社，2013.4

N 978-7-5117-1562-3

.①透…

.①陈…

.①文化 – 名人 – 人物研究 – 中国 – 近现代②心理学 – 通俗读物

.① K825.4 ② B84-49

国版本图书馆 CIP 数据核字（2012）第 319250 号

透视名人的心理奥秘

出 版 人	刘明清
出版统筹	薛晓源
策 划 人	叶 芳
责任编辑	隋 丹
责任印制	尹 珺
出版发行	中央编译出版社
地 址	北京西城区车公庄大街乙 5 号鸿儒大厦 B 座（100044）
电 话	（010）52612345（总编室） （010）52612339（编辑室）
	（010）66161011（团购部） （010）52612332（网络销售）
	（010）66130345（发行部） （010）66509618（读者服务部）
网 址	www.cctphome.com
经 销	全国新华书店
印 刷	北京印刷一厂
开 本	787 毫米 × 1092 毫米 1/16
字 数	302 千字
印 张	21
版 次	2013 年 4 月第 1 版第 1 次印刷
定 价	48.00 元

本社常年法律顾问：北京市吴栾赵阎律师事务所律师　闫军　梁勤
凡有印装质量问题，本社负责调换。电话：(010)66509618

透视名人
心理奥

目 录

前言：剖析名人的个性真相　　　　　　　　　　　　　　　　*001*

第一辑

第一型：求全者闻一多（1899—1946）　　　　　　　　　*003*
　　闻一多给人们的刚直型印象　　　　　　　　　　　　　　*004*
　　闻一多的刚直型、求全型（the Perfectionist）个性特点　　*006*
　　闻一多经历对个性的影响　　　　　　　　　　　　　　　*015*
　　闻一多的知识结构　　　　　　　　　　　　　　　　　　*020*
　　闻一多刚直型的16种个性特质（Traits）　　　　　　　　 *020*
　　五因素模型检测闻一多的人格结构　　　　　　　　　　　*022*
　　【附录】遗稿编为《闻一多全集》出版　　　　　　　　　*023*

第二型：奉献者陶行知（1891—1946）　　　　　　　　　*025*
　　陶行知给人们的奉献型印象　　　　　　　　　　　　　　*025*
　　陶行知的奉献型（the Giver）个性特点　　　　　　　　　*027*
　　陶行知经历对个性的影响　　　　　　　　　　　　　　　*035*
　　陶行知的知识结构　　　　　　　　　　　　　　　　　　*038*
　　陶行知奉献型的16种个性特质　　　　　　　　　　　　　*038*

五因素模型检测陶行知的人格结构　　　*040*

　　　【附录】陶行知提倡"生活教育"　　　*041*

第三型：务实者老舍（1899—1966）　　　*043*

　　　老舍给人们的勤奋谨慎型印象　　　*044*

　　　老舍的勤奋谨慎型（the Performer）个性特点　　　*045*

　　　老舍经历对个性的影响　　　*053*

　　　老舍的知识结构　　　*056*

　　　老舍勤奋谨慎型的 16 种个性特质　　　*056*

　　　五因素模型检测老舍的人格结构　　　*058*

第四型：浪漫者郭沫若（1892—1978）　　　*059*

　　　郭沫若早期给人们的情绪型印象　　　*060*

　　　郭沫若早期的情绪型个性特点　　　*062*

　　　郭沫若经历对个性的影响　　　*068*

　　　郭沫若的知识结构　　　*072*

　　　郭沫若情绪型的 16 种个性特质　　　*072*

　　　五因素模型检测郭沫若的人格结构　　　*073*

　　　【附录】郭沫若现象——是什么力量改变了郭沫若的人格　　　*074*

第五型：客观的思考者陈寅恪（1890—1969）　　　*076*

　　　陈寅恪给人们的思考型印象　　　*076*

　　　陈寅恪的思考型个性特点　　　*079*

　　　陈寅恪经历对个性的影响　　　*090*

　　　陈寅恪的知识结构　　　*095*

　　　陈寅恪思考型的 16 种个性特质　　　*095*

　　　五因素模型检测陈寅恪的人格结构　　　*097*

　　　【附录】作为思想家的陈寅恪　　　*097*

第六型：质疑者瞿秋白（1899—1935）　　　*105*

　　　瞿秋白给人们的质疑—谨慎型印象　　　*106*

瞿秋白的质疑—谨慎型个性特点　　109

　　瞿秋白经历对个性的影响　　116

　　瞿秋白的知识结构　　120

　　瞿秋白质疑—谨慎型的 16 种个性特质　　120

　　五因素模型检测瞿秋白的人格结构　　122

第七型：乐天者刘半农（1891—1934）　　123

　　刘半农给人们的开朗型印象　　123

　　刘半农的开朗型（the Epictur）个性特点　　124

　　刘半农经历对个性的影响　　130

　　刘半农的知识结构　　135

　　刘半农开朗型的 16 种个性特质　　135

　　五因素模型检测刘半农的人格结构　　136

　　【附录】略谈头巾气、书生气　　137

第八型：权威者傅斯年（1896—1950）　　138

　　傅斯年给人们的领袖型（魄力型）印象　　138

　　傅斯年领袖型（魄力型）的个性特点　　140

　　傅斯年经历对个性的影响　　150

　　傅斯年的知识结构　　153

　　傅斯年领袖型的 16 种个性特质　　153

　　五因素模型检测傅斯年的人格结构　　154

第九型：和谐者朱自清（1898—1948）　　156

　　朱自清给人们的平和印象　　157

　　朱自清的平和型个性特点　　158

　　朱自清经历对个性的影响　　164

　　朱自清的知识结构　　168

　　朱自清的 16 种个性特质　　168

　　五因素模型检测朱自清的人格结构　　169

第二辑

第一型：偏执型的求全者傅雷（1908—1966） 173
- 傅雷给人们的偏执、刚烈的印象 174
- 傅雷的求全者个性特点 176
- 傅雷经历对个性的影响 180
- 傅雷的知识结构 184
- 傅雷求全者的16种个性特质 184
- 五因素模型检测傅雷的人格结构 185

第二型：理想型的奉献者巴金（1904—2005） 187
- 巴金给人们的奉献者印象 187
- 巴金炽烈的理想型奉献者个性特点 189
- 巴金经历对个性的影响 200
- 巴金的知识结构 202
- 巴金理想型的16种个性特质 202
- 五因素模型检测巴金的人格结构 204

第三型：干练的稳健型务实者张元济（1867—1959） 205
- 张元济给人们的稳健型务实印象 205
- 张元济稳健型务实个性特点 207
- 张元济经历对个性的影响 213
- 张元济的知识结构 219
- 张元济稳健型的16种个性特质 219
- 五因素模型检测张元济的人格结构 221
- 【附录】张元济填干部履历表 221

第四型：自我情绪型的浪漫者吴宓（1894—1978） 222
- 吴宓给人们的浪漫者印象 222

  吴宓自我情绪的浪漫者个性特点   225

  吴宓经历对个性的影响   235

  吴宓的知识结构   239

  吴宓浪漫者的16种个性特质   240

  五因素模型检测吴宓的人格结构   241

第五型：钻研型的思考者陈垣（1880—1971）   242

  陈垣给人们的钻研型思考者印象   242

  陈垣钻研思考者个性特点   243

  陈垣经历对个性的影响   247

  陈垣的知识结构   249

  陈垣钻研思考者的16种个性特质   249

  五因素模型检测陈垣的人格结构   251

第六型：反省的质疑者严复（1854—1921）   252

  严复给人们反省的质疑者（疑问型）印象   252

  严复质疑型个性特点   252

  严复经历对个性的影响   259

  严复的知识结构   260

  严复质疑型的16种个性特质   260

  五因素模型检测严复的人格结构   262

第七型：直率激进的乐天者钱玄同（1887—1939）   263

  钱玄同给人们的直率型乐天者印象   263

  钱玄同直率型（激进型）个性特点   265

  钱玄同经历对个性的影响   271

  钱玄同的知识结构   273

  钱玄同直率型（激进型）的16种个性特质   274

  五因素模型检测钱玄同的人格结构   275

第八型：魄力型的权威者马寅初（1882—1982） 276

马寅初给人们的魄力型（坚韧型）印象 276

马寅初魄力型（坚韧型）个性特点 277

马寅初经历对个性的影响 286

马寅初的知识结构 290

马寅初魄力型（坚韧型）的16种个性特质 291

五因素模型检测马寅初的人格结构 292

第九型：达观的和谐者宗白华（1897—1986） 293

宗白华给人们的达观和谐者印象 293

宗白华和谐型个性特点 295

宗白华经历对个性的影响 303

宗白华的知识结构 305

宗白华和谐型的16种个性特质 305

五因素模型检测宗白华的人格结构 307

后记·剖析百多年间文化名人个性的发展 308

【附录】百多年间百位文化名人的个性类型一览 310

参考书目 314

前言：剖析名人的个性真相

本书试图从一种全新的角度，即现代个性心理学的角度，来深入透视名人们的心理奥秘。

学术界期盼，未来社会科学将以人格（个性）为研究的核心对象。近年以来，世界心理学得到了很大的进展，在个性心理学领域，经过几代学者们的努力，一种新型特质理论"大五"模型（Five-Factor Model）已经由初具规模趋向成熟。同时，最新的"九型个性分析"也得到广泛的应用和社会关注。

本书就采用"大五"模型和"九型个性分析"的有效方法，以许多"个案"剖析名人们的个性，具有很强的现实意义；对于这些名人的心理分析提供了一些镜面，可供日常生活中的心理观察作为借鉴和参照。

对于20世纪文化人进行个性分析

多年前，我在《文化人的经济生活》一书《后记》中说——

"80年代以来，我探讨现代文化人和知识阶层的发展史，除了撰写访谈记回忆录、并作惯行的文本分析以外，我还从两个特别的角度切入：一是从个体心理学和社会心理学的角度，发掘他们各自的个性、人格特征及其心路演化过程；二是从经济学和社会学的角度，考证他们在各阶段的生活条件和经济背景，也就是统计归纳、比较分析'金钱收支和生活费用'的实际情况。这两个切入点……在社会实践中人们无不承认它的重要性，而在文化理论中往往被研究者所忽视。"

个体心理学和社会心理学，到如今仍然处于尚待成熟的发展阶段。20世纪90年代，我国许多心理学家对于"个性、人格"等术语，作如此翻译和定义（区分）——

个性（individuality）即个体性，指人的性格的独特性；

人格（personality）原先又译为"个性"，是一种复杂的内在组织，包括人的思想、态度、兴趣、气质、潜能、人生哲学以及体格和生理特点等。

在现代汉语的语义中，"人格"还带有伦理道德的因素，如说"人格的魅力"、"人格高尚"和"人格卑微"等。

本书主要采用了"个性"这一术语，而将"人格"作为近义词。主要是从心理学的角度，分析18位文化名人的个案。

类型（Type）和特质（Trait）

研究个性（人格）的理论有两大类：类型论和特质论。

这两种描述个性（人格）的理论各有特点，类型论认为个性可以划分为几种类型，如：在四种基本气质的基础上，可划分为四个基本类型；九型人格理论，则将个性划分出九个类型。

特质论主张每个人的个性可以通过因素分析，得出若干种"特质"加以描述；而这些不同的、互不相关的特质，组成各自的"区别性特征"。

九型个性（Enneagram）

九型个性（Enneagram）或翻译为"九型人格"，亦称个性形态学，起源于一套很古老的学说，据说是由千年以前中亚苏菲教派所创始。它的历史，略晚于古希腊罗马哲学家提出的四种气质基本型假说。

九型个性（人格）准确地浓缩、综合了在所有活动中发现的不同个性归类原则。由于它简单精炼，而且与现代心理学的个性论述不谋而合，所以受到一些欧美国家的广泛欢迎，视为一个能有效分辨、揭开个性类型谜底的心理学系统。

20世纪90年代以来，特别是21世纪初以来，"九型个性（Enneagram）或九型人格"的学说，在全世界范围内得到广泛的传播。对于它的研究和应用方兴未艾。

我们知道，所谓"气质"是多元化、多样化的，虽可分为几种基本型（多血质 sanguine、胆液质 choleric、抑郁质 melancholic、粘液质 phlegmatic，加上神经质），但也各自有许多差别，气质不同，各如其面。

人们的气质不同，表现了人的大脑中枢和神经系统中某些固有的特性。正如人的神经系统没有好坏之分一样，人的气质也没有好坏之分。每种气质类型都有积极的一面，也有消极的一面。在"气质"基础上，由于各人的素养、经历、环境各异，而发展出千变万化的各种个性。

在现实生活里，表现出单一气质的并不算多（大约占半数或至少三分之一），而许多人是若干气质相互渗透、混合的。因此，在四种单一气质形成的四种个性类型以外，还可以发现混合气质形成的九种类型的个性：

第一型：求全者（完美型）the Perfectionist（reformer）
第二型：奉献者（给予型、助人型）the Giver, Helper
第三型：务实者（实用型、成就型）the Performer（achiever / motivator）
第四型：浪漫者（情绪型、自我型）the Romantic（artist / individualist）
第五型：思考者（沉思型、观察型、理智型）the Observer（thinker）
第六型：质疑者（质疑型）the Questioner
第七型：乐天者（活跃型）the Epictur（adventurer/enthusiast）
第八型：权威者（支配型、领导型）the Boss（leader）
第九型：和谐者（中庸型）the Mediator（peacemaker）

"大五"模型（Five-Factor Model）

五因素模型简称"大五"，是当代人格心理学的新型特质理论。建立人格结构模型，主要有两种理论依据：语义分析（词汇学）和特质分析。

古今中外都用语词（主要是形容词）来描述人的性格。对于人的举止言行的描述所使用的形容词，包含了人的气质、性格、个性和人格的特点。

人格评价是具有语义层次的结构。

主要做法是这样：首先把某一语系的所有描写人的词汇挑选出来，然后进行筛选、比较和匹配，根据语义将词分入不同的范畴组，制成词表，用这个词表让被试者对自我或他人进行描述，最后对各个范畴求出相关，形成相关矩阵，再作因素分析。结果得到几个因素，取前几个载荷量大的因子作为人格的基本因素。

奥尔波特和奥波特从《韦氏新国际词典》里面列出有关"人"的词语55万条，简化到18000条，其中有1/4是描述人的性格的形容词。1943年卡特尔继续了奥尔波特和奥波特的研究，对词汇表进行了聚类分析，做出了171个形容词的表格，再研究它们之间的相关性，建构了16种个性特质表。1989年美国心理学家麦克雷、可斯塔等人（McCrae & Costa）提出的"大五人格模型"，把人格进一步统计归纳分为五个方面来描述。

近年来各国许多心理学家的研究表明，不论是用英文、德文、法文、日文词汇还是用中文词汇，不论是让被试对自己还是对他人描述，不论采用什么因素抽取和旋转法，结果都是得到了五个主要因素，它们是：

E：倾向性 Extraversion（或译为外向性）

A：随和性 Agreeableness（或译为宜人性）

C：认真性 Conscientiousness（或译为公正性—严谨性）

N：情绪性 Neuroticism（或译为神经质稳定性）

O：开放性 Openness（或译为创造性—求新性）

这五个因素的字母缩写为 OCEAN（海洋），意味着"大五"系统的广泛代表性。

九型个性的例证

第一型：求全者（完美型）the Perfectionist（reformer）

如：鲁迅（1881—1936）是苛求型的求全者；闻一多（1899—1946）是刚直型的求全者；林纾（1852—1924）是保守的古典的求全者；傅雷

（1908—1966）是偏执型的求全者；夏衍（1900—1995）是宁静型的求全者；冰心（1900—1999）是纯爱型的求全者；林徽因（1904—1955）是完美型的求全者；徐悲鸿（1895—1953）是艺术型的求全者；顾准（1915—1974）是不屈不挠的求全者；穆旦（1918—1977）是抑郁型的求全者。

求全者（完美型）的人格特征是——

较真、挑剔、尽责，希望所做的每件事都绝对正确。敏感，习惯于批判别人，也爱批判自己，内心拥有一张应该与不应该的清单。他很难为了自己而轻松玩乐，因为他以很高的标准来审查自己的行为，而且老是觉得做得还不够。善于整理，追求尽善尽美，有可能因为害怕无法臻于完美而耽搁了事情。具有道德优越感，厌恶那些不守规矩的人，特别是当那些人越矩得逞时。他是优秀的组织人才，能够克服错误，紧追必须完成的事项，完成任务。

向积极方面的表现，是沉静、自我规范、遵从伦理、会照顾他人、激励人心、具原创力、说服力。

向消极方面的表现，会自以为是、严厉、顽固、刻薄、爱嘲讽、容易焦虑甚至愤怒、讥讽和支配他人。

第二型：奉献者（给予型、助人型）the Giver, Helper

如：李大钊（1889—1927）属于仗义忠厚的奉献者；陶行知（1891—1946）属于平易淳朴的奉献者；马相伯（1840—1939）属于信仰天主的奉献者；林白水（1874—1926）属于为报业牺牲的奉献者；晏阳初（1890—1990）属于外向灵活的奉献者；巴金（1904—2005）属于理想型的奉献者；张幼仪（1900—1988）属于三从四德型的奉献者；孙荃（1897—1978）是贤妻良母型的奉献者。

奉献者（给予型、助人型）的人格特征是——

具有类似于宗教信仰的奉献精神，无论在时间、精力和事物三方面都表现出主动、乐于助人、达观以及慷慨大方。由于他不易承认自己的需要，也难以向人呼求帮助，所以总是无意识地通过人际关系来求得满足，而且在自己最为人所需时感到最快乐。对别人的需要非常敏锐，能够吸引别人。善于付出更胜于接受，有时会操控别人，为得到安慰而付出努力，有时候是天生的照顾者和支持者。为了使别人成功、美满，能运用他天生的同情心和理解力，给出对方真正需要的事物。

向积极方面的表现，会是充满爱心、能真诚支持并适当给予。不论对待弱者或强者、伙伴或权威，他们都是积极主动、高度配合、忠诚无私的好帮手。

向消极方面的表现，会是抑制情感、善于操控、神经质甚至为得到而付出。其原型就是自我牺牲且强势的母亲，会抱怨家人从不感激她的帮助，或从不给予任何回馈。

第三型：务实者（实用型、成就型）the Performer（achiever/motivator）

如：胡适（1891—1962）是积极外向的成就型务实者（实用主义者）；盛宣怀（1844—1916）是圆滑的务实者；张謇（1853—1926）是注重实业的务实者；张伯苓（1876—1951）是活动的实干型务实者；老舍（1899—1966）是勤奋的谨慎型务实者；顾颉刚（1893—1980）是善思考的多方位务实者；张元济（1867—1959）是干练的稳健型务实者；梁思成（1901—1972）是学术型的务实者。

务实者（实用型、成就型）的人格特征是——

精力旺盛，奋力追求成功，以获得地位和赞赏。具有竞争性，尽管他自认为这是一种挑战，而充满成功的欲望。无论处在何种竞争场合，总是把目标锁定在成就之上，能够顺应身边的人们而变换形象。全心全意追求某个目标，永不厌倦。他会成为杰出的团队领袖，鼓舞他人相信"天下没有不可能的事"。

向积极方面的表现，是具理解力和社会意识的领导者，善于搞好关系，能运用他的热情和希望激励别人，与人群建立起深厚的联系，以达到有价值的目标。

向消极方面的表现，是内心孤傲、有干练的野心，讨好对方却并无实情，善于算计，城府颇深，为达目的而支配他人。

第四型：浪漫者（情绪型、自我型）the Romantic（artist/individualist）

如：梁启超（1873—1929）是兴趣多变的浪漫者；吴宓（1894—1978）是自我情绪型的浪漫者；田汉（1898—1968）是外向活跃的浪漫者；郭沫若（1892—1978）前期是表现自我的浪漫者，后期转化为逢场作戏型的浪漫者；萧军（1907—1988）是鲁莽粗犷型的浪漫者；丁玲（1904—1986）是女性自主的浪漫者；艾青（1910—1996）是艺术型的抑郁的浪漫者。

浪漫者（情绪型、自我型）的人格特征是——

具有艺术气质、情感丰富、想法（观点）多变，不断寻求一生的志向、理想的伴侣，他倾向于理想化，而强烈不满现状，言谈举止慷慨激昂，具有感染力和煽动性。善于自我表现，与众不同。无论在任何领域，生命力充满追求的欲望。以自我情绪的冲动，影响他人甚至在社会上造成轰动一时的效应。

向积极方面的表现，是充满创造力与活动力。满腔热血得到宣泄时，可以产生杰出的作品。他们能在具备一定的客观条件时，克服种种障碍，实现主观理想的愿望，而成为出色的艺术家。

向消极方面的表现，自我中心，凡事从自我需要，情绪可能过度膨胀，有投机心理，浮躁多变，时而受罪恶感折磨、自困自责，不胜脆弱，一味要求别人的关心鼓励。

第五型：思考者（沉思型、观察型、理智型）the Observer（thinker）

如：王国维（1877—1927）属于抑郁悲观的思考者；陈寅恪（1890—1969）属于深沉透彻的思考者；吴文藻（1901—1985）属于书卷气的思考者；陈垣（1880—1971）属于钻研型的思考者；潘光旦（1899—1967）属于顽强的思考者；罗常培（1899—1958）属于懦弱的思考者；金岳霖（1895—1984）属于真纯的思考者。

思考者（沉思型、观察型、理智型）的人格特征是——

酷爱知识，有内在强烈的好奇心与求知欲，习惯沉思冥想，带着距离经验生命，避免牵扯情绪，重观察更胜于参与，有洞察力而袖手旁观。他需要高度隐私，我行我素，自我意识极强，不合群，喜欢幽居独处，宁静致远，特别重视心智生活。专心体验在日常事物中难以感受的思绪，能够透视出别人难以感知的事物本质。

不喜欢预定的例行公事，然而是杰出的决策者和具有创意的先知先觉。

向积极方面的表现，是敏锐、专注、客观而富创造力的思想家，能结合他的敏感和分析技巧展现出高度的智慧。

向消极方面的表现，是孤僻、冷漠、好猜忌、落落寡合、恃才傲物，自我封闭性极强，对任何事都不愿轻易承诺或表态，而且遗世独立，不问人间烟火，与世隔绝。

第六型：怀疑者（质疑型）the Questioner（loyalist）

如：郁达夫（1896—1945）是自暴自弃的质疑者；严复（1853—1921）是反省的质疑者；瞿秋白（1899—1935）是清醒的质疑者；王实味（1906—1947）是神经质的质疑者；曹禺（1910—1996）是懦弱的质疑者；张爱玲（1920—1995）是唯美的质疑者；庐隐（1898—1934）是激烈的质疑者；张申府（1893—1986）是反复型质疑者。

质疑者（疑问型）的人格特征是——

聪慧敏感，忧心积虑，常感到不顺心，觉得周围环境中具有某种威胁，他们也明白威胁的来源，会预想最糟的可能结果，饱尝世态炎凉。这种怀疑的心态会产生猜忌、动摇以及犹豫不决而办事拖延。不喜欢权威，也回避和畏惧权威。他们的同情心使得他们愿意参加弱势团体运动，但是在权威的胁迫下难于自处，或维持成功。

某些时候具有以退缩保护自己免于威胁的倾向，某些时候则迎向前去企图克服它，而表现出攻击性。而一旦取得信任时，则是忠诚的朋友，重然诺、守信誉。

向积极方面的表现，具有明辨的心智，既多产又富想像力，是一诺千金且维护他人的伙伴与挚友，能站稳立场以对抗有害的权威体制。

向消极方面的表现，具有偏执倾向，畏缩不前，缺乏效率和弹性，不善交往。怠惰、敷衍，厌倦组织纪律的约束，且难以开展或完成任务。

第七型：乐天者（活跃型）the Epictur（adventurer/enthusiast）

如：徐志摩（1897—1931）是快活的乐天者；钱玄同（1887—1939）是直率激进的乐天者；刘半农（1891—1934）是开朗的乐天者；林语堂（1895—1976）是幽默的乐天者；唐瑛（1910—1980?）是交际花乐天者；邵洵美（1906—1968）是唯美的乐天者；吴祖光（1917—2003）是没有顾虑的乐天者。

乐天者（活跃型）的人格特征是——

生性乐观爽朗、精力充沛、迷人。不愿意被束缚或受控制，而尽可能保留许多愉快的选择。在不顺利的情况下，他会从心理上回避到自我愉悦的幻想中，自得其乐。

总是憧憬未来，当新的机遇出现时，他与时俱进。保持生命快活的情调，使他善于享受新的经验、新的人群和新的观点，富有创意。

向积极方面的表现，是热心、具感知力、宽宏大度、有创造性，充满爱心，能运用鲜明而开阔的想像力、综合力和感染力，鼓励他人，积极进取。

向消极方面的表现，是自我中心、言行不一、惹是生非，无法专注，见异思迁，喜新厌旧，以至于自找没趣甚至走上绝路。

第八型：权威者（支配型、领导型）the Boss（leader）

如：陈独秀（1879—1942）是领袖型权威者；康有为（1858—1927）是虚夸型权威者；傅斯年（1896—1950）是支配型权威者；胡风（1902—1985）是魄力型权威者；周扬（1907—1989）是管理型（工头型）权威者；马寅初（1882—1982）是不畏强暴的权威者；罗隆基（1896—1965）是支配型权威者；冯雪峰（1903—1976）是耿直刚烈的权威者。

权威者（支配型、领导型）的人格特征是——

独断独行、有时具有攻击性，对生命抱持"一不做二不休"的态度。他通常是领袖，或极端孤立者，朋友和人们在他的照料下相当受到保护。他知道自己在想什么，关心正义和公平，并且乐意为此而战。

格外追求快乐，从与朋友喝酒作乐到理性的讨论都有。他能觉悟权力所在之处，让自己不受到他人的控制，而且具有支配力。

忠诚地运用自己的力量，并毫无倦怠地支持有价值的事件。

向积极方面的表现，具有深层的爱，保护他人而且给出力量，能利用他强大的精力和天生的权威，为家庭而向社会中的不义战斗。

向消极方面的表现，是愤世嫉俗、逞威风、破坏法纪、手段强硬的人，他觉悟不到别人的感觉，而且利用力量、谎言、操纵或暴力去达到自己的目的。

第九型：和谐者（平和型）the Mediator（peacemaker）

如：蔡元培（1868—1940）是自由宽容的和谐者；朱自清（1898—1948）是平稳的和谐者；宗白华（1897—1986），是达观的和谐者；夏丏尊（1886—1946）是悲观的和谐者；周作人（1885—1967）是随遇而安的脆弱型和谐者；郑天挺（1899—1981）是尽职尽责的和谐者；冯友兰（1895—1990）是中庸型和谐者；叶圣陶（1894—1988）是投身教育的和谐者；凌叔华（1900—1990）是协调型的和谐者；阳翰笙（1902—1993）是平和型的和谐者。

和谐者（平和型）的人格特征是——

落落大方，心气平和、宽容大度。善于了解和接纳别人的观点，尽管还不太清楚自己所想、所要的究竟是什么。喜欢和谐，兼容并蓄，宁愿配合众人的安排，也尽量避免冲突。通常很主动，兴趣很多，但是责任优先，却将自己的事项拖到最后才做。他是很好的仲裁者、磋商对象，而且能专心执行一项团体计划。

然而，如果被人施压，会变得固执，有时甚至会动怒。还具有自我陶醉的倾向，爱看书、与朋友聊天、观看演出等。

　　向积极方面的表现，具有慷慨、和善、好相处、敞开胸怀而具宽恕心，能够直觉地感应到团体中适切而均衡的能量，面创造出和谐的气氛，为人们带来真正的贡献。

　　向消极方面的表现，是被需求困扰、犹豫不决、冷漠退避，独善其身，无所事事。他渴望关怀，但却为逆反的处境而愤世嫉俗，用被动式反击或逃避的行为来表达内心不满。

（2005—01—10）

第一辑

第一型：求全者闻一多（1899—1946）

闻一多是五四新文化运动的斗士、诗人、学者，是"真名士自风流"的典范文化人。

闻一多的个性，是刚直型的求全者（Perfectionist）。

他刚强直率，爱憎分明，有强烈的正义感。他有高度的伦理道德观念，讲理、自律。对他说来，真理与正义是最基本的价值观。

诚实与正直，使他成为杰出的道德典范。他有纯真的情操，总是要求公正，愿意为众人的利益提升自己。具有很高的智慧与辨别力，超越的眼光，高远的理想。由此，蔑视权贵，不合时宜，不懂妥协，以至于引来杀身之祸，壮烈牺牲。

凡事追求完美，经常对自己和他人提出评判。因对自我处处都从严要求，给自身很大的压力。勤奋刻苦，不贪图安逸；生活节俭，除了茶和烟以外，就是耽于思考、读书、教学与写作，没有什么其他嗜好。很少放松自己去吃喝玩乐，更不用说奢侈纵欲。对于倾心尽力的事业，怀有苦行僧的操守，由于现实与理想的巨大差距，往往愤世嫉俗，直言不讳，嫉恶如仇，容易树敌。而对于知己的亲友、莘莘学子，则诚挚爱护，全力相助，有时好心不得好报。

只接受自我认为正确的事物，固执，苛求，不圆通；信念坚定，决不苟且。要求自己在芸芸众生中出类拔萃。很在意他人的批评，生怕做出错误的决定。有时因为不够完美而感到失落。言论激烈，有时一意孤行，让人们感到他好走极端。

闻一多给人们的刚直型印象

闻一多（1899.11.24—1946.7.15）青少年时期倾向于自省、含蓄，内心蕴含炽热的理想抱负，而外表严谨羞怯，言行一丝不苟。激动时往往憋得满脸通红而说不出话。他的口才是成长后努力锻炼得来的。

成熟后的闻一多，外表显露出"诗人、学者、斗士"的三重气质：面貌棱角分明，衣着朴实端庄，腰板笔直硬挺，目光炯炯有神，风度严肃而又潇洒。精悍严肃者乃为石破天惊的学问，悠然潇洒者乃为格调严整的新诗，刚强激烈者乃为奋不顾身的斗士。

1927年夏，他在致饶孟侃的信中说："绘画本是我的原配夫人，海外归来，逡巡两载，发妻背世，诗升正室。最近又置了一个妙龄的姬人，篆刻是也。似玉精神，如花面貌，谅能笼擅专房，遂使诗夫人顿兴弃扇之悲。"有学生为撰写论文而请教闻一多，闻一多说："我劝青年朋友们暂且不要谈创作，先读二十年书再说。"

梁实秋与闻一多，20年代就是长期的留美同学，回国后又同在青岛大学任教，有着非比寻常的情谊。晚年梁实秋在《忆青大，念一多》一文中说，"他到学校去要经过我的门口，时常呼我同行赴校。青岛多山路，所以我们出门都携手杖一根，一多很欣赏策杖而行的那种悠然的态度。"

1930年闻一多应聘到青岛大学讲授中国古典文学。因为闻一多在美国是学西洋绘画的，学生反对他，贴"打倒闻一多"的标语。闻一多发奋好强，天天钻进故纸堆里埋头苦读，记笔记，写教材。1930年到1932年闻一多的学生臧克家对他有着深刻印象：研读图书资料时目光专注入微，整日严谨地向古代典籍钻探。志趣正浓，目不窥园，足不下楼，不动不响，无声无息。居住处被戏称为"何妨一下楼"。

1933年下学期，闻一多到北京大学讲课。学生王廷林回忆：闻一多讲授《诗经》，地点在红楼二楼西头一个能容纳六七十人的大教室，坐满听课者，门外也坐满了人。闻先生光头未蓄发，满面红光，双目有神，身着银灰色夹袍，足穿布鞋，裤脚用带子扎着。讲课朴实无华，没什么开场白和客套，更不吹嘘自己。他第一课写在黑板上的"鱼网之设，鸿则罹之"八个字，却深深印在我心里。

闻一多的服饰也有特色：青年诗人时期，西服革履，洋装笔挺；壮年学者时期，长袍手杖，名士风度。

抗日战争爆发以后，清华大学西迁。1938年，闻一多从长沙率领学生步行到昆明。在路上一个多月没有刮胡子，到昆明后，索性留起来成为美髯公，表示如果抗战不胜利则决不剃胡须！

40年代，在朋友和学生们心目中，中年闻一多的形象鲜明——

据西南联大同学们回忆：浪漫诗人闻一多讲课有两个充满诗意的癖好。一是将上午的课调到黄昏时分，认为有气氛，精彩。二是上课时穿深色长衫，抱着大叠稿本，昂然走进教室。学生起立致敬坐下后，闻一多也在讲台坐下，慢条斯理掏出纸烟匣，打开，笑一笑问："哪位吸？"学生们一阵笑，当然没人吸，他自己便点上一支，长长地吐一口烟雾后，舒缓地念道："痛——饮——酒，熟读——离骚，方得为真——名——士！"

同事吴晗教授记载："一部好胡子配上发光的眼睛，在演讲，在谈话紧张的时候，分外觉得话有力量，尤其是眼睛，简直像照妖镜，使有亏心事的人对他不敢正视。"

"去年（1945年）旅行路南游石林，含着破烟斗，穿一件大棉袍，布鞋，扎脚裤，坐在大石头上歇脚的时候，学生给他拍了一张照，神情极好，欢喜得很，放大了一张，装到玻璃框里，到他家的人，都欣赏照片里的胡子。"（吴晗：《哭一多》，原载《新华日报》1946年7月28日）

一直到1945年8月15日本无条件投降的那天，闻一多在乡下看到报道，立即叫理发匠把蓄了多年的胡须剃光了，面容焕然一新。

1945年5月4日，昆明大中学生举行大游行时，忽见下起雨来，有些学生正要散开。闻一多却走上高台，大声呼喊："武王伐纣誓师时也下了大雨，武王说这是'天洗兵'，是上天给我们洗兵器，今天，我们也是天洗兵！"在他的激励鼓舞下，队伍照常游行。

1946年在昆明的民主运动中，他经常走在游行示威队伍前列，昂首挺胸，目光如炬，高唱民主进行曲："团结就是力量！团结就是力量！这力量是铁，这力量是钢，比铁还硬，比钢更强！向着法西斯开火，叫一切不民主的制度死亡！"闻一多的大无畏形象，成了中国民主运动的不朽的象征。

闻一多的刚直型、求全型（the Perfectionist）个性特点

闻一多的个性属于刚直型、求全型。刚强，正直；有毅力，认真，勤奋，刻苦耐劳；讲求公平，公正；激进，难免言辞偏激；有抱负，有原则，尽忠职守。自我要求高，喜欢评判自己与别人。

（一）刚——刚强，刚毅，充盈阳刚之气，具有强烈的正义感；

（二）精——精心，风格精悍，精益求精；

（三）激——激进，容易激动，说话言辞偏激；

（四）内热——内在的烈火般的热忱；

（五）迷醉——沉醉于学问；

（六）自律——严格要求自己，洁身自好，经常自责；

（七）刻苦——勤奋，不贪图享受，以埋头苦干为荣；

（八）追求美——理想美，逻辑美，才华美；

（九）大无畏——叛逆精神，身殉民主。

下面根据历史资料和已经发表的回忆录、访谈录，摘引一些实例，加以论证。

（一）刚——刚强，刚毅，阳刚之气

闻一多的气质是刚性的，刚强，刚毅，充盈阳刚之气，具有强烈的正义感。

闻一多肚子里有什么，嘴里说什么，从来藏不住话。而且，受不了气。在乡下住，明白了农民的苦痛，他会气得说不出话。谈到政治上的种种，

越谈越多，他会一晚睡不着，辗转反侧到天亮。（吴晗：《哭一多》，原载《新华日报》1946年7月28日）

强烈的正义感，无顾忌到畅所欲言，有话便说，畅到使人起舞，使人猛醒，也使人捏一把汗。也就因为这，他抓住几千万青年的心。（吴晗：《哭一多》，原载《新华日报》1946年7月28日）

朱自清论及闻一多，指出："他是一个斗士。但是他又是一个诗人和学者。这三重人格集合在他身上，因时期的不同而或隐或现。""他是一个斗士……在诗人和学者的时期，他也始终不失为一个斗士。"（朱自清：《闻一多全集序——闻一多先生怎样走着中国文学的道路》1947年8月）

闻一多牺牲后，老朋友熊佛西致悼词："我之悼念你，是基于你是一个好人，中国今日第一等的好人，一个有强烈正义感的好人，一个永远反对黑暗而酷爱光明与真理的好人，一个爱国的志士，民主的鼓手。为了争取四万万五千万人民的幸福，为了争取民主与和平，为了给中华民族的子孙打下一个自由的基础，你英勇地贡献了你的生命。你求仁得仁，死无憾矣！"（引自熊佛西：《诗人，学者，民主的鼓手》，1946年）

在1947年悼念闻一多时，郭沫若将鲁迅与闻一多相提并论，并指出他们各自的特征为："鲁迅的韧，闻一多的刚"。

（二）精——精心，风格精悍，精益求精

闻一多的研究工作至少有了20年，发表的文字虽然不算太多，但积存的稿子却很多。这些并非散稿，大都是成篇的，如《唐诗杂论》、《楚辞校补》、《古典新义》，而且他亲手抄写得十分工整。只是他总觉得还不够完密，要再加些工夫才愿意编篇成书。可见他对于学术忠实而谨慎的态度。（原载1946年《国文月刊》；录自《朱自清选集》，开明书店1951年7月版）

1937年闻一多在北京休年假。他向学校申请了一名助教，想在休假期间编一部《毛诗字典》。这位20年代的著名新诗人，这时把做诗的热情大多转向了学术。

1938 年西南联大南迁之时，文学院曾经在南岳衡山圣经书院旧址上课，宿舍紧张，闻一多曾与钱穆、吴宓、沈有鼎四人合居一室。只见他从容自若，一丝不苟潜心学术研究，认真读书备课。钱穆回忆："室中一长桌，入夜，一多自燃一灯置其座位前。时一多方勤读《诗经》、《楚辞》，遇新见解，分撰成篇。一人在灯下默坐撰写。"生活艰难却研究不懈。（钱穆：《八十忆双亲·师友杂忆》）

1946 年初，朱自清因为写文章，将闻一多的许多手稿都过了一遍，花了几个小时。阅读闻一多手稿给朱自清留下了很深印象："闻先生的稿子却总是百分之九十九的工楷，差不多一笔不苟，无论整篇整段，或一句两句。不说别的，看了先就悦目。他常说钞稿子同时也练了字，他的字有些进步，就靠了钞稿子。"

郭沫若高度赞赏闻一多在学问上的真知灼见，痛惜道："千古文章未尽才！"

朱自清说："我听他近来的演说，有两三回也是这么精悍，字字句句好似称量而出，却又那么自然流畅，他因此也特别能够体会古代语言的曲折处。当然以上这些都得靠学力，但是更得靠才气，也就是想象。他是有幽默感的人。他的认识古代，有时也靠着这种幽默感。他能够体会到别人从不曾体会到的古人的幽默感。"（原载 1946 年《国文月刊》；录自《朱自清选集》，开明书店 1951 年 7 月版）

（三）激——激进，容易激动，言辞偏激

闻一多富于诗人气质，天生是一个诗人……在气质上，在情感上，即使在政治要求上，还保留了彻头彻尾的诗人情调。（吴晗：《哭一多》，原载《新华日报》1946 年 7 月 28 日）

熊佛西回忆：1924 年我们在美国求学的时候，闻一多对于国事是那样关切，对于当时的军阀当道是那样的痛恨，闻一多当时所学的是绘画，但觉得专凭颜色和线条是不足表现思想和感情，——不能传达闻一多对于祖国与人民火一般的热爱：于是闻一多改习了文学。常说："诗人主要的天赋

是'爱',爱他的祖国,爱他的人民。"(引自熊佛西:《诗人,学者,民主的鼓手》,1946年)

他在美国留学时,痛感华人受到歧视。他曾对同学潘光旦说:"你研究优生学,如果你要证明中华民族应当淘汰、灭亡,我便用手枪打死你!"

闻一多留学回国,所乘海轮靠近上海码头的时候,他难以抑制内心的激动,把领带和西服上衣扔进了大海。

闻黎明说:闻一多性格敏感、言论激烈,因此受到学生的欢迎。

闻一多不止一次对五弟闻家驷说:"千百万人民处在水深火热之中,我们自己也在饥饿线上挣扎;不是我们不想研究学问,现实逼得我们不得不走出书斋啊!"

朱自清论及闻一多,指出:他是一个诗人和学者……他始终不失为一个诗人,而在诗人和学者的时期,他也始终不失为一个斗士。(朱自清:《闻一多全集·序》)他要的是热情,是力量,是火一样的生命。(朱自清:《中国学术的大损失》)

朋友间一言不合,会得当场吵架,眼睛都红了,口吐白沫。等到误会消释以后,又会握手言欢,自动赔不是。(吴晗:《哭一多》,原载《新华日报》1946年7月28日)

进入民盟后,闻一多的极端性格仍然如故,虽然资格并非最老,但在党内声音总是最大。

他在给臧克家的信上说:"此身别无长处,既然有一颗心,有一张嘴,讲话定要讲个痛快!"

从40年代许多自由主义知识分子的言论中,可以看出他们对于中国民主现状有一种特别急迫的要求。闻一多的激进,就与他那种急迫的心情有关。

(四) 内热——内在的烈火般的热忱

闻一多禀性内向,不喜无谓的应酬。五弟闻家驷回忆:"一多兄年轻时,每于家人说他糊涂,不喜应酬时,便脱口而出回答道:吕端大事不糊涂。"

吴晗说：闻一多的内热，心内一团熊熊烈火，是火热的诗篇。他内在的满腔热忱为他的事业燃烧着，所以他的诗作，著述，论文，都令人感到深沉浑厚的热情；所以他能为诗，为学术，为民主而奋身不顾。

每个青年当他是慈父，是长兄，向他诉苦，抱怨，求援，求领导。也因为这，敌人非置之死地不可。（吴晗：《哭一多》，原载《新华日报》1946年7月28日）

闻一多发表了许多具有特殊风格的伟作。歌颂风花雪月的实在不多，大多数都是有血有泪的作品。没有丝毫"文人相轻"的积习和偏见。（引自熊佛西：《诗人，学者，民主的鼓手》，1946年）

抗战后期，闻一多给臧克家的信中说："我只觉得自己是座没有爆发的火山，火烧得我痛，却始终没有能力（就是技巧）炸开那禁锢我的地壳，放射出光和热来。只有少数跟我很久的朋友（如梦家）才知道我有火，并且就在《死水》里感觉出我的火来。说郭沫若有火，而不说我有火，不说戴望舒、卞之琳是技巧专家而说我是，这样的颠倒黑白，人们说，你也说，那就让你们说去，我插什么嘴呢？我是不急急求知于人的，你也知道。"（致臧克家，1943年11月25日）

挚友吴晗说：闻一多热心的情形到这个地步——民盟是没有钱的，请不起人，有文件要印刷时，往往是他自告奋勇写钢板，不管多少张，从头到尾，一笔不苟。昆明那时还没有公共汽车，私家也无电话，任何文件要找人签名，跑腿的人一多一定是一个。要开会，分头个别口头通知，他担任了一份，挨家挨户跑，跑得一身大汗，从未抱怨过半句。这两年（1945—1946），经过磨炼太多的忧患，真到了炉火纯青的地步。即使在极不快意的时候，对任何一个来访的朋友，温言悦色，从无倦容。并且，他还有一套说服人的本领，左说右说，连求带劝，一直说到对手同意方甘休。（吴晗：《哭一多》，原载《新华日报》1946年7月28日）

（五）迷醉——沉醉于学问

闻一多新婚那天，亲友纷纷前来贺喜。好久了，还不见新郎，大家以为他更衣打扮去了。当迎亲花轿快到家时，人们才在书房找到他，原来他仍然穿着旧长袍在看书。家里人说他一看书就"醉"。

30年代初在青岛大学期间，闻一多住在楼上，全身心地钻进古书堆里。他的屋子里到处是书，就连古色古香的太师椅上，也堆满了书，有客人去才将书搬开。他有时一连几天都不下楼，人称"何妨一下楼先生"。他宣称："仰之弥高，越高，攀得越起劲；钻之弥坚，越坚，钻得越锲而不舍"。又一说：闻一多到西南联大后，愈发潜心学术，在蒙自分校，他在教授朋友们中赢得了"何妨一下楼主人"的著名称号。他孜孜不倦、终身以赴做学问，是迷醉书籍不肯下楼的教授。他表示"要给我们衰微的民族，开一剂救济的文化药方"。

郭沫若在闻一多追悼会上致词，说得很沉重："闻先生有目的地钻了进去，并没有丧失目的地又钻了出来，刚刚钻出来，正有资格'创造将来'的时候，就牺牲了，这是一个学者的'千古文章未尽才'的悲剧。"

（六）自律——严格要求自己，经常自责

1932年他从青岛大学到清华中国文学系任教，在大师云集的清华文科，学生并不买诗人的账。据吴组缃回忆，闻一多在讲台上侃侃而谈，他们这些学生就在底下搓脚作声，表示对诗人教授的不屑。闻一多为此深受刺激，反躬自省，激起了在学术上有所成就的雄心。他在诗歌中无情地解剖自己的两面性：

"但是还有一个我，你怕不怕？——苍蝇般的思想，垃圾桶里爬。"

抗战八年期间，闻一多在昆明过着非常贫困的生活。闻一多的儿女多，负担重，所以除了在西南联大授课以外，闻一多还兼任昆华中学的国文教员，同时还为人治印（篆刻图章）挣钱。他不投机，不取巧，本本分分，安贫乐道。以自己的血汗换取生活的报酬。是何等淡泊的一个君子啊！（引自熊佛西：《诗人，学者，民主的鼓手》，1946年）

闻一多刻图章挣钱贴补生活费，但是有一次，儿子立鹤怒气冲冲地责问他："这是不是发国难财？"闻一多听了没有生气，沉思了好半晌儿，末

了只说了一句:"立鹤,你这话我将一辈子记着。"

闻一多不仅在思想上独立思考、而且在生活上自力更生的精神,一不靠官,二不靠商,超越官场的威势,摆脱商界的羁绊,坚守人格自由的精神,跟五四运动、跟北大清华的优良传统是一脉相承的。这种传统,一言以蔽之就是"反专制、争自由"。

闻一多治印是为了谋生补贴家用,但他操守极严。1945 年"一二·一"惨案以后,镇压昆明学生运动的祸首李宗黄,表面上附庸风雅,居然送了一方玉石来,请闻一多刻印,限两天刻好,答应润例优厚。对此,闻一多不屑一顾,将玉石原样退回。特务对闻一多恨之入骨,公然把大街上商店中的代闻一多收件的吊牌砸烂,想从经济上使得闻一多陷于绝境。然而闻一多毫不畏惧。

(七) 刻苦——以埋头苦干为荣

闻一多钻研学问非常勤奋刻苦。"他一回到清华就拼命下功夫,许多蝇头细字的读书笔记都是在新南院写出来的。"(赵俪生:《篱槿堂自叙》)

五弟闻家驷回忆:"一多兄主张多读子史集。他每年暑假回家,也正是利用这两个月的时间来大量读书。他嫌一般的书桌不够使用,于是便把裁缝做衣服用的案板拿来当书桌,上面堆满了各类书籍以及稿纸和稿本,重叠沓杂,每隔几天,总得有人替他整理一番。闻一多先生的书桌从他青年时代起,就不是很有秩序的。一多兄暑假回家消夏,对我也是一大解放,在他的影响下,我也读起《史记》、《汉书》、《古文词类纂》、《十八家诗钞》这一类书籍。"

闻一多暑假给朋友的信里写道:"归家以后,埋首故籍,著述热大作,校订增广《律诗的研究》,作《义山诗目提要》,又研究放翁,得笔记数则,暇则课弟、妹、细君及诸侄以诗,将以诗化吾家庭也。"

在国立青岛大学,闻一多的研究笔记,写满了一个又一个的四方竹纸大本子,密密麻麻的小楷,如群蚁排衙。他不喜欢高谈阔论,而一心埋头苦干做学问:"人家说了再做,我是做了再说。""人家说了也不一定做,

我是做了也不一定说。"（臧克家：《闻一多先生的说和做》）

闻一多为了研究惜寸阴分阴，潜心贯注，心会神凝。总是无暇梳头，长发零乱。经常忘记了吃饭，夜间睡得很少，深宵灯火是他的忠实伴侣。

孜孜不倦地钻研二十多年如一日。他从唐诗下手，又转向楚辞校补和古典新义。兀兀穷年，沥尽心血。

闻一多和朱自清两人在性情上大不相同，而在治学态度上，却有着一致的谨严。西南联大期间，朱自清曾与闻一多及几位同事在昆明龙泉镇司家营的清华文科研究所里一块住了两年多。那时闻一多的研究涉猎已相当广泛，他已花了十多年工夫钻研《诗经》、《楚辞》；这时又研究《庄子》、《周易》，后来转到伏羲神话。在朱自清眼里："闻先生是个精力集中的人，他的专心致志，很少人赶得上。研究学术如此，领导行动也如此。"

（八）追求美——理想美，逻辑美，才华美

闻一多处处追求美。他主张诗歌有韵律（听觉）美、图画（平面视觉）美、造型（立体）美。这是综合的美，通感的美。

闻一多的诗，是他的艺术主张的实践。他的大多数诗作，犹如一张张重彩的油画，他不仅喜用浓重的笔触描绘形象，渲染气氛，尤善于在大胆的想象、新奇的比喻中变幻种种不同的情调色彩，再配上和谐的音节、雕琢的诗句这些优美的艺术形式的框架，使他的诗成为一幅完整的艺术品。闻一多的诗开创了格律体的新诗流派，影响了不少诗人。

汪曾祺在《闻一多先生上课》一文中，绘声绘色地描写了闻一多先生：我在读西南联大时，闻先生先后开过三门课：楚辞、唐诗、古代神话。

楚辞班人不多。闻先生点燃烟斗，我们能抽烟的也点着了烟（闻先生的课可以抽烟的），闻先生打开笔记，开讲："痛饮酒，熟读《离骚》，乃可以为真名士！"闻先生的笔记本很大，长一尺有半，宽近一尺，是写在特制的毛边纸稿纸上的。字是正楷，字体略长，一笔不苟。他写字有一特点，是爱用秃笔。别人用过的废笔，他都收集起来，秃笔写篆楷蝇头小字，真是一个功夫。跟闻先生读一年楚辞，完全读懂的有两句"裊裊兮秋风，洞

庭波兮木叶下";还可加上几句:"成礼兮会鼓,传葩兮代舞,春兰兮秋菊,长毋(无)绝兮终古。"

他把晚唐诗和后期印象派的画联系起来。讲李贺,同时讲到印象派里的 pointlism(点画派),说点画看起来只是不同颜色的点,这些点似乎不相连属,但凝视之,则可感觉到点与点之间的内在联系。这样讲唐诗,只有闻一多做得到。因为他既是诗人,也是画家。别人谁能做得到?!

闻先生教古代神话,非常"叫座"。不单是中文系的、文学院的学生来听讲,连理学院、工学院的同学也来听。工学院在拓东路,文学院在大西门,听一堂课得穿过整整一座昆明城。闻先生讲课"图文并茂"。他用整张的毛边纸墨画出伏羲、女娲的各种画像,用摁钉儿钉在黑板上,口讲指画,有声有色,条理严密,文采斐然,高低抑扬,引人入胜。闻先生是一个好演员。伏羲女娲,本来是相当枯燥的课题,但听闻先生讲课让人感到一种美,理想的美,逻辑的美,才华的美。他的学生汪曾祺感叹:为了听这样的课,穿越一座城,也值得。

(九) 大无畏——叛逆精神,身殉民主

1944年4月到1946年7月,闻一多挂牌治印,留下一千四百多方印谱,有一枚"叛徒"之章。他给人题词,常盖这方印章。人问为何自命"叛徒"?他说:"我要做一个旧世界的叛徒!"闻一多说到做到。他走在游行示威队伍前列,昂首挺胸,长须飘飘,目光如炬。言行完全一致,这是人格的写照,而且是以生命为代价的。

熊佛西回忆:"李公朴先生蒙难的次日,有几位朋友来访我(熊佛西),谈及昆明各位民主斗士今后的安全问题。大家特别惦念闻一多,有人提议打电报给闻一多,暂时躲避一下,我便说:'躲避?一多决不肯的,我深知他的脾气,为了真理与正义,他是一条不怕死的硬汉!'过了两天,昆明有朋友飞到了上海,报告了公朴死后,闻一多愤不欲生的情形,他曾痛哭流涕地抚着公朴的遗体说:'公朴,你走吧,我一定跟着你来!我决不躲避!'虽然朋友们再三劝闻一多避一避,但是闻一多拒绝了他们的要求。"

（引自熊佛西：《诗人，学者，民主的鼓手》，1946年）

在李公朴被害之后，警报迭起，形势紧张，明知凶多吉少，而闻一多先生大无畏地在群众大会上，大骂特务，慷慨淋漓，并指着这群败类说：你们站出来！你们站出来！他宣告："我们要准备像李先生一样，前脚跨出大门，后脚就不准备再跨进大门！"他终于以宝贵的生命，实证了他"争民主争自由"的言和行。（参看臧克家：《闻一多先生的说和做》）

闻一多经历对个性的影响

闻一多在1899年11月24日（清光绪二十五年十月二十二日），生于湖北省黄冈市蕲水县（今浠水县）下巴河镇的一个书香门第。本名闻家骅，号友三，后改名"一多"。家学渊源，自幼爱好古典诗词和美术。5岁入私塾启蒙。

20世纪初，湖北省在洋务派大员张之洞主持下，开办了一批新式学堂，大约200多所，规模在全国首屈一指，仅武昌一地学生达5000多人。1910年秋天，闻一多考取两湖师范学堂附属高等小学堂。不久即爆发辛亥革命——武昌起义。

由传统古典教育到留美游学

1912年1月中华民国临时政府成立。这时闻一多的生活踏入第一个转折点。

秋天，闻一多以复试鄂籍第一名的成绩考入北京清华留美预备学校，同学都在13岁上下，有42人。他学习刻苦，成绩优异，兴趣广泛，喜读中国古代诗集、诗话、史书、笔记等。1916年开始在《清华周刊》上发表系列读书笔记，总称《二月庐漫记》，同时创作旧体诗，并任《清华周刊》、《新华学报》的编辑和校内编辑部的负责人。

1919年"五四运动"爆发，闻一多激情难耐，手书岳飞《满江红》贴于学校饭厅门前，并创作新诗，成为"五四"新文艺园中的拓荒者之一。

他还作为清华学生代表，赴上海参加全国学生联合会成立大会。

1920年4月，发表第一篇白话文《旅客式的学生》。同年9月，发表第一首新诗《西岸》。

1921年11月，与梁实秋等人发起成立清华文学社，次年3月，写成《律诗底研究》，开始系统地研究新诗格律化理论。

1922年7月，闻一多23岁时赴美国留学。先后就读于芝加哥美术学院、珂泉科罗拉多大学和纽约艺术学院。1923年9月出版第一部诗集《红烛》。

1925年5月回国，担任北京艺术专门学校教务长，并参加新月社，从事《晨报》副刊《诗镌》的编辑工作。但由于政府长期克扣教育经费，次年辞职。

1926年夏天，受军阀专制迫害，北京文化人纷纷南下。闻一多应聘为上海吴淞国立政治大学教授兼任训导长。同时担任新月书店董事。

1927年夏天闻一多到南京，应东南大学（不久改名为第四中山大学，1928年更名为中央大学，1949年更名为南京大学）文学院长宗白华的聘请，担任教授兼外国文学系主任。1928年10月又到武汉出任武昌中山大学首任文学院长。

1930年秋，闻一多受聘于国立青岛大学，任文学院院长兼国文系主任。当时的青岛是一个殖民统治影响相当严重的海滨名城，日本人在此气焰嚣张，为非作歹。曾有青岛大学学生在海滩上无端被日本浪人打得遍体鳞伤，日本浪人反把学生送到警察局扣押。警察一面向日本人谄笑，一面打电话指责校方放纵学生。闻一多闻而大怒，一面大声疾呼："中国！中国！你难道亡国了吗？"一面找校长评理。在闻一多和学生们的强烈抗议下，警方不得不释放学生。1932年，南京国民政府和山东地方势力的争权夺利斗争延伸到青岛大学内部，派系纷争，风潮迭起，闻一多受到不少攻击与诽谤，被迫辞职。

1932年闻一多离开青岛，夏天，闻一多应聘到北平担任清华大学中国文学系教授，月薪300圆左右。除任清华教授外，闻一多还在燕京大学、北京大学、艺专等校兼课，学术方面也从唐诗的研究上溯到先秦两汉诗歌的研究，重点开拓了《诗经》与《楚辞》的研究领域。

由向外（社会活动）转到向内（书斋与教研）发展

1933年是闻一多生平的第二个转折点。他在致饶孟侃（1933年9月29日）的信中说："我近来最痛苦的是发现了自己的缺陷，一种最根本的缺憾——不能适应环境。因为这样，向外发展的路既走不通，我就不能不转向内走。在这向内走的路上，我却得着一个大安慰，因为我实证了自己在这向内的路上，很有发展的希望。因为不能向外走而逼得我把向内的路走通了，这也可说是塞翁失马，是福而非祸。"

1937年6月，闻一多在清华任教满四年，按例可以休假一年进行研究，他准备着手编著《诗经字典》，学校已同意，并派了助手。暑假开始，夫人高真带着两个大儿子回湖北武昌省亲……

在抗战以前，他也许是唯一的爱国新诗人。这里可以看出他对文学的态度。新文学运动以来，许多作者都认识了文学的政治性和社会性而有所表现，可是闻先生认识得特别亲切，表现得特别强调。他要的是热情，是力量，是火一样的生命。（原载1946年《国文月刊》；录自《朱自清选集》，开明书店1951年7月版）

突然，卢沟桥的炮声震破了宁静的生活。抗日战争爆发。闻一多带领两个小儿女和保姆赵妈离开北平，乘坐津浦路火车南下。

闻一多的孙子闻黎明说："战争改变了我祖父的一生。"

闻一多辗转来到长沙，积极参与"临时大学"即一年后的西南联大筹建工作。国难当头，此时所有的教职员都领取七成薪水。然而生活并不发愁。到昆明后，起初经济生活尚有保障；1940年开始愈来愈严重的艰苦时期，一直到他去世，全家生活极其困难。

自闻一多在清华念书时起，直到为民主自由献出生命，一直是忠贞热情的爱国者和理想主义者。他曾为"五四"而兴奋，为北伐而高歌，为"九·一八"而愤怒，为"七·七"开始的抗战而鼓舞。闻一多看见前线节节败退，后方官僚腐败，前方英勇作战，后方糜烂享乐，他悲愤，他狂叫！抗战后期，闻一多再也无法局限于他的书斋与教学研究的学者生涯。他从个人的圈子走出来，从小我走向大我……（引自熊佛西：《诗人，学者，民主的鼓手》，1946年）

由学者教授到民主的鼓手

抗战后期，特别是1943年以后，闻一多走上了生平的第三个转折点。

1943年，蒋介石发表《中国之命运》，其中排斥外来文化的说法，使得闻一多大为震惊，表示："蒋介石《中国之命运》一书的出版，在我个人是一个很重要的关键。我简直被那里面的'义和团'精神吓一跳，我们的英明的领袖原来是这样想法的吗？'五四'给我的影响太深，《中国之命运》公开的向'五四'宣战，我是无论如何受不了的。"指责蒋介石倒退为义和拳民。及至1944年日本侵略军在西南发动新的攻势、国民党军队从湘桂大败退，洛阳、长沙、衡阳、桂林，一路失守，难民如潮涌往后方，更激起知识界对政府的普遍不满。闻一多见国事愈来愈不成话，内地到处贪污横行，民生多艰达到极点，他才挺身出来为民主呼号，深感非民主政治的实现不能救中国。知识界对军事受挫和自身赤贫的反思，最终上升到了政治反思的层面。

一向冷漠于政治，曾以"君子群而不党"为由，拒绝吴晗让他参加政党的提议的闻一多，终于在1944年加入了民盟。闻一多之加入民盟，决不是为了争取政权，不是想做官。闻一多最厌恶做官，对于实际的政治一向毫无兴趣。他是一个彻头彻尾的"只问政不参政"的爱国学者。（引自熊佛西：《诗人，学者，民主的鼓手》，1946年）

作为一个贯通中西文化的知识分子，闻一多身上具备两种气质：学者的儒雅气质和诗人的激情气质。

拍案而起，身殉民主

作为民主斗士，闻一多属于诗人型的斗士。

闻一多安身立命之处在于学问爱好、在于文化追求，但往往不能对世事忘情，不时要出来对现实问题发表议论。他本质上是一个儒雅的学者，学术是他的终身事业，但给人印象最深的是他作为一个激情诗人——斗士"可杀不可辱"的视死如归。闻一多那一代知识分子的思想基础中受儒家影响很深（他最钦佩的诗人是屈原、杜甫）、受西方自由主义的影响也很深（他最钦佩的英雄是林肯、罗斯福），在这双重影响下，忧国忧民的思绪更加突出。

闻一多的孙子闻黎明说：闻一多的思想变化，与当时的中年知识分子的变化一致。只是他表现得更极端。

20世纪40年代我国文化界自由职业者、知识阶层对祖国前途比较乐观，因为他们那时已争得一些基本的民主权利，如思想自由、择业自主权（表现在西南联大的教学研究工作），如言论出版集会结社的自由权（表现在民主同盟的社会活动）等，但因自由权利常受干涉，所以知识分子经常不满现状，还要进一步为理想的民主观念而奋斗。闻一多等激进知识分子的这种心情特别急迫。但他并未能进入实际的政治操作，且对于社会前途的期望过于理想化。他极力反对一切专制！只要有利于民主自由者，闻一多都认同，而一切不民主不自由的事物，闻一多都奋起抨击。当时对于闻一多的激烈态度，有些朋友如梅贻琦、梁实秋并不以为然，认为过于极端，不够现实。但闻一多义无反顾。他为自由民主的理想，明知死地而一往无前，慷慨赴难。

1946年7月15日闻一多惨遭暗杀。当时西南联大放暑假，许多人已经离开昆明。同事朱自清也已回到成都家中。他得到闻一多身亡的消息已是7月17日。朱自清当天日记悲愤地写下："此诚惨绝人寰之事。自李公朴被刺后，余即时时为一多之安全担心，但绝未想到发生如此之突然与手段如此之卑鄙！此成何世界！"当月21日，朱自清出席了成都的西南联大校友会召开的闻一多追悼会，并作了《中国学术的大损失》的沉痛发言。

闻一多被暗杀以后，在中国知识分子当中激起强烈的悲愤反响，他们普遍认为这是国民党统治到了最黑暗的时候，如此卑鄙残暴的法西斯罪行，直接后果就是让更多的知识分子对国民党政权丧失了最后的一点信心。"一个人倒下去，千百人站起来！"闻一多的死讯，在文化人和知识阶层中敲响了国民党独裁专制的丧钟。

闻一多的知识结构

闻一多自幼家学渊源，接受了传统的古典教育。他除了熟读四书五经以外，主张多读子史集。1912年秋考入北京清华留美预备学校，1922年7月赴美国留学。先后就读于芝加哥美术学院、珂泉科罗拉多大学和纽约艺术学院。1925年5月学成回国。

闻一多本来的专业是美术，他回国后曾担任北京艺术专门学校教务长。但是没有成功。

他起初爱好新体诗歌，写有《红烛》、《死水》、《奇迹》等。

1932年以后他放弃了美术和写诗，改变为古典文学的教学与研究。著有：《匡斋说诗》、《天问释天》、《诗新台鸿字说》、《高唐神女传说之分析》、《离骚解诂》、《敦煌旧钞本楚辞音残卷跋》、《诗经新义·二南》、《岑嘉州系年考证》及《释朱》等，由朱自清编成《闻一多全集》四卷，1947年出版。

遗稿包括对《诗经》《周易》《庄子》《楚辞》四大古籍的整理研究，后汇集为《古典新义》等。

闻一多刚直型的16种个性特质（Traits）

用因素分析法，可以得出闻一多的16种个性根源特质的测试结果：

乐群性（－）、聪慧性（＋）、稳定性（－）、恃强性（－＋）、兴奋性（－＋）、有恒性（＋）、敢为性（＋）、敏感性（－）、怀疑性（－＋）、幻想性（－）、世故性（＋－）、忧虑性（－）、求新性（＋）、独立性（＋）、自律性（＋）、紧张性（－）。

闻一多本来不善交际，但他赤诚、惯孤独、不太喜欢热闹；他聪明、富有才识、抽象思考能力强；他情绪不够稳定、易冲动；他好胜心强、但不武断，不好斗，而是温情、随和；他热情、但又审慎；他自觉、负责任、讲道德、不敷衍、遵守规则；他胆大心细、敢作敢当，不退缩、不犹豫畏却；他敏感、抱幻想、感情用事，但又着重实际、能自我克制；他警觉、但决不刚愎自用，他善于接受、容纳别人的正确意见；他脚踏实地、合乎常规；他不世故、能干，但又坦率、朴实、天真；他自信、安详、沉着；他求新、思想自由、爱批评、不守旧；他自立、自有主张，不随大流；他严于待己、受约束、不任性、不松懈、重视细节；他一般很少有紧迫感、不困扰，无拘束、镇定、放松自如。

闻一多的个性因素（特质），可以概括为下表——

闻一多的刚直型个性因素表

A. 乐群性　　　　　（-+）外向、爱社交——内向、不善交际（+）

B. 聪慧性　　　　　（+）聪明、理智——迟钝、欠理智（-）

C. （情绪）稳定性　（-）沉着、情绪稳定——易激怒、情绪不稳（-）

E. 恃强性　　　　　（-+）武断、好斗——温顺、随和（+）

F. 兴奋性　　　　　（-）活泼、热情洋溢——严肃、冷静（+）

G. 有恒性　　　　　（+）道德观念强——玩世不恭、漠视规则（-）

H. 敢为性　　　　　（+）胆大、冒险——退缩、犹豫（-）

I. 敏感性　　（+）感觉敏锐——不敏感（-）

L. 怀疑性　　（+）怀疑、警觉——轻信、麻痹（-）

M. 幻想性　　（-+）富于幻想、心不在焉——现实、脚踏实地（+）

N. 世故性　　（-）世故、老练——坦率、朴实（+）

O. 忧虑性　　（+-）忧虑、不安——无忧无虑、满足（+-）

Q1. 求新性　　（+）求新、思想自由——守旧、保守传统（-）

Q2. 独立性　　（+）独立自主、有主见——服从、依赖群体（-）

Q3. 自律性　　（＋）自律、受约束——任性、无拘束（－）
Q4. 紧张性　　（＋－）紧张、紧迫感——放松、镇定（＋－）

五因素模型检测闻一多的人格结构

（E）倾向性 －

闻一多属于内向性格，青少年时期尤其如此。他的心理活动倾向于内部世界，他珍视自己的内在情感体验，对内部心理活动的体验深刻而持久。不好交际，安静、有保留、害羞。隐藏、严肃、独立，不如外向性格那样精力充沛。独立和拘谨有时会被错认为不友好或傲慢。

成年以后，他走向社会，又要教书、演说，必须跟人们交际，表面上趋于外向。但他骨子里仍保持内倾。他做事预先要计划，三思而后行。控制自己的感情，很少有攻击性行为；喜欢自我反省；喜欢读书，除亲密朋友外，对人保持一定的距离；很重视道德标准，但有些悲观。他含蓄，自主，喜欢独处。

（A）随和性 ＋

随和性高——有同情心、热心、利他、善良、亲切，友好合作，乐于助人，可信赖，易被他人接纳。注重合作而不强调竞争，愉快、利他、有感染力；往往与环境相一致，容纳他人和环境，不易发生冲突。

重视和他人的和谐相处，因此他体贴友好，大方，乐于助人，愿意谦让。心肠软、信任人、助人，宽宏大量、易轻信、谦虚、移情。

（C）认真性 ＋

认真性高——公正性，有组织性、负责的、谨慎的责任心，本分及道义感，高分者愿意承担责任，有道义感，富有同情心。

组织能力强，做事严谨，有条理、有计划，并能持之以恒，自我把握力强，准时守信，有道德原则，有野心。勤奋、自律、细心、整洁、有抱负，尽职、成就、谨慎、克制。

易避免麻烦，能够获得更大的成功。是一个完美主义者或者工作狂。

（N）情绪性 +

情绪性高——情绪易波动。更易体验不同的情绪。焦虑、不稳定、烦恼、情绪化、忧郁、神经过敏；易产生心理压力，有不切实际的想法，过分的渴望，无法做出克服困难的反应。忧虑、气愤、抗议、沮丧，自我觉知，易冲动、易受伤。

愤怒、抑郁。对外界刺激反应比一般人强烈，对情绪的调节能力比较差，有效应对外部压力的能力比较差。

（O）开放性 +

开放性高——有创造性，聪明、开拓、好奇，活跃的想象力、自发接受新观念、独立思考，喜欢娱乐性的新颖的想法，不跟从习俗的价值观。不服从众人的态度和信仰，而保留他的独特体验，坚定自己的信念；按自己的方式行动。寻求变化，自主，对美的事物比较敏感。偏爱抽象思维，兴趣广泛。非传统。

【附录】遗稿编为《闻一多全集》出版

西南联大迁返北平后不久，清华大学校长梅贻琦决定成立"整理闻一多先生遗著委员会"，聘请了七位教授：朱自清、雷海宗、潘光旦、吴晗、浦江清、许维遹、余冠英担任委员；指定朱自清为召集人。

据朱自清的学生王瑶说："在生前，闻先生和朱先生的私交并不如一般所想象得那么深。"1932年，朱自清游历欧洲回国，在清华大学任中国文学系主任；这时，闻一多离开青岛大学到清华任教。此后二人同事，但性情各异。闻一多刚直激烈、炽热如火，朱自清稳重平和、清淡似水；闻一多为猛士为斗士，朱自清为隐士为居士；日常生活中的往来并不频繁。然而，共同的学术志趣、共同的理想情操，把他们相反相成的个性互补成为一座丰碑。

为整理亡友遗稿，朱自清反复考虑后，拟定《闻一多全集》分为八部：甲集"神话与诗"，乙集"古典新义"，丙集"唐诗杂论"，丁集"诗与批评"，戊集"杂文"，己集"演讲录"，庚集"书信"，辛集"诗选与校笺"，全集约一百万字。按照专业具体分工：许维遹负责《周易》、《诗经》部分；陈梦家负责文字学和古史部分；余冠英负责乐府和唐诗部分；朱自清总负责。吴晗说："为了这部书，他（朱自清）花费了一年多时间，搜集遗文，编缀校正，遗稿由昆（明）北运时，有一部分遭了水渍，请人逐页揭开，请人钞写。他拟定了目录，选编了尺牍，发表了许多篇未刊的遗著。并且，在他领导之下，动员了中国文学系全体同人，分钞分校，分别整理这集子以外的许多著作。一句话，没有佩弦（注：即朱自清）先生的劳力和主持，这集子是不可能编集的。"（《闻一多全集》跋）

1947年8月，朱自清为《闻一多全集》写了序言："闻先生对于诗的贡献真太多了！……将古代跟现代打成一片，才能成为一部'诗的史'或一首'史的诗'。其实他自己的一生也就是具体而微的一篇'诗的史'或'史的诗'，可惜的是一篇未完成的'诗的史'或'史的诗'！这是我们不能甘心的！"

1948年7月15日，朱自清以病危之躯，坚持出席清华学生自治会举行的"闻一多死难二周年纪念会"。就在朱自清去世的前一天，他手编的闻一多手稿分类目录，在清华校刊公布；这批手稿的数量，是254册又2包。目录编毕，他又将这批手稿放在清华中文系妥善保存。后来，闻一多《管子集校》由许维遹和郭沫若续成，共4大册。

《闻一多全集》于1948年8月底由开明书店出版，而朱自清不幸于8月12日积劳病逝。

"他是不甘心的，我们也是不甘心的！"

第二型：奉献者陶行知（1891—1946）

陶行知是我国现代伟大的教育家和社会活动家。"五四运动"后，毕生从事"平民教育"运动。陶行知因劳累过度而猝死，身殉事业。

陶行知的个性，基本上属于奉献型、助人型（the Helper/Giver）。

真正奉献型的人格，是自然而然地"以天下为己任"、以实际行动做到"先天下之忧而忧，后天下之乐而乐"。习惯于把大众事业放在第一位，首先考虑"大我"，然后考虑"小我"，精神需求大于物质需求。积极主动，慷慨大方，慈悲为怀，富有同情心。最重要的是真，是诚，是坚持不懈。

对大众的文化饥渴很敏感，却经常忽略自己的物质饥渴，满足别人比满足自己更重要，很少提出个人的请求。因此，自我意识并不很强。主动争取得到他人支持，避免被他人反对。时常改变自己以确保获得众人的爱。为自己身处重要位置而自豪，对自己能满足众人的需要而感到骄傲。给予他人无条件的爱并不求回报，觉得使别人幸福就是自己的幸福。

从不说假话，不说空话，不说大话。

世上很少人能够真心诚意地做到如此奉献，所以有时得不到他人理解，被误认为"别有用心"、"沽名钓誉"。但却并不在意，处之坦然。

陶行知给人们的奉献型印象

陶行知（1891.10.18—1946.7.25）外表给人们的印象：自然坦荡、天真淳朴，经常笑容满面，永远有一张真诚的孩子脸。能体恤别人，热心助人，替人设想，同情别人处境。待人热情，容易亲近，是个受大众欢迎的人。

他从南京金陵大学（教会学校）毕业后，1914年赴美国进修（学历跟胡适相似）。1917年学成回国，应聘为南京高等师范学校教员、教务主任等。提倡现代教育体系，反对"沿袭陈法，异型他国"。1923年他担任国立东南大学教务主任，又被选为中华教育改进社总干事，可谓社会名流。

而他却辞了高校职务和几百银元的月薪，全心全意推广平民教育，努力实践教育改革的主张："生活即教育、社会即学校"。他脱掉西服革履，换上土布草鞋，穿戴为普通老百姓模样，甚至像个乡巴佬。

陶行知于1927年在南京市郊创办了晓庄师范学校。开学典礼那天，他撰写了一副对联，张贴在会场两边柱子上："和牛马羊鸡犬豕做朋友；对稻粱菽麦黍稷下功夫。"

晓庄学校开学后，陶行知打赤脚、睡稻草、住牛棚，同学生一起修厕所盖校舍，把每一天的劳动和生活都当作学习的课程。

陶行知曾邀请戏剧家田汉率领南国社为晓庄师生和附近农民演出，举行盛大欢迎会。陶行知致欢迎词："今天我是以'田汉'的身份欢迎田汉。晓庄是为农民办的学校，农民是晓庄师生的好朋友。我们的教育是为种田的'田汉'而办的教育。所以我是以一个'田汉'代表的资格在这儿欢迎田汉。"田汉的答词也非常有趣，他说："陶先生说他是以'田汉'的资格欢迎田汉，实不敢当。其实我是一个假'田汉'，陶先生是个真'田汉'。我这个假'田汉'能够受到陶先生这个真'田汉'的欢迎，实在感到荣幸！我们一定要向真田汉学习！"

1939年7月30日，陶行知在重庆北碚凤凰山古圣寺创办了育才学校，从各个保育院收留的15省流亡到后方的难童中，择优录取了有特殊才能的少年儿童100多名入学。

1941年物价飞涨，育才学校经费紧缺，使陶行知陷于困境。国民政府教育部长陈立夫趁机向陶行知施加压力，如同意他们向育才派出训育主任，即可拨给全部经费。陶行知宣言："由于物价飞涨及反动派的经济封锁和政治迫害，学校经费已临山穷水尽难以维持之境地。但为了人才幼苗之培养，我不怕封锁、恐吓、威胁，除非中华民族都没有饭吃了，那时也只有大家饿死。"

在陶行知精神感召下，各基金会和慈善机构努力扶助他的教育事业。送来的涓涓滴滴，都拿去哺养儿童。

陶行知的白话诗，给人的印象是：朴实明快，真情实感，知行合一，言为心声。

陶行知的奉献型（the Giver）个性特点

陶行知的个性属于奉献型，表现出高尚的人格，具体说来有如下特点——

（一）惯于清贫，甘于奉献；

（二）真心实意，以诚感人；

（三）勇于自我反省；

（四）谆谆善诱，言传身教；

（五）倡导并实践新武训精神；

（六）以教育救国为生命，不怕牺牲。

下面根据历史资料和已经发表的回忆录、访谈录，摘引一些实例，加以论证。

（一）惯于清贫，甘于奉献

凡人因生物的天性，大多习惯于趋利避害、好逸恶劳。而陶行知生于忧患，长于困境，从小到大一直在艰苦奋斗，所以"利他"的禀性由习惯成为自然，而"利己"的物欲被压缩到极小。在陶行知奉献型的个性中，以"利他"的大事业为重，以清贫为荣，甘心情愿牺牲小我，成全大我。毕生坚持如一日，如此情操，难能可贵。

陶行知有两段名言,一段是:"人生天地间,各自有禀赋。为一大事来,做一大事去。"另一段是:"捧着一颗心来,不带半根草去。"

因为他自幼家境贫寒,靠砍柴卖菜,靠母亲在县城的学堂帮佣,换来他读书的机会。以至于后来,陶行知在金陵大学和哥伦比亚大学读书的时候,满腔抱负都放在"普及教育、改造社会"的理想中。学成归国后,便投身于平民教育运动。

陶行知自幼入塾读书。一天下大雪,他赶到塾馆时老师已经开讲。他怕影响老师和同学,就站在门外,专心致志地听老师把课讲完。由此开始养成他潜心苦学、埋头苦干的精神。

陶行知写了《自立歌》:"滴自己的汗,吃自己的饭,自己的事情自己干,靠人靠天靠祖上,不算是好汉!"

有一次陶行知得到了1万多银元稿费,拿回家锁在柜子里。承担着所有家务的妹妹看见了,问他:"家里有老有小,钱也不多,能不能留点给家里用?"陶行知想了想,温和地说:"我要去南京劳山脚下办晓庄师范,这钱要作为办学的经费。我们家虽穷,粗茶淡饭还能维持。中国34000万农民非但没有饭吃,更没有文化。用这钱去办学校,是为农民烧心香,是尽我们的绵薄之力去帮助他们。你在家里省着点用,算是帮我去办大事吧!"妹妹理解了他,默默地点了点头。1927年,陶行知办起了晓庄师范学校,开展乡村教育活动。

陶行知赋诗《乡下先生》作为自我写照:

> 人人呼我老夫子,生活不如老妈子。
> 同是为人带小孩,穿不暖来冻不死。
> 人人呼我老夫子,生活不如小贩子。
> 我卖知识他卖糖,吃不饱来饿不死。

在经济最困难的40年代,陶行知夏天只有一件衬衫,每当换洗时,他就光着背在屋子里做事,待衣干了再穿上。一些老朋友看到他日趋消瘦,都为他的健康担心，而他自己依然笑呵呵地以艰苦为快乐，以破衣为光荣。

翦伯赞回忆说：抗日战争期间，陶行知自己的宿舍非常破旧简陋，却热心帮助翦伯赞一家解决住房困难问题。

1944年9月，陶行知为《武训画像》题词自勉："朝朝暮暮，快快乐乐。一生一世，到处奔波。为了苦孩，甘为骆驼；于人有益，牛马也做。"

（二）真心实意，以诚感人

在贫弱与战乱的旧中国，陶行知毅然脱下教授的洋装，换上布衣草鞋，"为三万万四千万农人烧一柱心香"。

"因为爱人类，所以爱人类中最多数而最不幸之中华民族；因为爱中华民族，所以爱中华民族中最多数而最不幸之农人。"怀着这种深沉的爱心，陶行知在南京郊外的荒僻乡村小庄，创办晓庄师范学校，培养学生要有"农夫的身手、科学的头脑、健康的体魄、艺术的情趣和改造社会的精神"。他成了中国乡村教育和平民教育的先驱者。

陶行知的朋友惊奇于马路上的报童与他相熟，而陶行知高兴地说："这是我的学生啊！"

陶行知带着自己编写的《平民千字课》，奔走各地，踏踏实实教人识字。贩夫走卒，渔夫士兵，厨子僧人，都是他教识字课的对象。他去监狱教囚犯识字，在街头为流浪儿上识字课，他甚至在教育总长蒋梦麟家里，给帮佣老妈子和车夫们办了平民读书处。这些盼望识字的平民，没有钱买这本小书，陶行知就送给他们，条件是要答应教会身边的两个人，都认识书里的字。《平民千字课》在当时发行300多万册，连草原上的蒙古包里，都有这本启蒙读物。

陶行知节衣缩食，常穿着敝衣旧鞋奔走于豪门院馆。1938年他应邀出访英国时买了件晴雨夹大衣，到40年代穿破了，他便把大衣翻个面来穿。一次在重庆去找一位上层阔佬，门卫说："先生，我们老爷向来不接待这样装束的人。"陶行知不慌不忙，掏出一张名片递给他，门卫只好恭顺地送进去了。陶行知如武训一般感人至深、募集捐款，他把募捐来的钱款都用来办学,而自己分文不取。

(三) 勇于自我反省

在陶行知终生言行如一的事迹中,有一个"自己进入反省室"的感人实例。

陶行知在创办南京晓庄学校的初期,曾作规定:全校师生员工一律不准喝酒,违者要进自省室里反省。一次,晓庄的农友请陶校长吃饭,农友们敬他一杯酒,陶行知一再解释说不能喝,农友们却坚持道:"您不喝就是瞧不起我们农民,瞧不起我们就不算我们的朋友。"陶行知没办法,只好把酒喝了。农友们非常高兴,把陶校长引为知己。他们哪里知道,陶行知一返回学校,便立即进自省室里了。

他提倡"以身作则、反躬自问、从我做起"的律己精神。在晓庄师范学校,陶行知和大家一起穿草鞋、挑粪、种田、种菜、养鱼,他请唐家洼一位出色的庄稼人唐老头教大家耕种的方法,他自己也做了唐老头的学生。他说,三百六十行,行行出状元,行行都有我们的老师。那时候,大家都是自己扫地、抹桌、烧饭……所有生活上的事不用听差、伙夫,陶行知也亲自参与其事。

(四) 谆谆善诱,言传身教

有一天,陶校长看到一位男生要用砖头砸同学,就上前制止,并叫他到校长室来。陶校长当场询问情况后回到办公室,见那个男生已在等他。陶行知掏出一块糖递给这男生,说:"这是奖励你的,因为你立刻就来了,还比我先到。"接着又掏出第二块糖给男生:"这也是奖给你的,我不让你打人,你立刻就住手,说明很尊重我。"男生将信将疑地接过糖果。陶校长又说:"据我了解,你打同学是因为他欺负女生,说明你有正义感。"陶行知遂掏出第三块糖给他。这时男生哭了:"校长,我错了!同学再不对,我也不能采取这种方式。"陶先生又拿出第四块糖说:"你已认错,再奖你一块。我的糖分完了,我们的谈话也该结束了。"

这看似简单，但一般老师和家长难以做到。陶行知善于用多角度思维，从犯错误的孩子身上找出闪光点，并善于用他们身上的积极情感克服消极情感。

陶行知在《新时代的学生》一文中说："旧时代之学生的生长过程是：读死书、死读书、读书死。新时代之学生的生长过程是用活书、活用书、用书活。"

（五）倡导并实践新武训精神

若要理解陶行知的人格，必须理解陶行知倡导并实践的新武训精神。

陶行知说："从前山东有个武训先生，以一个乞丐而创办三个义塾，我是一个博士，连一个学校也不能维持，将何以对得起小朋友们？又何以对得起中华民族？"

他表示决心学习武训精神，并号召大家做"集体的新武训"。

1922年7月，陶行知在中华教育改进社第一届年会社务报告中指出，"我们尚有一事可以效法，在我们眼前所挂的是武训的遗像……世人以为无钱可以不办学，但武训不这样想，他说就是穷到讨饭也要办教育，他是已经照这话实行的。武训死了，他的办学精神是永不死的。"

1923年，陶行知又在《平民千字课》中强调，"武训虽然死了，他的精神可是要活到千万年的。如果我们个个都有武训的精神，还怕国家不进步吗？"

不幸，1937年武训百年诞辰时，日寇大举侵犯中国，山东堂邑武训故乡一带相继沦陷，使得原计划的纪念武训活动无法举行。

从1940年到1945年在重庆，陶行知领导的育才学校，年年开展纪念武训的活动。

1940年6月1日陶行知在《新武训》一文中提出新武训精神，他说："让我们大家跟武训先生学吧！学他自食其力，学他贯彻宗旨，学他苦口婆心劝人有力出力、有钱出钱共兴义学。"

陶行知指出，我们今天所要学的是武训的真精神，要配合时代需要为抗战建国培养人才，"中国不能等待数十年出一位武训。我们大家要合起来做集体的武训，孳生千千万万的新武训来扶助贫苦的小朋友，取得求学机会。我更希望有财富的、有学问的、有青春的都做起新武训来，督促自己慷慨出钱，督促自己认真教人，督促自己努力求学，毋须别人来苦劝。这样教育不但容易普及，而真正自由平等幸福的新中国也可以创造成功了。"陶行知先生的学校多年来，一直没有固定的经费来源，他硬是靠学习武训募集经费，度过了经济难关。

1941年，物价暴涨不停，陶行知感慨"我不得不和米价赛跑"！育才学校入不敷出，常有断炊之忧。4月6日，陶行知在重庆育才学校朝会上向全体师生宣布，"我决心要跟武训学，我们要做集体的新武训。"他一边带领全体师生开源节流，自力更生，忍痛宣布：全校节衣缩食，每天改吃两餐。一边像武训那样，用"行乞兴学"的精神四处化缘，渡过难关。

1942年，陶行知在给夫人写的一封信里说，武训"为兴学而生，为兴学而死。一切为兴学，兴学为苦孩，鞠躬尽瘁，死而后已。他之生是苦孩的幸福，他之死是苦孩的损失"。

1943年11月26日，他在《武训先生诞辰——致育才之友及生活教育社同志》的信中说，武训是"普及教育之先导，私人兴学之表率。"

1944年12月，陶行知在《武训先生画传·再版跋》和《谈武训精神》里，把武训精神概括为"三无、四有"：

> 我常说武训先生的精神，可以用三个无、四个有来表现它。他一无钱，二无靠山，三无教育设备。但他所以能办三个学校，是因为他的四个有：一、他有合于大众需要的宏愿；二、他有合于自己能力的办法；三、他有公私分明的廉洁；四、他有尽其在我坚持到底的决心。因为他有这四个法宝，他不但以一个乞丐办了三个学校，而且他的三个学校经过千灾万难还一直存在到现在，而且还会存在于无限之将来，而且还会于不知不觉之中影响改变千千万万有志之士，跳出自己之小圈而致力于大群之幸福。

这是对于武训精神的精辟概括，也是陶行知的夫子自道。

1945年12月，陶行知发表《把武训先生解放出来》。他不赞成把武训划进圣人的小圈子，也不赞成把武训说成是哪一党哪一派。陶先生认为，武训"只是一位老百姓，平凡而伟大的老百姓。他所想的，老百姓都想得到；他所说的，老百姓都说得出；他所干的，老百姓都干得了。只要肯学习武训的尽其在我，每一个老百姓都可以成为武训先生。四万万五千万老百姓都可以成为千千万万不同的武训先生。"同时，陶行知指出，中国需要一百万武训先生来完成普及教育的任务。假如把武训看成圣人，说是要等五百年才产生一位武训先生，那么要等五万年才产生一百万位，不但普及教育干不成功，一切的一切都没有希望了。然而假使四万万五千万人，人人都有成为武训先生的可能，不但普及教育干得成功，而且要创造出自由平等幸福进步的新中国也并不难。同时，陶行知还认为，武训是属于整个中华民族的。他是属于四万万五千万人中之每一个人。他呼吁说：

让我们把武训先生从我们的小圈子解放出来吧。让武训先生从我们的小圈子里飞出去，飞到四万万五千万人每一个的头脑里去，使每一个人都自动地去兴学，都自动地去好学，都自动地帮助人好学，以造成一个好学的中华民族，保证整个中华民族向前进，向上进，进步到万万年。

1946年为纪念陶行知逝世编辑的《陶行知先生纪念集》中，收录了郭沫若、翦伯赞、文幼章等众多人士纪念陶行知的文章，其中谈到陶行知与武训的关系的就有十几处。

翦伯赞《我和行知先生》中回忆，在育才学校最困难的时期，陶行知曾经送他《武训画集》，还说，在"中国史上，我发现了一个伟人，他不是一个英雄，是一个乞丐……如果我不发现武训，育才学校恐怕要关门，现在有了武训领导我，育才不会关门了。"

杨大戈在《沉痛的悼念》一文说，陶行知先生在世之时，"很多人都时常称赞陶先生为新武训，因为他为了培养一批人才的幼苗，替国家人民服务，正像义丐武训似的，不顾风吹雨淋太阳晒，不管自己的温饱，一切都为苦孩子着想。"

（六）以教育救国为生命，不怕牺牲

陶行知创办育才学校，虽没有任何人授命于他，但是为了众多的失学儿童，他把全部的爱奉献给了他们。有人说他这是"抱着石头游泳"，他却回答道："我不是抱着石头游泳，而是抱着爱人游泳——越游越起劲！"

陶行知本可以不必四处"乞讨"筹款办学，但是为了与腐败的政府划清界限，他坚决拒绝将育才学校变成"官办"做政治交易。为了反独裁，争民主，他不惜付出宝贵的生命。

抗日战争胜利后，陶行知回到上海，立即投入反独裁、争民主、反内战、争和平的斗争。他在育才学校开展了"民主教育年"活动。民主斗士李公朴、闻一多遭国民党特务暗杀，陶行知得知自己被列为黑名单上的第三名。他平静地说："我等着第三枪。"

他在"致育才学校"的信中写道："我提议为民主死了一个，就要加紧感召一万人来顶补，这死了一百个就是一百万人，死了一千个就是一千万个人……只有这样才是真正的追悼。"（1946年7月16日陶行知《致育才学校的信》，收入《陶行知全集》第5卷）

1951年对于《武训传》的大批判，实际上批判陶行知教育思想

由陶行知生前提议，1951年拍摄了电影《武训传》感动了广大公众，受到国内外空前热烈的欢迎。但是，随之由毛泽东亲自指挥发动，在全国范围内展开了批判电影《武训传》的政治斗争。这场批判运动非常片面、非常极端，完全是错误的。这场批判运动有特定的历史原因，但一直到30年后才敢于悄悄地进行重新评价。《武训传》批判形成了以后一系列"思想政治批判"的模式，强化了毛泽东的权威地位和个人迷信，加深了毛泽东对所谓白区（国统区）知识分子文化人的偏见，也是对《共同纲领》规

定的公民言论与出版自由的一次非常残暴的践踏。

紧接着开展了对陶行知教育思想的大批判运动，1952年3月出版了《陶行知教育思想的批判》。此后30多年，陶行知在新文化史上的作用被全盘否定，一笔勾销。

真相终究是掩盖不住的，真理终究是抹杀不了的。

改革开放时期到来以后，曾在山海工学团学习过的国务委员（前中国科学院副院长）张劲夫，在《党史通讯》1984年12期上发表《追忆伟大的人民教育家陶行知先生》一文，其中指出，50年代对于《武训传》（和陶行知教育思想）的批判，"无论是从政治与教育两方面来看……都未能按照历史唯物主义观点进行具体分析，都不是实事求是的"。

陶行知经历对个性的影响

要养成陶行知这样高尚的人格，是很不容易的。他的家庭、他成长的环境，都必须具有一种忠厚、诚恳、坦荡、慈爱的氛围。

1891年10月18日，出生于安徽歙县西乡黄谭源村一个农民家庭。原籍浙江绍兴府会稽县陶家堰，后迁居安徽古城徽州。幼年学名文浚（文睿）。父亲陶位朝，接管了祖传的酱园，后倒闭破产。陶文浚自小聪敏好学。六岁时在邻家厅堂玩，看见墙上对联，便坐地临摹，被邻村方庶咸秀才看见，免费为其开蒙。后入家乡蒙童馆吴尔宽处就读。十五岁时，母亲曹翠仂在歙县教会中学"崇一学堂"帮佣，他帮母亲做事，被校长英国人唐敬贤看中，免费让他入学。他在宿舍墙上写了"我是一个中国人，应该为中国做出一些贡献来"。他两年学完了三年课程。

出身贫苦，服务贫民

陶行知从小家境贫寒，靠砍柴卖菜、靠母亲在县城的学堂帮佣，换来他读书的机会。以致后来他读书的时候，满腔抱负都放在"普及教育、改造社会"的理想中。学成归国后，便投身于平民教育运动。国家与民众的惨痛景象，更使他把自己的理想转化为博大深厚的爱国爱民的炽热情怀，把为劳苦大众办教育的事业，做得扎扎实实。

1908年十七岁时考入了杭州广济医学堂，但因这所教会学校歧视非入教的学生，入学仅三天即退学。1909年他考入南京汇文书院，次年转入金陵大学文科。大学期间，他信仰明代王守仁的"知是行之始，行是知之成"的知行学说，遂改名为"陶知行"。辛亥革命爆发，他曾回乡投身革命运动。

1914年，他以全校总分第一名的成绩毕业于金陵大学。在毕业论文《共和精义》中，他写道："人民贫，非教育莫与富之；人民愚，非教育莫与智之；党见，非教育不除；精忠，非教育不出。"毕业后他考取公费留学，8月15日从上海乘中国第一艘自置邮轮赴美，正好陈鹤琴（1892—1982）也在这条船上，也是公费赴美留学。这次同行成为他们终身友谊的开端。9月5日，他俩抵达旧金山，陶知行进入伊利诺大学攻读市政，（一说1915年获政治学硕士）；因认识到学市政只能做官不能救国，半年后转学哥伦比亚大学，师从杜威、孟禄、克伯屈研究教育，获"都市学务总监资格文凭"。陶行知为搜集博士论文《中国教育哲学与新教育》的材料，于1917年回国，途中改变主意，应南京高等师范学校之邀，任该校教育学专任教员。陶知行说："我要使全体中国人都有受教育的机会。"历任南京高等师范学校教授、教务长等。

为平民教育而奋斗

"五四运动"后，他全力从事平民教育运动。于1927年在南京市郊创办晓庄师范。

1930年4月，国民党政府以"勾结叛逆，阴谋不轨"为借口，封闭南京晓庄学校。陶行知受到通缉，被迫临时避难日本。

1931年春，陶氏返回上海，任《申报》总管理处顾问，对当时《申报》的革新起了相当大的作用。

1932年他创办生活教育社，提倡"教学做合一"和"小先生制"，形成自己的"生活教育"理论体系。同年在上海郊区创办了"上海工学团"业余学校，提出"工以养生、学以明生、团以保生"。又先后创办了"山海工学团"，"晨更公学团"，"劳工幼儿团"。

陶知行的哲学思想在实践中发生了重大转变。1934年2月，他创办《生活教育》半月刊，并在7月的该刊上发表文章，把王守仁唯心的"知是行之始，行是知之成"，改为唯物的"行是知之始，知是行之成"，并正式把自己的名字改为"陶行知"。对联写道："行是知之始，学非问不明"。

陶行知与胡适至少有"六同"：两人同岁，同是安徽省徽州老乡（陶行知歙县人，胡适绩溪人），自幼同学，又同在美国哥伦比亚大学攻读（陶行知获都市学务总监资格证书、胡适博士），同是美国教育家杜威的门生，回国后同在教育领域工作。他们各自在新文化领域开辟一片新天地。两人私交虽好，但走上不同的人生道路。

从事抗日救亡运动

"九·一八"事变后，陶行知积极从事抗日救亡运动。1936年，当选为全国各界救国联合会执行委员和常务委员。7月，与沈钧儒、邹韬奋、章乃器联合发表《团结御侮宣言》。接着，受全国救国联合会的委托，担任国民外交使节，在1936—1938年出访欧、美、亚、非28个国家和地区，出席"世界和平大会"，"世界新教育会议"第七次年会。

1938年8月，陶氏回国路过香港，倡导举办了"中华业余学校"，推动香港同胞共赴国难。

1939年7月，在四川重庆附近的古圣寺为儿童创办育才学校，培养有特殊才能的儿童。1945年，陶行知当选为中国民主同盟中央常委兼教育委员会主任委员，主办《民主》周刊。

抗日战争胜利后，1946年1月，陶行知在重庆创办社会大学，推行民主教育。不久回到上海，立即投入"反独裁、争民主、反内战、争和平"的斗争。终因"劳累过度，健康过亏，刺激过深"于1946年7月25日患脑溢血于上海病逝，年仅55岁。毛泽东代表中共中央致电悼念"伟大的人民教育家"。

1946年8月11日,中共中央与陕甘宁边区政府各界代表两千余人,在延安举行追悼大会。会场中央有毛泽东敬献的花圈,上题:"痛悼伟大的人民教育家,陶行知先生千古。"陆定一在会上代表中共中央发言,赞扬陶行知的教育思想"正是新民主主义的教育思想,正是为人民服务的教育思想。"

陶行知生前著有《中国教育改造》、《中国大众教育问题》、《古庙敲钟录》等。现已整理出版《陶行知教育文选》、《陶行知全集》。

陶行知的知识结构

6岁入家乡蒙童馆就读,念四书五经。15岁入教会学校"崇一学堂"读书,接受现代教育,学会英文。1908年(17岁)考入了杭州广济医学堂,因受歧视,入学仅三天即退学。1909年考入南京汇文书院,次年转入金陵大学(教会学校)文科。1914年,毕业于金陵大学。

1914年8月赴美国公费留学,入伊利诺大学攻读市政,1915年获政治学硕士;又入哥伦比亚大学师范学院,随杜威教授研读教育学,获硕士学位,并取得都市学务总监资格证书。

1917年回国。准备博士论文《中国教育哲学与新教育》,未完成。

陶行知奉献型的16种个性特质

用因素分析法,可以得出陶行知的16种个性根源特质的测试结果:

乐群性(+)、聪慧性(+)、稳定性(+)、恃强性(-)、兴奋性(-+)、有恒性(+)、敢为性(+)、敏感性(-+)、怀疑性(-+)、幻想性(-)、世故性(+-)、忧虑性(-)、求新性(+)、独立性(+)、自律性(+)、紧张性(-)。

陶行知善于交际、赤诚、乐群,但不太喜欢热闹;他聪明、富有才识、抽象思考能力强;他平时情绪稳定、态度温和;他好胜心强,但不武断、不好斗，而是温情、谦逊、随和；他热情、但又沉静、审慎；他自觉、负责任、讲道德、不敷衍、遵守规则；他胆大心细、敢作敢当，但不冒险、不退缩、不犹豫畏却；他敏感，但不抱幻想、不感情用事，而是着重实际、理智、能自我克制；他警觉，但决不刚愎自用，他善于接受、容纳别人的正确意见；他不狂放，而是现实、脚踏实地、合乎常规；他老练、精明能干，但又坦率、朴实、天真；他自信、安详、沉着、满足；他求新、思想自由、爱批评、不守旧；他自立、当机立断、自有主张，不随大流；他严于律己、受约束、不任性、不松懈、重视细节；他一般很少紧迫感、不困扰，无拘束、镇定、放松自如。

陶行知的个性因素（特质），可以概括为下表——

陶行知奉献型的个性因素表

A.	乐群性	（＋）外向与热心——冷漠与刻薄（－）
B.	聪慧性	（＋）聪明与抽象思考能力强——愚钝与抽象思考能力弱（－）
C.	（情绪）稳定性	（＋）沉静与情绪稳定——不稳定与易激怒（－）
E.	恃强性	（－）武断与好斗——温顺与随和（＋）
F.	兴奋性	（－＋）热情与活泼——冷静与严肃（＋）
G.	有恒性	（＋）自觉与道德——玩世不恭与漠视规则（－）
H.	敢为性	（＋）胆大与冒险——退缩与犹豫（－）
I.	敏感性	（－）富于幻想与敏感——讲求实际与自恃其力（＋）
L.	怀疑性	（－＋）怀疑与警觉——信赖与接纳（＋）
M.	幻想性	（－）想象与心不在焉——现实与脚踏实地（＋）
N.	世故性	（＋－）老练与精明——坦率与朴实（＋）
O.	忧虑性	（－）不安与焦虑——自信与满足（＋）
Q1.	求新性	（＋）思想自由与求新——保守与传统（－）
Q2.	独立性	（＋）自立与足智多谋——依赖群体与遵从（－＋）

Q3. 自律性　　　　　（＋）受约束与强迫——任性和松懈（－）

Q4. 紧张性　　　　　（－＋）紧迫感与紧张——无拘束与沉着镇定（＋）

五因素模型检测陶行知的人格结构

（E）倾向性 +

陶行知属于外向性格，心理活动倾向于外部世界，经常对客观事物表示关心和兴趣，不愿苦思冥想，常常要求别人来帮助自己满足自己的情感需要。外倾的特点：（1）常注意外界所发生的事情，寻求刺激，勇于冒险；（2）随和，乐观，无忧无虑，好开玩笑，情绪来得快，去得也快，易冲动；（3）好为人师，喜欢与人说话；（4）喜欢变化的生活，有许多朋友；（5）善于交际，不喜欢独处。常怀有积极的情绪体验。

（A）随和性 +

随和性高——有同情心、热心、利他、善良、亲切，友好合作，乐于助人，可信赖的，易被他人接纳。注重合作而不强调竞争，愉快、利他、有感染力；往往与环境相一致，容纳他人和环境，不易发生冲突。

重视与他人的和谐相处，因此他体贴友好，大方乐于助人，愿意谦让。心肠软、脾气好、信任人、助人、宽宏大量、易轻信、谦虚、移情。

（C）认真性 +

认真性高——公正性，有组织性、负责的、谨慎的责任心，本分及道义感，高分者愿意承担责任，有道义感，富有同情心。

组织能力强，做事严谨，有条理、有计划，并能持之以恒，自我把握力强，准时守信，有道德原则，有野心。勤奋、自律、细心、整洁、有抱负，尽职、成就、谨慎、克制。

易避免麻烦，能够获得更大的成功。可能是一个完美主义者或者是一个工作狂。极端谨慎的个体让人觉得单调、乏味、缺少生气。

（N）情绪性 –

情绪性低——平静、自我调适良好、不易出现极端和不良的情绪反应。稳定、冷静、满足，能自律和克制，情绪反应较平缓，接受规则。安全感，自怜、对自我满意，包括焦虑、敌对、压抑、自我意识、冲动、脆弱等特质。平静、放松、果敢，安全、自我陶醉。较少烦恼，较少情绪化。积极情绪体验的频繁程度是外向性的主要内容。

（O）开放性 +

开放性高——有创造性，聪明、开拓、好奇，活跃的想象力、自发接受新观念，独立思考，喜欢娱乐性的新颖的想法，不跟从习俗的价值观。不服从众人的态度和信仰，而保留他的独特体验，坚定自己的信念；按自己的方式行动。寻求变化，自主，对美的事物比较敏感。偏爱抽象思维，兴趣广泛。非传统。

【附录】陶行知提倡"生活教育"

陶行知教育思想，摆脱传统教育的弊病，代之以"生活教育"的新机。

"文革"后出版的《周恩来选集》首次披露了毛泽东关于认识到中共革命以农民为主体的农村中心思想的缘由时说："五四以后，毛主席参加了革命运动，就先在城市专心致志地搞工人运动。那时陶行知先生提倡乡村运动。恽代英同志给毛主席写信说，我们也可以学陶行知到乡村里搞一搞。"不仅如此，1942年2月，直属中共领导的中央研究院肯定了陶行知的生活教育理论的进步性和人民性，并拿来作为中共新民主主义教育的理论，同时在中共所属的各解放区实际教育活动中推广运用。

陶行知提倡"生活教育"的新思想，直到如今仍然具有现实的指导意义。

特简介如下——

传统教育是吃人的教育

（1）它教学生吃自己

传统教育教学生读死书，死读书，读书死。它消灭学生的生活力、创造力；它不教学生动手、用脑。在课堂里，不许提问；好一点的，在课堂里允许提问了，但不许学生到大社会里、大自然里去活动。从小学到中学到大学，十六年的教育下来，等于一个吸了烟的虫；肩不能挑，手不能提，面黄肌瘦，弱不禁风，再加上要经过那些月考、学期考、毕业考、会考、升学考等考试，到了一个大学毕业出来，足也瘫了，手也瘫了，脑子也用坏了，身体的健康也没有了。大学毕业就进棺材，这叫做读书死，也就是教学生自己吃自己。

（2）教学生吃别人

传统教育教人劳心而不劳力，它不教劳力者劳心。传统教育更说："劳心者治人，劳力者治于人"，更明白一点，就是教人升官发财，发谁的财呢？就是发农民工人的财。因为只有工人才是最大多数的生产者，他们吃农民、工人的血汗。生产品使农民工人不够吃，就叫做吃人的教育。

生活教育与传统教育完全相反

（1）生活教育不教学生自己吃自己，而教学生做人。生活教育反对杀人的种种考试，教人读活书、活读书。

（2）生活教育也不教学生吃人，不教人升官发财。生活教育只教中国的民众起来做自己的主人，做人中人。

教学方法：我们要活的书，不要死的书；要真的书，不要假的书；要动的书，不要静的书；要用的书，不要读的书。

总起来说，我们要以生活为中心的教学做指导，不要以文字为中心的教科书。活的人才教育不是灌输知识，而是将开发文化宝库的钥匙，尽我们知道的交给学生。

第三型：务实者老舍（1899—1966）

老舍是我国20世纪杰出的小说家、戏剧作家，满族。他是运用标准北京话写作的"京味文学"代表人物。老舍最后冥想终日而自沉太平湖，是民族文化的哀歌，也是他自我的完成，人格尊严的体现。

老舍的个性，是谨慎的实干型务实者。

老舍自信，讲求实际，有高度自尊，相信自己的价值观。能适应，精力充沛，经常很吸引人并受欢迎。能够下意识地调整自我形象，以为调整好的形象就是个人的真我。为争取认可而打造有利形象。公众形象属于社会高层人物。在真正的自我和工作角色之间会产生困惑。

他有强烈的企图要让自己更好，尽可能地成为佼佼者，通常在某方面很杰出，令人钦佩，是人性的理想，体现了许多令人羡慕的特质。别人希望像他那样，效法他的成就。他是良好的沟通者、提倡者，知道如何将事情以大家可接受和不得不接受的方式提出来。通过集合思维的方式集中注意力，通过多渠道来寻找问题的答案。

老舍精力旺盛，有很强的争胜欲望。喜欢接受挑战，会把自己的价值与成就连成一线。成就型，会全心全意去追求一个目标，因为相信"天下没有不可能的事"。动力十足，看重自己的表现和成就。讲究效率。只关注事物积极的方面，不理会消极负面的信息。在工作的时候把感情放到了一边。

老舍的最佳状况：自我接受、以内在为导向，真实、可信、做什么都表里一致。接受自己的限制并坦然处之。

老舍给人们的勤奋谨慎型印象

老舍（1899.2.5—1966.8.24）天生的洒脱。有劲，内秀，倔强，就是舒舍予（后来笔名老舍）的禀性。

老舍的女儿舒济说：父亲给人的印象，身量不高（1.65米，跟我一样高），不太胖；长圆脸，黄皮肤，五官端正，戴着一副近视眼镜。在各种场合中他穿的服装跟那个时代的一般职员、知识分子没有两样。与人说话，用深厚的男中音，晚年变成男低音和气地说着北京话。但不贫嘴恶舌，也不油腔滑调。所有这些外部特征，让人感觉他就是一个普通的北京人，与汉人没有多大区别。（舒济：《从父亲老舍的满族籍和习好说起》，原载《新文学史料》）

从小到老的挚友罗常培（语言学家）回忆童年说：北平西直门大街高井胡同口上的第二初等小学堂里有两个个性不同的孩子：一个（按：指罗常培自己）歪毛儿，生来拘谨，腼腆怯懦，计较表面毁誉，受了欺负就会哭；一个（按：指舒舍予即老舍）小秃儿，天生洒脱，有劲，把力量蕴蓄在里面而不轻易表现出来，被老师打断了藤教鞭，疼得眼泪在眼里乱转也不肯掉下一滴泪珠或讨半句饶。由这点禀赋得差异便分歧了我和老舍一生的途径。（罗常培：《我与老舍》，原载1944年4月19日《扫荡》副刊；初收入《中国人与中国文》，开明书店1947年版）

笑着，"嘻嘻"的——他老是这样神气。他给我的印象，面目有些严肃，也有些苦闷，又有些世故，偶然冷然地冲出一句两句笑话时，不仅仅大家轰然，他自己也"嘻嘻"的笑，这又是小孩样的天真呵。（台静农：《我与老舍与酒》）

头发修整，穿着浅灰色西服，一手牵着一个小孩子，远些看有几分清癯，却不文弱，——原来他每天清晨，总要练一套武术的。（台静农：《我与老舍与酒》）

无论从生与死哪一面看，老舍的一生都很不轻松。他留给人的普遍印象，最突出的莫过于温厚、宽容、幽默。但饶有意味的是，更易为家人和至交感知的，却是严肃的形容举止和悲凉抑郁的心绪。

两位日本作家对于老舍的印象是："不太明显的抑郁表情、老成持重的风度"，"有点神经质，有点古怪"，"郁闷的神情、坚毅的性格、较谨慎、胆小。"

老舍的勤奋谨慎型（the Performer）个性特点

老舍的个性，气质本为内倾而自尊自爱，内秀而多思多虑；属于实干型（the Performer）成就型（Achiever / Motivator）。

（一）天性倔强，自尊自爱；

（二）软而硬，恋母情意结；

（三）稳健、内秀而多思多虑；

（四）坚韧，凭本事挣钱；

（五）勤苦尽责，任劳任怨；

（六）交友诚恳、谨慎；

（七）质朴的幽默感；

（八）生活有规律，清洁整齐；

（九）有满族旗人的特点。

下面根据历史资料和已经发表的回忆录、访谈录，摘引一些实例，加以论证。

（一）天性倔强，自尊自爱

内倾而自尊自爱，沉郁孤高，是老舍的基本心理特征。

老舍的倔强，是谦虚背后的倔强。

这禀性既给了他理智的反省精神，也造就了他的幽默心态，追求个人道德与社会责任相统一的人格理想。

重视"人"的意识，还使老舍由对生的执著，升华为对死的礼赞，形成了具有浓重感化色彩的死亡意识，也就是中国传统的士大夫气节：可杀不可辱，宁为玉碎、不为瓦全。

现代中国作家很少有人像老舍那样，出于本能地从生命的崇高、求生的欲望、被侮辱与被损害的意义上去认识艰辛的现实，在肉体的摧残和精神的戕害中展现命运的威严。（参看吴小美、古世仓：《老舍个性气质论——纪念老舍诞辰百周年》，载《文学评论》1999年第1期）

（二）软而硬，恋母情意结

老舍回忆母亲说："从私塾到小学，到中学，我经历过起码有百位教师吧，其中有给我很大影响的，也有毫无影响的，但是我的真正的教师，把性格传给我的，是我的母亲。母亲并不识字，她给我的是生命的教育。"

老舍说："母亲这点'软而硬的'个性也传给了我。我对一切人和事，都以平和的态度，把吃亏当作当然的。在做人上，我有一定的宗旨和基本法则，什么都可将就，但不能超过自己划好的界限。我怕见生人，怕办杂事，怕出头露面。但是到了非我去不可的时候，我便不敢不去，正像我的母亲。"

对于"好脸面"的母亲和老舍自己都是难以承受的"末世人"境遇，即使他本能地反抗着社会的不公，但终于还是以"末世人"自认了。（参看吴小美、古世仓：《老舍个性气质论——纪念老舍诞辰百周年》，载《文学评论》1999年第1期）

（三）稳健、内秀而多思多虑

老舍内向，稳健、含蓄、内秀，而蕴含着深沉的批判目光。

梁实秋回忆说："老舍的才华是多方面的，长短篇的小说，散文，戏剧，白话诗，无一不能，无一不精。而且他有他的个性，如他自述的那样'把力量蕴蓄在里面而不轻易表现出来'，绝不俯仰随人。"

尽管老舍没有直接参与1919年的"五四运动"，但他曾反复强调说："感谢'五四',它叫我变成了作家。"他受"五四"思想启蒙,善于冷静地以中西文化、新旧文明比较的宏观视角,来批判传统文化,挖掘国民劣根性。

老舍紧紧抓住传统专制宗法社会的缩影——北平文化,解剖社会弊端的根源。他认为：北平文化就是沙漠文化,包括三部分：传统士大夫文化（权）、外来殖民文化（钱）和民习风俗文化。消极的一面,就是从中滋生顺民性格和奴性特征。

吴祖光说：才华绝代的老舍先生那样真诚、关心人、同情人,他的心真正是金子做的！他留下的篇篇杰作,字字珠玑,灿如金玉,将永远是我们子孙万代的精神财富。我深深地感谢他,怀念他。

（四）坚韧,凭本事挣钱

老舍的劳动观更接近普通大众,即凭本事挣钱,"流自己的汗,吃自己的饭",老舍可以说是一个作家里的"骆驼祥子"。（录自《老舍写作生涯》,天津：百花文艺出版社,1981年版）

老舍一生都在关心自己的写作数量和种类,经常算创作账,包括稿费。（录自《老舍写作生涯》,天津：百花文艺出版社,1981年版）

老舍很懂得作家应该由社会养活不该由大学养活的道理,所以七八年来无论哪个大学请他教书,他都婉言谢绝,宁愿忍饥耐寒……可是眼前的社会怎能养得活作家！纵然夜以继日,从手到口的去写,恐怕也难博一饱,还怎能苛责作家粗制滥造,没有伟大的作品出现呢？（罗常培：《我与老舍》,原载1944年4月19日《扫荡》副刊；初收入《中国人与中国文》,开明书店1947年版）

武汉大学请他教书去,没有去,他不愿意图个人的安适,他要和几个朋友支持着"文协"。但是,他已不是青岛时的老舍了,真个清癯了,苍老了,面上更深刻着苦闷的条纹了。（台静农：《我与老舍与酒》）

老舍先生的创作精神是坚韧的,他觉得需要写剧本,他就集中目标,连续的写出七部；要写长篇小说,完成一部,再写一部。写完了再说。结果，他果真全数写出来。他这种坚韧的创作精神是可惊的，他这种贯彻始终的创作精神是可惊的。（梅林：《老舍先生二三事》，原载 1944 年 4 月 17 日《华西日报》及 1944 年 4 月 20 日《天地画报》）

50 年代他特别高兴，最重要的原因就是，他终于可以不用担心养家糊口的问题而纵情高产了。他不但自己成为"作家劳模"，而且衡量别人时也以此作为一个标准。（录自《老舍写作生涯》，天津：百花文艺出版社，1981 年版）

他在 1955 年的《反对文人无行》这篇文章里讲了三条意见：第一是反对作家急工，第二是说作家经常创作等于工人农民经常劳动，第三才是笼统地反对道德堕落。（录自《老舍写作生涯》，天津：百花文艺出版社，1981 年版）

（五）勤苦尽责，任劳任怨

老舍和胡风曾共同在周恩来的授意下，参加并组织抗战文艺活动。1938 年 3 月在武汉成立"中华全国文艺界抗敌协会"。文协不设主席，不设理事长。老舍以高票当选为理事。周恩来是全国文协的名誉理事，他通过理事冯玉祥的关系，邀请老舍担任总务股（部）主任，总管会务工作，胡风是研究股副主任。后来胡风回忆说："举老舍这个有文坛地位、有正义感的作家当总务股主任，这是符合众望的。"

1938 年以来，实际上就由老舍主持全国文协。老舍的"入会誓词"给人留下深刻印象。他在誓词中说："我是文艺界（中的）一名小卒，十几年日日夜夜操劳在书桌上和小凳子之间，笔是枪，把热血洒在纸上。可以自傲的地方，只是我的勤劳（苦）。小卒（的）心中没有大将的韬略，可是小卒该做的一切，我确实做到了。以前如是，现在如是，希望将来也如是。在我入墓的那一天，我愿有人赠（给）我一块短碑，刻上：文艺界尽责的小卒，睡在这里。"（作者注：根据不同文本，括弧中是异文，备考。）

老舍到重庆四年也没有个家，他常住"文协"所在地张家花园 65 号。

这座房屋是由冯玉祥资助800银元租赁下来的，与巴蜀小学为邻，周围都是农田，虽是白天也能听到蛙鸣。老舍把其中一间简陋残破的房子取名"多鼠斋"，这里安放着他的一个铺位。各地到重庆来的作家找到了"文协"，招待吃饭都是老舍掏钱，当晚他还要把铺位让出来，自己到《新蜀报》编辑部去挤个睡处。一直到1943年11月17日，老舍夫人胡絜青带着孩子从北平逃难到重庆，老舍才在北碚安了个家。

6年以后文化界如此评论老舍的义务工作："当抗战发生到现在，他一直的实际主持抗战文艺运动的大本营——中华全国文艺界抗敌协会总会的工作，忠诚地、任劳任怨地，做着他所能所做的事情。他所处的地位不轰动，不热闹，有时还不免遭遇冷淡；然而他有他的戏，历史与时代赋予他的戏他要彻头彻尾的做完。他是一架桥梁，使千万人踏着他的背脊从此岸走到彼岸的桥梁，而他的重荷之下紧紧地咬着他的牙齿。"（梅林：《老舍先生二三事》，原载1944年4月17日《华西日报》及1944年4月20日《天地画报》）

同事胡风对于主持文协的老舍赞扬道："是尽了他的责任的，要他卖力的时候他卖力，要他挺身而出的时候他挺身而出，要他委曲求全的时候他委曲求全。"

"'冷风更可吹硬了我的骨头！'这是檐前铁马被带哨子的北风吹得叮当乱响，在彼此相对无言的当儿便代替了我的回答。"（罗常培：《我与老舍》，原载1944年4月19日《扫荡》副刊；初收入《中国人与中国文》，开明书店1947年版）

（六）交友诚恳、谨慎

胡风说："舍予是非常欢喜交友，最能合群的人，但同时也是富于艺术家气质，能够孤独的人。"

臧克家回忆："老舍爱朋友，广交游。他重交谊，不论地位、声名的高低。老舍，对人生是乐观的，兴趣是多方面的。他搞文学，也爱艺术。"

老舍对待朋友是特别诚恳的。在他，似乎没有朋友即不能生活。他常说，抗战以来，私人方面最大的快乐是会见了许多熟朋友，认识了许多新朋友。无论他到什么地方去，最主要的目的是看朋友。日常除写作休息外，其余的时间大抵用在看朋友方面。如果是在集会或几个友人一起谈天时，他一定用各种方法娱乐朋友，务使朋友们不感到寂寞、不感到沉闷。而当他和友人们喝酒猜拳时就更有风趣了。

1942年，重庆文化人自香港陆续脱险归来。徐迟先回到重庆，老舍安排他在"文协"住下，同时高兴地为欢迎其他脱险作家的归来做准备。他力促张道藩派汽车到黔、桂去接那些作家。不久，胡风、于伶、凤子、宋之的、王苹、王莹等一大批作家、艺术家也到了重庆，国民党方面由张道藩举行了欢迎会，大家客客气气，却冷冷清清；而"文协"方面由老舍组织的欢迎会上，则一个个谈笑风生，欢畅热烈，与张道藩的欢迎会形成了鲜明的对比。

他对朋友的态度总是诚恳的，但必看什么人。倘是"莫名其妙"的朋友，他用沉默或"噢噢，是是"式的态度对之。反之，他的诚恳与热情是感人的。（梅林：《老舍先生二三事》，原载1944年4月17日《华西日报》及1944年4月20日《天地画报》）

由于幼年境遇的艰苦，情感上受了摧伤，他总拿冷眼把人们分成善恶两堆。疾恶如仇的愤激，正像替善人可以舍命的热情同样发达。这种相反相成的交错情绪，后来随时在他的作品里流露着。

1944年，在重庆纪念老舍创作生活20年的大会上，胡风说："（老舍）对于作家朋友们，无论是谁，只要不是气质恶劣的人，他总能够随喜地谈笑，随喜地游戏，但他却保持着一定的限度；无论是谁，只要是树有成绩，没有堕入魔道，他总能够适当地表示尊重，但却隐隐地在他的方寸里面，保持着自己的权衡……这态度常常引起我的感激的心情。"

胡风夫人梅志回忆说："胡风对老舍始终是尊重的、相信的，就是当时写的什么，胡风也没有当回事。我们并不在意老舍当时对我们的批判，倒是听到老舍自杀的消息，胡风吃了一惊，说，'像老舍这样的人他们都容不下！'"

(七) 质朴的幽默感

有人称老舍是"悲观的幽默大师"。在老舍看来,幽默"首要是一种心态",是"一视同仁的好笑的心态"。老舍个性中质朴的幽默气质和艺术风格,可说是一种"含泪的笑"。老舍的幽默个性形成的原因有三:一是"一半恨一半笑的去看世界";二是老舍在旗人生活圈里,通俗文艺流行,他浓厚地染上了幽默的习惯;三是受狄更斯等外国作家的影响。

1943年秋,老舍夫人胡絜青来到重庆北碚之前,老舍是孤身一人在重庆。因此,老舍到访,冰心总要叫北方人出身的佣人黄志廷夫妇做一些地道的北方面食,让老舍大快朵颐。餐后,老舍、冰心饮着香茗,对坐清谈。冰心活跃开朗的风度,和老舍诙谐幽默的话语,两相配合,常令满座笑逐颜开。后来,冰心在一篇文章中写道:"老舍和我们来往最密的时期,是在抗战时的重庆。他是我们朋友中最爽朗、幽默、质朴、热情的一个。我常对他说,你来了,不像'清风入座',乃是一阵热浪,席卷了我们一家人的心。"

胡风夫人梅志回忆说:"舍予是经过了生活底甜酸苦辣的,深通人情世故的人,但他底'真'不但没有被这些所湮没,反而显得更凸出,更难能而且可爱。所以他底真不是憨直,不是忘形,而是被复杂的枝叶所衬托着的果子。他底客客气气,谈笑风生里面,常常要跳出不知道是真话还是笑话的那一种幽默。现在大概大家都懂得那里面正闪耀着他底对于生活的真意,但他有时却要为国事,为公共事业,为友情伤心堕泪,这恐怕是很少为人知道的。"这是老舍的"真"。

读过老舍先生的作品的人大概有这样一个印象,"老舍是幽默的"。这是真的么?他自己说过,"我并不幽默"。又说:"难,幽默难。"幽默的涵义,所谓幽默,恐怕是在某种适宜场合,严肃地说一句概括机智的话,起初使人不禁莞尔或哄笑,过后一想叹息或"不好过"起来的一种解释吧。

有一次文协开理事会,在报告经费困难情形时,老舍先生忧悒的说:"本来我们存在银行里有一万块钱,那是五年前存下来的,后来物价狂涨,钱没有了。如果三年前将这一万块钱买亚司匹灵,我们早发财了。"于是大家哄笑,但随即沉默下来。是的,倘买了亚司匹灵不单"发财",而且也决不会为文协经费困难而"头痛"了。但文人不善于打算盘,也不屑如商人一样打算盘,宁愿硬着骨头吃亏,无论在哪方面都吃亏,被斜视,被用威吓的拳头在鼻子前晃来晃去。这是悲哀,"买了亚司匹灵早发财了"是包括了这种悲哀在内的。(梅林:《老舍先生二三事》,原载 1944 年 4 月 17 日《华西日报》及 1944 年 4 月 20 日《天地画报》)

老舍的幽默中,蕴含着抹不开的苦涩辛酸和悲观色彩。他运用原汁原味的北京话,使得幽默与叙述、抒情熔为一炉而不显匠气。

(八) 生活有规律,清洁整齐

他喜欢生活有规律,清洁整齐,他住的房子无论哪里都没有灰尘、纸片、痰涕之类,书籍、文具、衣服、清供、茶杯,都有一定的位置,正和蓬子兄的卧室兼储藏室绝对相反。而他的房子的清洁整齐,是完全由他自己整理的,他自己扫地抹桌椅。倘蓬子兄吸着纸烟跟他谈天,他老是斜着眼睛监视蓬子兄手里的纸烟灰,当蓬子兄忘其所以的刚要用指头弹烟灰时,他立即提醒:"烟灰缸子在桌上。"(梅林:《老舍先生二三事》,原载 1944 年 4 月 17 日《华西日报》及 1944 年 4 月 20 日《天地画报》)

老舍的爱清洁、爱秩序、爱花草、保持与自然的亲近,既是个人习惯也是文化情思,与他对高洁人格的尊崇融为一体,也反映着城市庶民对恢复传统社会生活秩序的追求。

每天早晨起来,早点后,写作、写信、读书、阅报、或看朋友;倘若情绪不好或略感疲倦,他自己一个人静静地坐在桌旁拼摆骨牌"过关"。(梅林:《老舍先生二三事》,原载 1944 年 4 月 17 日《华西日报》及 1944 年 4 月 20 日《天地画报》)

(九) 有满族旗人的特点

老舍的女儿舒济说:父亲出生在清朝末年北京的满洲正红旗的家庭里,

他是旗人。满族是他生命的源泉与生成的根基。先天的血脉，后天的耳濡目染，满族文化的熏陶，在他的思想里、习惯里、作风上与爱好上，存留着满族的印痕。纵观他的一生，他习武不断，爱京戏、听曲艺、说相声，他的这些行为表现、爱好、情趣与生活作风中的特点，集合起来，就能看出了他的满族本色。（舒济：《从父亲老舍的满族籍和习好说起》，原载《新文学史料》）

老舍继承了他母亲的性格，出了名的好客，离了朋友们就活不下去。在重庆的时候，老舍的生活相当清贫，但是老友相逢，卖了大褂，也要上一趟小馆盛情款待。晚年的老舍更加看重友情。逢年过节，或是小院里百花盛开的时节，老舍的家，就变成了欢乐之海，赏花赏画，品茗品酒，主人与宾客们全都痛快极了。有时到了欢畅之时，赵树理会扯着嗓子"吼"他拿手的上党梆子，曹禺则酩酊大醉后滑到了桌子底下……

旗人的生活小趣味极旺盛，种花养鸟之外，在语言机趣、状摹品评人物这些习惯基础上，幽默很自然地成为一种素质。近代社会大变动也促进旗人的礼俗文明趋向幽默化，种种啼笑皆非的情状，必定造就老舍那哭笑不得的心态。

翻译家杨宪益说："启功有旗人的特点，跟老舍一样是怕事的人。性格上就是怕事。"

不论在事实上还是在意识中，老舍都是"旧时代的弃儿，新时代的伴郎"。从幼年开始，旗人地位的跌，使他在理智上接受新时代；被新时代遗弃，又使他满含新旧更迭的哀歌色彩。（参看吴小美、古世仓：《老舍个性气质论——纪念老舍诞辰百周年》，载《文学评论》1999年第1期）

老舍经历对个性的影响

老舍原名舒庆春，字舍予，满族正红旗人。1899年2月5日生于北京西城小杨家胡同一个困苦的贫民家庭。父亲是守卫皇城的一名护军，1900年在抗击八国联军入侵的巷战中阵亡。从此，全家依靠母亲给人缝洗衣服和充当杂役的微薄收入为生。他在大杂院里度过艰难的幼年和少年时代。大杂院的生活，使他从小就熟悉车夫、手工业工人、小商贩、下等艺人、娼妓等挣扎在社会底层的城市贫民，深知他们的喜怒哀乐。他从小就喜爱流传于市井巷里的传统艺术（如曲艺、地方戏），为它们的魅力所吸引。

1906年，7岁进私塾读书；三年后，转入新式学堂。

1913年，考入北京师范学校（学杂膳宿费用都由国家供给）。少年舒庆春曾信仰基督教。1918年老舍以优异成绩在北京师范学校毕业，毕业后任教北京公立第十七高等小学校，并兼任校长。当初他的人生信条只不过是"兢兢业业地办小学，恭恭顺顺地侍奉老母，规规矩矩地结婚生子，如是而已"。

1919年"五四运动"爆发，民主科学、个性解放的呼声把他惊醒（老舍：《"五四"给了我什么》），他作出了新的抉择。

教中文，写小说

1922年9月，老舍辞去所有职务，到以开明新派著称的天津南开学校中学部任国文教员，在那里写下了第一篇新文学习作《小铃儿》。"五四"推动他挣脱传统世俗的羁绊，去寻求更有意义的生活。

1924年，老舍去英国，任伦敦大学东方学院的汉语讲师；教中文，同时开始写作。多彩的世界和浓烈的乡思，将他拉入文学的殿堂。他阅读了大量英文作品，业余开始小说创作。连续在《小说月报》上发表长篇小说《老张的哲学》、《赵子曰》、《二马》等，成为我国现代长篇小说奠基人之一。1926年加入文学研究会。

1929年夏，老舍取道法、德、意、新加坡等地回国。次年7月，到济南齐鲁大学任教，同时仍坚持他的爱好——从事写作。1934年，改任青岛山东大学教授。课余继续长篇小说的创作。《猫城记》（1932）、《离婚》（1933）、《牛天赐传》（1934）、《月牙儿》（1935）、《骆驼祥子》（1936）、《我这一辈子》（1937），都是这个时期的作品。特别是小说《骆驼祥子》突出地表现了作家对于城市贫民的真挚同情和深刻理解，成为老舍的主要代表作。40年代译成英文以后，也赢得了外国读者的喜爱。

面向百姓，反映民间疾苦

1937年7月抗日战争爆发后，老舍只身南下赴汉口和重庆。1938年3月，中华全国文艺界抗敌协会在武汉成立，他被选为理事兼总务部主任，对内主持日常会务，对外代表"文协"。不久撤退到重庆，单身居住在文艺界抗敌协会的办公地点。在创作上，以抗战救国为主题，写了各种形式的文艺作品。有话剧《残雾》，小说《火葬》等。

1938年中，老舍在年届"不惑"之时，用特有的"老舍笔法"为自己写下简短自传："舒舍予，字老舍，现年四十岁。面黄无须，生于北平。三岁失怙，可谓无父；志学之年，帝王不存，可谓无君。无父无君，特别孝爱老母。幼读《三百篇》，不求甚解。继学师范，遂奠教书匠之基，及壮，糊口四方，教书为业。甚难发财，每购奖券，以得末奖为荣，示甘为寒贱也。二十七岁，发愤著书，科学哲学无所终，故写小说，博大家一笑，没什么了不得。三十四岁结婚，今已有一男一女，均狡猾可喜。书无所不读，全无所获，并不着急，教书做事，均甚认真，往往吃亏，也不后悔。再活四十年，也许能有点出息。"

1939年6月，他参加全国慰劳总会北路慰问团，慰问抗战军民。近半年之中，行程两万余里，历经川、鄂、豫、陕、宁、青、甘、绥八省，包括延安和陕甘宁边区。抗战后期，他又投身日渐高涨的民主运动之中。他先后在济南、武汉、重庆等地，与艺人商讨编写抗战鼓词，自己也写了不少宣传抗战的作品，包括京剧、鼓词、相声、数来宝、坠子、话剧等，供艺人演出。1944年初，老舍开始创作长篇小说《四世同堂》。

抗日战争胜利后，1946年3月，应美国国务院邀请，老舍赴美讲学，旅居美国3年主要从事创作。

1949年10月1日，中华人民共和国成立。13日，老舍启程回国。曾任中国文联副主席、中国作家协会副主席、中国民间文艺研究会副主席、北京文联主席等职。创作了《龙须沟》、《茶馆》等话剧。1951年，《龙须沟》上演受欢迎，荣获"人民艺术家"称号。小说《正红旗下》（1961—1962）未完成。

在"无产阶级文化大革命"一开始就遭受残酷迫害，1966年8月24日自沉于太平湖。著作有《老舍全集》十九卷。

老舍的知识结构

1906年，7岁进私塾读书；1909年转入新式小学堂。1913年，考入北京师范学校（全公费）。1918年以优异成绩在北京师范学校毕业；他没有受过正规的大学教育。

老舍的英语水平，得益于基督教会。1924年赴英国，在伦敦大学东方学院教中文。

1929年夏，取道法、德、意、新加坡等国回国。

1930年7月，到济南齐鲁大学任教。1934年，改任青岛山东大学教授。

后来他认为：专职从事教学，不利于小说的创作。于是辞去大学的教职，专门从事写作，成为一名自由职业者。

他对于京剧、大鼓词、相声、数来宝、坠子等曲艺的知识，来源于他自幼跟民间艺人的交往。他由曲艺转向话剧剧本的创作。

老舍勤奋谨慎型的16种个性特质

用因素分析法，可以得出老舍的16种个性根源特质的测试结果：

乐群性（－＋）、聪慧性（＋）、稳定性（＋）、恃强性（－）、兴奋性（－＋）、有恒性（＋）、敢为性（－）、敏感性（－）、怀疑性（－＋）、幻想性（－）、世故性（＋－）、忧虑性（－）、求新性（＋）、独立性（＋－）、自律性（＋）、紧张性（－）。

老舍不善交际、但赤诚、乐群，他不惯孤独、喜欢热闹；他聪明、富有才识、抽象思考能力强；他平时情绪稳定、态度温和、不易冲动；他不武断、不好斗，而是温情、谦逊、随和；他热情、但又沉静、审慎；他自觉、负责任、讲道德、不敷衍、遵守规则；他胆小、不冒险，有时犹豫畏却；他敏感、但不抱幻想、不感情用事，而是着重实际、理智、能自我克制；他警觉、但决不刚愎自用，他善于接受、容纳别人的正确意见；他不狂放，而是现实、脚踏实地、合乎常规；他老练、世故、精明能干，但又坦率、朴实、天真；他自信、安详、沉着、满足；他求新、思想自由、爱批评、不守旧；他自立、自有主张，但有时随大流；他严于律己、受约束、不任性、不松懈、重视细节；他一般很少紧迫感、不困扰，无拘束、镇定、放松自如。

老舍的个性因素（特质），可以概括为下表——

老舍的实干型个性因素表

A. 乐群性　　　　　（－＋）外向、爱社交——内向、不善交际（＋）

B. 聪慧性　　　　　（＋）聪明、理智——迟钝、欠理智（－）

C. 稳定性　　　　　（＋）沉着、情绪稳定——易激怒、情绪不稳（－）

E. 恃强性　　　　　（－＋）争强好胜——温顺、随和（＋）

F. 兴奋性　　　　　（－＋）活泼、热情洋溢——严肃、冷静（－＋）

G. 有恒性　　　　　（＋）道德观念强——玩世不恭、漠视规则（－）

H. 敢为性　　　　　（－）胆大、冒险——退缩、犹豫（＋）

I. 敏感性　　　　　（＋）感觉敏锐——不敏感（－）

L. 怀疑性　　　　　（＋）怀疑、警觉——轻信、麻痹（－）

M. 幻想性　　　　　（－）富于幻想、心不在焉——现实、脚踏实地（＋）

N. 世故性　　　　　（＋）世故、老练——坦率、朴实（－＋）

O. 忧虑性　　　　　（＋）忧虑、不安——无忧无虑、满足（　）

Q1. 求新性　　　　　（＋）求新、思想自由——守旧、保守传统（－＋）

Q2. 独立性　　　　　（＋－）独立自主、有主见——服从、依赖群体（＋）

Q3. 自律性　　　　　（＋）自律、受约束——任性、无拘束（－）

Q4. 紧张性　　　　　（+）紧张、紧迫感——放松、镇定（- +）

五因素模型检测老舍的人格结构

（E）倾向性（- +）
（A）随和性（+）
（C）认真性（+）
（N）情绪性（- +）
（O）开放性（+）

第四型：浪漫者郭沫若（1892—1978）

郭沫若是五四新文化运动以来多产的诗人、文学家、剧作家、历史学家，是中国现当代历史（不仅是文学史）上的奇人，一个非常值得深刻解剖的最复杂的存在，是多种矛盾冲突集中的代表人物之一。对于郭沫若的多面性人格分析，也必须从多面视角进行。由于篇幅关系，也出于研究的复杂性和阶段性，本文先行分析青年时期的郭沫若。

青年郭沫若的个性，基本上属于自我表现的情绪型或浪漫型（the Romantic，Artist/Individualist）。

他拥有浪漫艺术家的天资，多愁善感且想象力丰富，常沉醉于自己的形象世界里。善于自我表现，要求个性的解放，个人主义意识很强。自然而然地地让无意识的内在冲力上升到意识层面。自我表露，容易感动青年人，产生强烈的共鸣。

郭沫若具有艺术气质、多情，他寻找理想伴侣，追求一生的志向。他受到强烈的情绪性体验吸引，表达出与众不同的一面。

消极的未觉悟的郭沫若是烦恼不安的，受道德感罪恶感折磨、自困且情绪过度膨胀的矛盾体，容易颓废沮丧，摇摆于狂妄与消沉的两个极端之间。要求别人注意他的痛苦，伸出同情的支援的手，以帮助他达到灵魂的解脱。

积极的觉悟的郭沫若，通过自我忏悔而焕发创造性，在鼓励下能够表现出天才的艺术魅力。他灵感激发时，能够成为出色的诗人。在一定环境下，克服了浮躁的主观性而走向冷静客观性，以他天才的直觉加上敏锐的思考力，也能够做出惊人的学术发现。

郭沫若的两面性甚至多重性复杂人格，在他的青少年时代已见端倪。

郭沫若早期给人们的情绪型印象

郭沫若（1892.11.16—1978.6.12）前期是表现自我的浪漫者，后期转化为逢场作戏型的浪漫者，早年以新诗集《女神》奠定在五四新文坛的地位，他领导的创造社揭竿而起，成为浪漫新文学的主力军。20世纪20年代初在美国留学的闻一多，读到郭沫若诗集《女神》之后激动地写道："五四之后的中国青年，他们的烦恼悲哀真像火一样烧着，潮一样涌着，而郭沫若的《女神》不独喊出人人心中底的热情来，而且喊出人人心中最神圣的一种热情呢！"（闻一多：《女神之时代精神》，载《闻一多文集》）

1922年的闻一多，曾在一封通信中这样赞扬："朋友！你看过《三叶集》吗？你记得郭沫若、田寿昌（汉）缔交底一段佳话吗？我平生服膺《女神》几乎五体投地，这种观念，实受郭君人格之影响最大。而其一生行事就《三叶集》中所考见的，还是同田君缔交底一段故事，最令人景仰。我每每同我们的朋友（梁）实秋谈及此二君之公开的热诚，辄感叹不已。"郭田缔交，首先以真诚忏悔为前提。于是感人至深。《三叶集》和《女神》所表现的人格力量，引起当时新进的热血青年们的强烈共鸣。

不久，郭沫若、郁达夫、成仿吾和田汉等，从日本回到上海十里洋场，几乎是赤手空拳地组建了新浪漫文化团体创造社。他们是精神上的贵族，生活上的游民。当时梁实秋与闻一多对创造社主要成员们的赞美不断升级，闻一多说："你信中提到沫若所讲关于艺术与人生之关系的话，很有见地，""假如全国人都反对我，只要郭沫若赞成我，我就心满意足了。"（《梁实秋传》第100页）闻一多得知郭沫若在泰东的生活境况后，在家信里写下了一段十分愤慨的话："昨与友人梁实秋谈，得知郭沫若在沪卖文为生，每日只辣椒炒黄豆一碗佐饭，饭尽犹不饱腹，乃饮茶以止饥。以郭君之才学，在当今新文学界当首屈一指，而穷困至此。世间岂有公理哉？"

"世间岂有公理哉？"在艰苦的生活中，郭沫若本人也一定这样无数次地质问过。郭沫若等生活之困窘和工作负担之繁重，以及二者之间的巨大反差都足以使见闻者感叹不止。

1923年10月11日在上海，胡适再访郭沫若，陪同前去的徐志摩在日记里记下了他所见到的情景："沫若自应门，手抱襁褓儿，跣足，敝服（旧学生服），状殊憔悴"，"沫若居至隘，陈设亦杂，小孩羼杂其间，倾跌须父抚慰，涕泗亦须父揩拭，皆不能说华语；厨下木屐声哒哒可闻，大约即其日妇。"从郭沫若家出来，胡适向徐志摩迭发感慨："然以四手两面而维持一日刊，一月刊，一季刊（指创造社刊物），其情况必不甚愉适，且其生计亦不裕，或竟窘，无怪其以狂叛自居。"胡适甚至因此而理解并体谅了郭沫若的"狂叛"，其中大概也包括郭沫若等的"骂人"。

三天以后，郭沫若请胡适吃饭。趁着喝得半醉，胡适又说了一些"诚恳话"，而郭沫若则以浪漫诗人的冲动抱吻了胡适。据在场的徐志摩记述，这次聚会是以"飞拳投詈而散"。随着"飞拳投詈"的情感宣泄，郭沫若与胡适的对立关系也就告一段落了。到20年代末期以后，随着形势的变化和意识形态斗争的加剧，他们之间则又开始了另一轮的对立。

30年代沈从文谈到郭沫若，其中的一段话不失为知人之论："他……永不放弃那英雄主义者的雄强自信，他看准了时代的变，知道变中怎么样可以把自己放在时代的前面，他就这样做。他在那不拒新的时代一点上，与在较先一时代中称'为我们青年人做了许多事情'的梁任公先生，很有相近的地方。都是'吸新思潮而不伤食'的一个人。"（沈从文：《论郭沫若》）

1928年以后郭沫若的甲骨文和金文研究，使他不愧为中国马克思主义新史学的开山。1936年鲁迅去世后，郭沫若被举作中国左翼新文化运动的又一面旗帜。早期的郭沫若也是热血男儿，"四·一二"国共分裂后，郭沫若愤笔疾书讨蒋檄文《人民公敌蒋介石》因而遭到通缉，被迫逃亡日本。郭沫若对中国现代文学、历史学的重大贡献是有目共睹的。

客观公正地说，郭沫若的杰出成就主要在1949年以前。此后，则基本沦为文化官僚。前期是表现自我的浪漫者，后期转化为逢场作戏型的浪漫者。如今评论家们通常认为，郭沫若以1949年为界，分为两大段。不少研究者认为有两个郭沫若。前一个是才华横溢、风流倜傥、个性张扬的才子和革命者；后一个则异化为迷失自我、唯命是听、歌功颂德的文化官僚。这种人格上的明显断裂形成了"郭沫若现象"的特征。有人认为：郭沫若现象是20世纪几代中国文化人的缩影，是某些精英——知识阶层的悲剧，也是民族的悲剧，时代的悲剧。

郭沫若早期的情绪型个性特点

郭沫若早期的浪漫个性体现在：
（一）表现自我、自然流露；
（二）偏于主观、情感冲动；
（三）傲慢不逊、具有反抗精神；
（四）粗豪放浪、好走极端；
（五）意志薄弱；自知需要纠正与锻炼；
（六）忏悔情结；
（七）性格不定，易动摇复多变；
（八）向往着恢复赤子之心。

下面根据历史资料和已经发表的回忆录、访谈录，摘引一些实例，加以论证。

（一）表现自我，自然流露

青年郭沫若确实有艺术天才，富于创造力，这种素质决定了他的文艺观是崇尚天才、灵感、直觉。他向往歌德和孔子那样的"球形天才"，追求多方位的自我实现。他全面涉猎诗歌、戏剧、小说、散文、历史学、考古学、古文字学，以及政治、社会活动、中外文化交流等，而且在诸多方面也都有所贡献。

他认为诗是写出来的,并非"做"出来的。他说,诗人的心境如同一湾清澄海水,没有风的时候,便静止如一明镜,宇宙万汇底印象都涵映在里面,一有风的时候,便翻波涌浪起来,宇宙万汇都活动在里面。这风便是直觉、灵感。(参看郭沫若、田汉、宗白华通信集《三叶集》1920年版)

青年郭沫若宣称:"诗是人格创造的表现","个性最彻底的文艺便是最有普遍性的文艺,民众的文艺"。他向往强有力的个人,在想象中塑造了那个具有无限能量的"天狗"式的自我形象,把突出的个性看作诗的生命。他认为,"诗之精神在其内在的韵律","内在的韵律便是'情绪底自然消涨'",因此他在文学创造中竭力驰骋自己的艺术想象。

郭沫若主张"文艺要表现作家自己","文艺是作家的自叙传",文艺是出于自我的表现,文学的原始细胞是情绪,文学的本质是有节奏的情绪世界。在新文化运动中,他成为了突出自我意识、激烈解放个性、肯定主体精神、发扬自由创造的开路先锋之一。

(二) 偏于主观、情感冲动

郭沫若在1923年自述:"我是一个偏于主观的人,我的朋友每向我如是说,我自己也承认。我自己觉得我的想象力实在比我的观察力强。我自幼便嗜好文学,所以我便借文学来以鸣我的存在……"

"我又是一个冲动性的人,我的朋友每向我如是说,我自己也承认。我回顾我所走过的半生行路,都是一任我自己的冲动在那里奔驰;我便作起诗来,也任我一己的冲动在那里跳跃。我在一有冲动的时候,就好像一匹奔马,我在冲动窒息了的时候,又好像一只死了的河豚……"(引自《论国内的评坛及我对于创作上的态度》,载《沫若文集》第10卷105—106页)

青年郭沫若不但性情冲动,在文艺观上也很追慕天才式的冲动,即灵感。《女神》中的许多激情的篇什都是在这样冲动的心理状态中依靠灵感去创造,所以充溢着情绪流与奇丽多彩的想象,不一定深刻,却真切感人;

虽然粗糙，却更显坦诚，郭沫若这种心理素质非常适于浪漫诗歌创作。

青年郭沫若豪放不羁、激情洋溢，而往往缺乏坚韧和冷静。他说："我只是想当个饥则啼、寒则号的赤子。因为赤子的一啼一号都是他自己的心声，不是如像留声机一样在替别人传高调。"（引自《批评与梦》，载《沫若文集》第10卷110页）

他给新文化运动带来重主观、重表现、重情绪、重创造的新浪漫美学原则。

（三）傲慢不逊，具有反抗精神

20年代初，青年郭沫若自述：我郭沫若素来是富于反抗精神的人，我的行事是这样，我的文字也是这样……要叫我们"休"，除非叫我们死！（引自《暗无天日的世界》，载《沫若文集》第10卷162—163页）

1925年青年郭沫若自述：我自己本是一个傲慢不逊的人。（引自《哀感》，载《沫若文集》第10卷280页）带有很强的逆反心理。

郭沫若和郁达夫曾经自比为"孤竹君之二子"，宁愿在首阳山上忍饥挨饿，也不甘心与浊世同流合污。

郭沫若最初的戏曲集题名为《三个叛逆的女性》，号召反抗的精神。

在日本参与"无产阶级文学派"的冯乃超，回到上海以后，于1927年12月18日作《艺术与社会生活》长文，文中说——

创造社的浪漫运动的代表人物是郭沫若。"我们若要寻一个实有反抗精神的作家，就是郭沫若，"他对于社会的反抗，是进步的。冯乃超认为：叶圣陶、鲁迅、郁达夫、张资平等四种人都"没落"了，只有郭沫若"革命去了"。（参看1928年1月15日《文化批判》创刊号）

（四）粗豪放浪，好走极端

青年郭沫若往往一味追求"全"，而忽视"深"；他积极进取，却又好走极端；他豪放大胆，但常随意树敌；由于缺乏反思和自省，他个性中的优点和缺点每每混为一体，相伴相生。

早期郭沫若和郁达夫的放荡不羁,形成"创造社"的一大特色。

闻一多1923年家信中说:"沫若等天才与精神固多可佩服,然其攻击文学研究会至于体无完肤,殊蹈文人相轻之恶习,此我所最不满意于彼辈者也。"

中年以后的郭沫若越来越注重政治功利性,同时他的文艺审美力也越来越淡薄衰弱。

(五) 意志薄弱,自知需要纠正与锻炼

青年郭沫若认识到:"我这种人意志是薄弱的,要叫我胜劳耐剧,做些伟大的事业出来,我没有那种野心,我也没有那种能力。我既晓得我自己性格的偏颇、意志的薄弱,但是我也很想从事于纠正与锻炼。我对于我不甚嗜好的科学也从事研究……想养成我一种慎密的客观性,使我的意志力逐渐坚强起去……反乎性格去从事纠正与锻炼,也不能完全无补。我近来对于客观的世界也渐渐觉得能够保持静观的态度了。"(引自《论国内的评坛及我对于创作上的态度》,载《沫若文集》第10卷105—106页)

(六) 忏悔情结

专家学者们研究郭沫若的论著,汗牛充栋。但几乎还没有人注意到,郭沫若的一种特殊心态,就是他时不时萌生的"忏悔情结"。郭沫若早期以"自我表现"多次公开暴露自己内心的阴暗面,并期望以光明照亮自己的灵魂。郭沫若的忏悔情结,也不同于胡适之、闻一多、徐志摩、郁达夫诸君子,而另成一种特色。

根据《三叶集》的记载,郭沫若到28岁时,对于自己过去生活中的颓废、堕落,表示悔悟、深恶痛绝、幡然自新,这无论在当时还是在今天看来,确实不比寻常。宗白华老师告诉我:"'五四运动'前夕,由李大钊等人发起,我们组织了'少年中国学会'……先前郭沫若嫖娼挟妓、搞同性恋、酗酒闹事、自暴自弃的不良行为,我也有所耳闻。"

《三叶集》载,1920年初,28岁的郭沫若一再向比他小五六岁的宗白

华、田汉表示忏悔。他信中说："今晨上学，又接到你的惠书，我才知道我从前所闹出的事情，时珍早对你说了。你同时珍更肯不念我的旧恶，我今后惟有努力自奋，以期自盖前愆，以期不负我至友之厚爱……我罪恶的负担，若不早卸个干净，我可怜的灵魂终久困顿在泪海里，莫有超脱的一日。我从前对于我自己的解决办法，只觑定着一个'死'；我如今却掉了个法门，我要朝生处走了。我过去的生活，只在黑暗地狱里做鬼；我今后的生活，要在光明世界里做人了。白华兄！你们便是我彼岸的灯台，你们要永远赐我的光明，使我早得超度呀！"

这样忏悔的自述，体现了五四时代精神。

宗白华老师对我说："你看，把《三叶集》跟郭沫若《女神》的压卷之作《凤凰涅槃》对比一下，就可以看出郭沫若忏悔情结跟他诗歌创作的直接关系！再说，长诗《凤凰涅槃》是在1920年1月20日完成的。时间正好是在写这封信的两天以后。"

同一年2月9日，田汉看到了《时事新报·学灯》上刊载的郭沫若长诗《凤凰涅槃》以后，立即给郭写信道：

"你说你现在很想能如凤凰一般，把你现有的形骸烧毁了去，唱着哀哀切切的挽歌，烧毁了去，从冷净的灰里，再生出个'你'来吗？好极了，这决不会是幻想。因为无论何人，只要他发了一个更生自己的宏愿，造物是不能不答应他的。我在这里等着看你的'新我'啊！"

这种忏悔情结，加上反抗的精神，以自我表现的方式，构成了早期郭沫若、田汉所创导的"新浪漫"的特色。

后来，郭沫若有时反省道："我一生最讨厌最憎恨的就是虚假造作。不过，我们自己有时也不幸沾染了这种恶习。'出淤泥而不染'只是形容罢了，像我们这样从淤泥中钻出来，谁都难免沾染上污泥。应该不断地冲刷身上的肮脏。"

（七）性格不定，易动摇复多变

许多人的个性人格中或多或少带有两面性。对于郭沫若的两面性，鲁迅概括为"才子加流氓"。或者说：贵族性加游民性。杜亚泉曾指出：知识者与游民相结合，就会产生了一种特殊的人格，以尚游侠、喜豪放、不受拘束、不治生计、嫉恶官吏、仇视富豪为特色。知识分子若是缺乏独立思想，就会动摇多变——达则与贵族同化，穷则与游民为伍，由此在人格上也具有两面性（双重性）。

一面倾向贵族性，夸大傲慢，凡事过于主观，好自矜贵，视当世人皆卑鄙，不屑与之为伍；另一面则倾向是游民性，轻佻浮躁，凡事偏于过激，常怀愤恨，视当世人皆丑恶，而愤世嫉俗。傲慢主观则喜武断，愤恨过激则喜破坏。往往同一人，处境拂逆则显游民性，顺利则显贵族性；或表面上属游民性，根底上属贵族性。以此性质治产必至于失败，任劳动必不能忍。

郭沫若个性人格中的两面性，或可看做这种"才子加流氓"或贵族性加游民性的典型。（此外，创造社诸君子如郁达夫、成仿吾、张资平、潘汉年等人，多多少少也都带有这种"才子加流氓"的习气。）

他富于激情，政治敏锐，却又具有摇摆性。他的夫人安娜曾指出，郭沫若的"性格不定，最足担心"。在政治方面，郭沫若的性格不定表现得尤为突出。对于蒋介石、鲁迅和毛泽东这三大人物的态度，显示了郭沫若性格不定的人格。

（八）向往着恢复赤子之心

郭沫若晚年曾有一场发自肺腑的表白："我一生最讨厌最憎恨的就是虚假造作。不过，我们自己有时也不幸沾染了这种恶习。'出淤泥而不染'只是形容罢了，像我们这样从淤泥中钻出来，谁都难免沾染上污泥的。应该不断地冲刷身上的肮脏。当然也不要倾盆大雨似的猛冲下来，冲得个落花流水，叶败枝残……如果大家都回复纯真的童心，那该多好啊。不要有这么多的假面具，这么多装腔作势的表演。大家都恢复赤子之心吧！"

这是"文革"前夕，郭沫若在对现实已经烦透了的情况下，告诉小朋友陈明远的话。

郭沫若经历对个性的影响

1892年11月16日，（清光绪十八年九月二十七日）生于四川省乐山市观峨乡沙湾镇，原名郭开贞，乳名文豹，号尚武。

1897年春入家塾读书。习读《诗经》、《唐诗三百首》，喜欢王维、孟浩然、李白等诗人的作品。1901年家塾采用上海编印的新式教科书授课。

1905年春，长兄郭开文赴日留学，有意偕从同行，父母未准。

1906年春，入乐山县高等小学。第一学期成绩本名列第一，因受年长同学忌妒，被降为第三名。1907年春因反对教师专制，被学校开除，经斡旋返校。夏升入乐山中学堂，阅读林琴南的译述小说。

1908年秋，患伤寒并发中耳炎，听力受损。病中读先秦诸子等古籍，偏爱《庄子》。1909年秋因参加罢课，请求校方与当地政府交出惩办打伤同学的肇事者，被学校开除。

1910年春，进省城成都，插入四川官立高等分设中学堂。冬，参加成都学界要求早开国会的罢课风潮，任班级代表，又受开除处分，因故未实行1911年冬，清帝退位。回乡组织民团响应辛亥革命。

1912年，2月在父母包办下与张琼华（1890—1980）结婚，5日后即离家返成都。（两人没有离异，此后68年张琼华一直守在郭沫若老家。1939年郭还乡时向还在守活寡的张琼华鞠躬表示歉意。1980年张病逝于乐山，无子女。）

留日十年，弃医从文

1913年春考入成都四川官立高等学堂理科，未学。夏，被天津军医学校录取，未就学。年底得长兄资助，决定东渡日本留学。

1914年1月抵东京。秋考入东京第一高等学校预科。与郁达夫同学。1915年秋入冈山第六高等学校，与成仿吾同学。阅读泰戈尔、歌德、海涅、莎士比亚、屠格涅夫、惠特曼等人作品，与斯宾诺莎思想接近。

1916年夏与东京圣路加医院护士佐藤富子（1894—1995）相识。冬，与佐藤富子在冈山结合同居。佐藤富子为此断绝了与父母的关系，郭沫若为其取名"安娜"。（1937年中日战争爆发，郭沫若离开日本，与安娜断绝了联系。此后佐藤富子大部分时间生活在大连，改名郭安娜，跟儿子郭和夫住在一起。郭安娜曾被选为第六届全国政协委员。"文革"爆发后，受到一定影响。在此间她还提出要回日本看她快百岁的母亲，但在很长时间内未能成行。直到1974年，八十岁的安娜才得以回日本，此次回国她处理掉了跟郭沫若一起生活过的在市川市的房子。第二年，她又到北京看望了当时已住院的郭沫若，这也成为他们最后一次见面。）

1917年试译《泰戈尔诗集》，因无法出版而中止。

1918年，参加留日学生罢课，抵制签订"二十一条"。夏，升入九州帝国大学医学部。与留日同学张资平酝酿出版文学刊物。1918年春写《牧羊哀话》是他的第一篇小说。1918年初夏写《死的诱惑》是他最早发表的新诗。

1919年"五四运动"爆发，他在日本福冈发起组织救国团体夏社，写出《凤凰涅槃》、《地球，我的母亲》、《炉中煤》等诗篇，在上海《时事新报》发表，震动文坛，在中国文学史上开拓了新一代诗风。

1921年6月，他和成仿吾、郁达夫等人组织创造社，编辑《创造季刊》，并出版第一部诗集《女神》。1923年春自九州帝国大学医学部毕业。随即回国从事文学活动，编辑出版创造社刊物《创造周报》和《创造日》。译尼采《查拉图斯屈拉钞》前半部。诗歌戏曲散文集《星空》出版。

参加革命，戎马书生

1923年后，郭沫若系统学习马克思主义理论，提倡无产阶级文学。

1924年春，赴日本，在福冈翻译河上肇《社会组织与社会革命》、屠格涅夫《新时代》。确立马克思主义世界观。冬，归国调查江浙战祸。作《水平线下》。1924到1927年，创作历史剧《三个叛逆的女性——王昭君、卓文君、聂嫈》。

1925年，在上海结识中共早期领导人瞿秋白。目睹五卅惨案实况，作二幕剧《棠棣之花》。《文学论集》出版。译爱尔《兰约翰沁孤戏曲集》。发表组诗《瓶》。

1926年3月，与郁达夫等赴广州，任广东大学文学院学长，实行文科改革。结识毛泽东、周恩来等共产党人。创造社出版部成立。7月参加北伐，任国民革命军总政治部少将秘书长，后升任中将副主任、代主任。12月任黄埔军校武汉分校（中央军事政治学校）政治科教官。

1927年3月，在南昌朱德住处作《请看今日之蒋介石》，痛斥蒋介石叛变革命。被蒋介石政府通缉。7月任第二方面军政治部主任。8月参加八一南昌起义，任中国国民党革命委员会主席团成员、起义部队总政治部主任。经周恩来、李一氓介绍加入中国共产党。冬，潜回上海。重译《浮士德》第一部。因患斑疹伤寒，错过乘船到苏联去的机会。

亡命生涯专攻文史

1928年2月为躲避国民党政府缉捕，得内山完造帮助离沪，化名旅日，定居千叶县，行动受警方监视。通览东京东汉文库先秦史籍，从事中国古代史和古文字学的研究工作。译美国作家辛克莱长篇小说《石炭王》。

1929年，作自传《我的幼年》、《反正前后》。译辛克莱长篇小说《屠场》。译德国米海里斯《美术考古发现史》。

1930年，论证中国古代存在奴隶制社会形态的《中国古代社会研究》出版。译辛克莱长篇小说《煤油》。

1931年，作《甲骨文字研究》、《殷周青铜器铭文研究》、《两周金文辞大系》。译马克思《政治经济学批判》。译俄国托尔斯泰长篇小说《战争与和平》英国威尔士《生命之科学》等。

1932年"一二·八"事变发生，《生命之科学》等译稿在上海商务印书馆被焚。作《金文丛考》、《创造十年》。1933年作《卜辞通纂》《金文余释之余》、《古代铭刻汇考》等。1934年作《两周金文辞大系考释》、《先秦天道观之演进》、《屈原研究》。再译《生命之科学》。辑译《日本短篇小说集》。1936年作历史小品数篇，辑为《豕蹄》。译日本林谦三《隋唐燕乐调研究》。译德国席勒《华伦斯太》。

1937年初作《殷契粹编》、《创造十年续编》。（下略）

逢场作戏晚年有失

1966年，"文化大革命"爆发，郭沫若发表谈话："在一般的朋友、同志们看来，我是一个文化人，甚至于好些人都说我是一个作家，还是一个诗人，又是一个什么历史学家。几十年来，一直拿着笔杆子在写东西，也翻译了些东西。按字数来讲，恐怕有几百万字了。但是，拿今天的标准来讲，我以前所写的东西，严格地说，应该全部把它烧掉，没有一点价值。"这段谈话常被后人指责：郭沫若只顾自保，为全盘否定历史的极"左"思潮推波助澜。谈话内容流传国内外，对郭沫若的声誉产生严重的负面影响。

1971年，郭沫若发表学术论著《李白与杜甫》，书中过于美化李白，贬低杜甫，为人诟病。郭沫若以毛泽东的诗友著称，和毛时有诗词唱和。他曾高度赞颂毛泽东的诗词和书法；也曾赋诗赞美斯大林。郭沫若在"文革"初期被批判，很快就得到了特别保护；他写了许多赞美"文化大革命"的诗作，包括直接赞美江青的诗，在整个70年代安然无恙。1976年1月，周恩来总理病逝，郭沫若悲痛欲绝导致病情恶化，不顾医生和家人劝阻抱病坚持前往北京医院，向周恩来遗体告别。

1976年5月12日，郭沫若写了《水调歌头·庆祝无产阶级文化大革命十周年》，但过了仅仅5个月，四人帮被逮捕之后，他立即又赋一首《水调歌头·粉碎四人帮》抨击"四人帮"；这也是后来他的政治人格受到质疑的原因之一。

1978年3月，郭沫若在全国科学大会上发表了《科学的春天》的书面报告，号召知识分子钻研学术，迎接"科学的春天"，引起与会人员强烈反响。

6月12日，郭沫若在北京病逝，终年86岁。根据其遗嘱，郭沫若的骨灰洒在山西昔阳县大寨人民公社的梯田中。

郭沫若的知识结构

1897年春入家塾读书。打下国学根底；习读《诗经》《唐诗》等。他自幼受古典文化的熏陶，以及对川剧的爱好，还有爱读林纾改写的外国文学作品，深深影响了他后来对于历史学的研究和话剧剧本的创作。

1914年秋，入东京第一高等学校预科。1915年秋入冈山第六高等学校。接触到歌德、席勒、雪莱、惠特曼、泰戈尔等，启发了他的新诗创作。

1923年春，自九州帝国大学医学部毕业。但没有行医，而从事文史哲的写作。

精通日文，能用日文写作，又阅读并翻译了大量德文、英文的文艺作品。

郭沫若情绪型的16种个性特质

用因素分析法，可以得出郭沫若的16种个性根源特质的测试结果：

乐群性（＋）、聪慧性（＋）、稳定性（－）、恃强性（＋）、兴奋性（－＋）、有恒性（＋）、敢为性（＋）、敏感性（＋）、怀疑性（－＋）、幻想性（＋）、世故性（＋－）、忧虑性（－）、求新性（＋）、独立性（＋）、自律性（＋－）、紧张性（－）。

郭沫若善于交际、赤诚、乐群，他不惯孤独、喜欢热闹；他聪明、富有才识、抽象思考能力强；他情绪不稳定、易冲动；他好胜心强、武断好斗，缺乏谦逊随和；他热情、不够沉静审慎；他胆大心细、敢作敢当，不退缩、不犹豫畏却；他敏感、抱幻想、感情用事，年轻时难以自我克制；他警觉、不善于容纳别人的意见；他狂放而现实；老练、世故、精明能干，但又坦率；他自信、求新、思想自由、爱批评、不守旧；他自立、当机立断、自有主张，不随大流；他任性、一般很少紧迫感，无拘束。

郭沫若的个性因素（特质），可以概括为下表——

郭沫若的情感型个性因素表

A. 乐群性　　　（＋）外向、爱社交——内向、不善交际（－）
B. 聪慧性　　　（＋）聪明、理智——迟钝、欠理智（－）
C. 稳定性　　　（－）沉着、情绪稳定——易激怒、情绪不稳（＋）
E. 恃强性　　　（＋）争强好胜——温顺、随和（－）
F. 兴奋性　　　（＋）活泼、热情洋溢——严肃、冷静（－）
G. 有恒性　　　（＋）道德观念强——玩世不恭、漠视规则（＋－）
H. 敢为性　　　（＋）胆大、冒险——退缩、犹豫（＋－）
I. 敏感性　　　（＋）感觉敏锐——不敏感（－）
L. 怀疑性　　　（＋）怀疑、警觉——轻信、麻痹（－）
M. 幻想性　　　（＋）富于幻想、心不在焉——现实、脚踏实地（－）
N. 世故性　　　（＋）世故、老练——坦率、朴实（－）
O. 忧虑性　　　（－）忧虑、不安——无忧无虑、满足（＋－）
Q1. 求新性　　（＋）求新、思想自由——守旧、保守传统（－）
Q2. 独立性　　（＋）独立自主、有主见——服从、依赖群体（＋－）
Q3. 自律性　　（－）自律、受约束——任性、无拘束（＋）
Q4. 紧张性　　（－）紧张、紧迫感——放松、镇定（＋）

五因素模型检测郭沫若的人格结构

（E）倾向性（＋）
（A）随和性（＋－）
（C）认真性（＋）
（N）情绪性（－＋）
（O）开放性（＋）

【附录】郭沫若现象——是什么力量改变了郭沫若的人格

是什么力量彻底改变了郭沫若？答案很清楚，是时代、环境、集体和他自身的相互作用。

郭沫若是这个时代的缔造者之一，当这个整体出现毛病时，他的身份已经发生变化，他不再是一个处江湖之远的嫉恶如仇的热血诗人，而是一个进入庙堂的既得利益集团的一员。当人性与"革命"利益发生不一致时，钢铁般的纪律要求他服从于革命而放弃人性。比如说当"革命"需要把"鹿"说成马时，你就只能横下心说"对，那就是马"。他同时代的知识分子，可能选择集体"失语"。因为看到有人挺着硬骨头说"不，那明明是鹿"而被整的家破人亡，而且没有可能逃亡避祸。

郭老的可悲在于他连选择"失语"的权利也没有。他是那个时代的"旗手"，是一个集团的喉舌，是一个群体的"领头羊"。别的羊可以不叫唤，他还必须叫唤。所以每到一场运动的风刮来，人们都能听到郭沫若在热情颂扬。没有人知道那些歌唱的后面，诗人是在欢笑还是在哭泣。或许他的心在流血还是在流泪？

好久以来我们一直无法求证建国后尤其是晚年的郭沫若的心路历程。他无奈吗？他挣扎吗？他有苦吗？他有泪吗？他有反思和忏悔吗？今天终于有了答案。《文汇报》及一些史料披露了郭老当年给忘年至交陈明远的一批信件，让我们终于有了一孔窥探郭老晚年心路历程的小窗。郭老曾在给陈的信中谈了他对时局的看法，与公开发表的讲话判若两人；郭老还说他那些排成诗行的散文和标语口号，实际上都是应时应制之作，并嘱咐后人在将来编辑《沫若文集》时务必统统删去，免得后人笑话。

人们愿意相信这些书信是真的。一个政权也好，一种势力也罢，可以在一段时间内营造出万马齐喑的氛围，他可以愚弄百姓于一时（哪怕这个一时长达十年、几十年），但不可能彻底征服人心。尤其是像郭沫若这样至情至性的才子文人的心。

郭沫若现象是一代甚至几代中国知识精英的缩影，是一个国家的悲剧，一个时代的悲剧。好在这一页历史已经揭过。让我们祈祷这种历史永远不再重演。（摘自互联网评论：《郭沫若现象——是什么力量改变了郭沫若的人格？》2007－08－26，原作者兰舟。）

第五型：客观的思考者陈寅恪（1890—1969）

陈寅恪的人品正气浩然、学问博大精深，德高望重，代表了20世纪中国文史学术的最高水平。他一生主要事迹就是读书、进修、留学、教课、科研和著述。他他的千古名言"独立之精神，自由之思想"，不仅是他生命所系的座右铭，也成了中华文明传统的最高价值所在。

陈寅恪的个性属于深沉透彻的思考型或观察型（Thinker/Observer）。

对于知识的极度热爱，对于真相、真知、真理的不懈追求，是他生命的支撑点。他是一个很有智慧和非常冷静的学者，总跟周围的人和事保持一段距离，不会让情绪失控。很多时候，都会先做旁观者，之后才投入参与。喜欢从客观的角度来关注生活中的一切，让自己的看法不受情感偏见的影响。另外，也需要充分的私人空间和高度的隐私，否则会觉得焦虑不安。他在社会环境中保持不被涉及的状态；感到威胁时，第一道防线是撤退或者系紧安全带。强调自我心态的控制和延迟，只当幽居独处时，才对最亲近者表露情感。

陈寅恪给人们的思考型印象

陈寅恪（1890.7.3—1969.10.7）的形象，是真学者，大学者。

吴宓对陈寅恪的学识早就非常钦佩，1919年3月26日吴宓日记："陈君学问渊博，识力精到，远非侪辈所能及。而又性气和爽，志行高洁，深为倾倒。"

据陈寅恪的侄子陈封雄回忆:"1919年他在哈佛大学时开始学习梵文,他的表弟俞大维同时也选修这门课,但是学了半年便畏难而退了(这是俞大维亲口对我说的),先叔却一直继续学了二十多年,当他在清华大学任教时,仍经常到东交民巷向精通梵文的德国教授钢和泰求教。我幼时见过他在书房内朗诵梵文经典拓片。使我亲聆了'梵音',并问他在念什么咒语,引起他大笑。"有一次,陈寅恪随便翻了一下侄子封雄所用的世界史教科书,此书是根据美国教科书编译的,图文并茂。其中一张精致图片的注释是"刻有巴比伦文的出土碑碣"。陈寅恪见到后立即来了精神,待仔细一看摇头道:"这不是巴比伦文,是突厥文,写书的人用错了图片。"陈封雄多少年后还能清晰地记得六叔当时的苦笑。

陈寅恪20年代留学德国时写了许多学习笔记,现存64本,门类繁多,计有藏文、蒙古文、突厥回鹘文、吐火罗文、西夏文、满文、朝鲜文、梵文、巴利文、印地文、俄文等22类。从中可以看出陈先生治学钻研之深,其中最引人注目的是各门学科的文献目录,衡之以20年代全世界研究水平,这些目录是十分齐备的。

1930年考入国立清华大学的季羡林说:在校内林阴道上,在熙往攘来的学生人流中,会见到陈师去上课,身着长袍,朴素无华,肘下夹着一个布包,里面装满了讲课时用的书籍和资料。不认识他的人,恐怕大都把他看成是琉璃厂某一个书店的到清华来送书的老板,绝不会知道,他就是名扬海内外的大学者。他同当时清华留洋归来的大多数西装革履、发光鉴人的教授,迥乎不同,在这一方面,他给季羡林留下了毕生的印象。(季羡林:《陈寅恪先生》)

清华园内有趣的人物真多,但其中最有趣的,要算陈寅恪先生了。你们中谁有好奇心的,可以在秋末冬初的一天,先找一找功课表上有《唐诗校释》或《佛经翻译文学》等科目的钟点,然后站在三院教室的过道上等一等,上课铃响后,你们将看见一位里面穿着皮袍,外面罩以蓝布大褂青布马褂,头上戴一顶两边有遮耳的皮帽,腿上盖着棉裤,足下蹬着棉鞋,走路一高一下，相貌稀奇古怪的纯粹国货式老先生从对面彳亍而来，这就是陈寅恪先生了。（李格非：《陈寅恪："全中国最博学之人"》）

陈寅恪先生讲授《南北朝隋唐史研究》，闭着眼睛，一只手放在椅背上，另一只手放在膝头，不时发出笑声。他讲课时，或转述多种语言文献，佐证中外历史；或引经据典、咏赋诵诗，从《连昌宫词》到《琵琶行》、《长恨歌》，皆信口道出，而文字出处，又无不准确，伴随而来的阐发更是精当，令人叹服！

陈寅恪在清华大学上课时安排在上午第二、三两节。那时他有黄蓝两种颜色的包袱皮各一个，如果是讲佛经文学、禅宗文学课，他一定用黄布包袱皮，而讲其他课时，则用蓝布包袱皮。上课时，总见他吃力地把一大包书抱进教室，绝不要助教替他抱。下课时，同学们想替他抱回教员休息室，他也不肯。每逢讲课讲到需要引证的时候，他就打开带来的参考书，把资料抄在黑板上，写满一黑板，擦掉后再写。同学们为保护他的身体，常常主动替他擦黑板，这一点他倒不拒绝。

就是这样的"纯粹国货式老先生"，却得到了下至普通学生，上至大师鸿儒的尊敬和推崇。当时的清华文学院长冯友兰，学问不可谓不高，学术地位不可谓不尊，在清华也历任系主任、文学院长、代理校长等职务。但每回上《中国哲学史》课的时候，总有人看见冯友兰十分恭敬地跟着陈寅恪先生从教员休息室里出来，边走边听陈的讲话，直到教室门口，才对陈寅恪深鞠一躬，然后离开。"这个现象固然很使我们感觉到冯先生的谦虚有礼，但同时也让我们感觉到陈先生的实在伟大"。

抗战时期，北平燕京大学南迁成都，租借华西大学校舍继续开课。据燕京大学历史系学生石泉与李涵回忆，陈寅恪所开的课为"魏晋南北朝史"和"元白诗"两门。自1944年秋季始，又继续开设"唐史"和"晋至唐史专题研究"两门大课。由于陈寅恪讲课内容精辟，极富启发性，前来听讲者不仅是校内学生，整个华西坝其他几所大学的教授都云集而来旁听，因而关于陈寅恪乃"教授之教授"的声名继清华之后，又在成都高校广为流传开来。

据 40 年代在燕京大学历史系任讲师的王钟翰说："陈先生初开魏晋南北朝史，继开唐史，一时慕名前来听讲者，不乏百数十人，讲堂座无虚席，侍立门窗两旁，几无容足之地。记得先生开讲曹魏之所以兴起与南北朝之所以分裂，以及唐初李渊起兵太原，隋何以亡，唐何以兴，原原本本，剖析入微，征引简要，论证确凿。每一讲有一讲的创获和新意，多发前人未发之覆。先生讲课，稍带长沙口音，声调低微，每令人不易听懂。而听讲内容，既专且深，我亦不甚了了，自然更难为一般大学生所接受。两课能坚持听讲到底者，不过二十人，其中大多数今已成为文史研究的专家了。"

陈寅恪的思考型个性特点

陈寅恪平生最大的欲望就是求真知，最大的乐趣就是教学与研究，获得创新的学术观点。他的思考型个性特点如下——

（一）独立之精神，自由之思想；
（二）勇于开拓学术新方向；
（三）为求真知而不为虚名；
（四）治学严谨，才识渊博；
（五）藐视权贵，无傲气有傲骨；
（六）维护"士"的理想规范；
（七）严格培养弟子；
（八）言谈笑貌风趣而从容。

下面根据历史资料和已经发表的回忆录、访谈录，摘引一些实例，加以论证。

（一）独立之精神，自由之思想

1927 年在清华学校研究院，陈寅恪为王国维所写之碑文曰："士之读书治学，盖将以脱心志于俗谛之桎梏，真理因得以发扬。思想而不自由，毋宁死耳。斯古今仁圣同殉之精义，夫岂庸鄙之敢望。先生以一死见其独立自由之意志，非所论于一人之恩怨，一姓之兴亡。呜呼！树兹石于讲舍，系哀思而不忘。表哲人之奇节，诉真宰之茫茫。来世不可知也，先生之著述，或有时而不彰。先生之学说，或有时而可商。唯此独立之精神，自由之思想，历千万祀，与天壤而同久，共三光而永光。"

1954年，中国科学院准备设立中古历史研究所（史学二所），拟请陈寅恪出任所长，为此专派他的弟子汪籛到广州敦劝他北上就职。老师对汪籛有一次重要谈话，并命汪籛向北京当局转达。谈话内容保存在《陈寅恪的最后二十年》书中，坦率地表达了陈寅恪的态度。下面抄录谈话中的几段：

我的思想，我的主张完全见于我所写的王国维纪念碑中。

我当时是清华研究院导师，认为王国维是近世学术界最主要的人物，故撰文来昭示天下后世研究学问的人，特别是研究历史这样的人。我认为研究学术，最主要的是要具有自由的意志和独立精神。所以我说'士之读书治学，盖将以脱心志于俗谛之桎梏'。'俗谛'在当时即指三民主义而言。必须脱掉'俗谛之桎梏'，真理才能发挥，受'俗谛之桎梏'，没有自由思想，没有独立精神，即不能发扬真理，即不能研究学术。

所以我说'唯此独立之精神，自由之思想，历千万祀与天壤而日久，共三光而永光'。

独立精神和自由意志是必须争的，且须以生死力争。正如碑文所示，'思想不自由，毋宁死耳。斯古今仁贤所同殉之情义，其岂庸鄙之敢望。'一切都是小事，唯此是大事。

我决不反对现政权，在宣统三年时就在瑞士读过《资本论》原文。但我认为不能先存马列主义的见解，再研究学术。我从来不谈政治，与政治决无连涉，和任何党派没有关系。"

最后，陈寅恪据此提出要他接任的两个条件：第一条，"允许中古史研究所不宗奉马列主义，并不学习政治"；第二条，"请毛公或刘公给一允许证明，以作挡箭牌"。

要问陈寅恪是何等样人，这就是陈寅恪！他是在声明"我不必对共产党说假话"之后才说这番话的。

陈寅恪绝不是一个"闭门只读圣贤书"的书呆子,他继承了中国"士"的优良传统:天下兴亡,匹夫有责。从他的著作中也可以看出,他非常关心政治。他研究隋唐史,表面上似乎是满篇考证。骨子里谈的都是成败兴衰的政治问题,可惜难得解人。

陈寅恪和国共两党都没有关系,也不想有什么关系。他只想作为一个独立的学人,进行自己独立的学术研究。正如《陈寅恪的最后二十年》一书作者陆键东所言,政治这个范畴,"已难以覆盖陈寅恪的文化意蕴,也无法盛得下陈寅恪的人文世界"。

(二) 勇于开拓学术新方向

陈寅恪一生追求的是"把学术作为生命的价值所在"。

说到陈寅恪的学术思想,他自己有一句名言:"生平为不古不今之学,思想囿于咸丰同治之世,议论近乎湘乡南皮之间。"(引自陈寅恪:《冯友兰中国哲学史下册审查报告》)汪荣祖解释第一句,"所谓'不古不今指国史中古一段,也就是他研究的专业。就此专业而论,寅恪固有异于乾嘉诸老之杂博,亦与梁启超、王国维诸人之上下古今之学,有所不同;而与近代中外专业史家近似。"笔者细读之,认为这样的解释不确。笔者认为,实际上陈寅恪是表白自己不偏于"古文学派"(当时由康有为等人代表)也不偏于"今文学派"(当时由章太炎等人代表)。陈寅恪对于两者皆不以为然,而力主开拓"新史学"。

后面两句主要是说他所受的经典教育和所受学术传统的影响,但并不是说他跟清代末年曾国藩(湘乡)、张之洞(南皮)的主张完全一致。不能这样理解他。例如张之洞主张"中学为体,西学为用",陈寅恪有时也这样说,用以阐释中国古代文化。但两者的内容有别:张之洞的"中学为体"是维护孔孟之道;陈寅恪所说的"中学为体",则主要是借用它来表达他所主张的"中国文化本位论",维护中国文化的特性,而他所说的"文化",又是"大文化"概念,将社会、政治、经济、学术等等均溶入其内。按照陈寅恪的看法，三民主义也好，马克思主义也好，自由主义也好，实证主义也好……都是外来文化，一切外来文化若要在中国发生重大久远之影响，都须经国人的吸收改造过程，"其忠实输入不改本来面目者，若玄奘唯识之学，虽震动一时之人心，而卒归于消沈歇绝。"（引自陈寅恪：《〈冯友兰中国哲学史〉下册审查报告》）

陈寅恪指出：禅宗之所以能够在中国发生重大久远的影响而不归于消沈歇绝，是因为经国人的吸收改造，成为中国化的佛教的缘故；马克思主义、三民主义等思想，若要在中国发生影响，亦须经国人改造吸收，成为中国化的思想之后方能生效。陈寅恪根据他的博大精深的研究，得到一个重要的认识，就是在《〈中国哲学史〉下册审查报告》中所阐述的"必须一方面吸收输入外来之学说，一方面不忘本来民族之地位。此二种相反而适相成之态度，乃道教之真精神，新儒家之旧途径，而二千年吾民族与他民族思想接触史之所昭示者也"。

陈寅恪又在《陈垣〈元西域人华化考〉序》中阐明："近二十年来，国人内感民族文化之衰颓，外受世界思潮之激荡，其论史之作，渐能脱除清代经师之旧染，有以合于今日史学之真谛。"

这正是由王国维、陈寅恪、陈垣等人努力所要达成的。对于陈寅恪来说，"渐能脱除清代经师之旧染，有以合于今日史学之真谛"，才是他的新学术方向。陈寅恪所持的思想，不是仅由国外输入的思想，而是中国自己的新史学思想。（转引自互联网，论坛文摘1998年9月）

（三）为求真知而不为虚名

1919年以后，陈寅恪、汤用彤（1893—1964）、吴宓（1894—1978）三位在哈佛大学研究所同读研究生课程，由于学业皆出类拔萃，当时就号称"哈佛三杰"。吴宓早就对陈寅恪的学识非常钦佩，1919年3月26日吴宓日记："陈君学问渊博，识力精到，远非侪辈所能及。而又性气和爽，志行高洁，深为倾倒。"吴宓多次坦言，陈寅恪和他谊兼师友。吴宓获得硕士学位，汤用彤获得博士学位；然而他们两人都公开承认自己的学识成就比不上陈寅恪。

陈寅恪的侄子陈封雄曾好奇地问陈寅恪："您在国外留学十几年，为什么没有得个博士学位？"陈答："考博士并不难，但两三年内被一专题束缚住，就没有时间学其他知识了。只要能学到知识，有无学位并不重要。"后来，陈封雄半信半疑地向姑夫俞大维提起此事，俞大维说："他（寅恪）的想法是对的，所以是大学问家。我在哈佛得了博士学位，但我的学问不如他。"由此可看出，陈寅恪放洋的目的真的是为知识而不为世俗名利，为学术而不为学位。

陈寅恪家学渊源，自幼聪慧敏捷，得到传统考据学的深切熏陶，又留学国外多年，对于现代科学研究方法融会贯通（包括攻读德国历史比较语言学），真正做到了"学贯中西"。

俞大维回忆说："我们这一代人，不过能背诵四书、《诗经》、《左传》等书。寅恪先生则不然，他对十三经不但大部分能背诵，而且对每字必求正解。因此《皇清经解》及《续皇清经解》成了他经常看读的书。"陈寅恪对清代经学所取得的成就，是极其熟悉的。

吴宓日记中载："陈君昔亦未尝苦读，惟生于名族，图书典籍，储藏丰富，随意翻阅，所得已多；又亲故通家，多文士硕儒，侧席趋庭，耳濡目染，无在而不获益。况重以其人之慧而勤学，故造诣出群，非偶然也。"

陈寅恪奉行"从史实中求史识"即研究从事实出发而不是从"原则"出发，他尽可能掌握详尽的第一手资料弄清历史真相，具有实事求是的科学精神，因此获得了引人注目的丰硕成果。

1923年梁启超推荐陈寅恪先生为清华研究院导师，对校长曹云祥说："我梁某著作算是等身了，但总共还不如陈先生寥寥数百字有价值。"接着梁先生提出了柏林大学、巴黎大学几位教授对陈寅恪先生的推誉。（陈哲三：《陈寅恪先生轶事及其著作》）

（四）治学严谨，才识渊博

季羡林于1930年考入国立清华大学，入西洋文学系（改名为外国语文系)。选修课旁听了陈寅恪先生的"佛经翻译文学"。参考书用的是《六祖坛经》,季羡林曾到城里一个大庙里去买过此书。

季羡林回忆:寅恪师讲课,同他写文章一样,先把必要的材料写在黑板上,然后再根据材料进行解释、考证、分析、综合,对地名和人名更是特别注意。他的分析细入毫发,如剥蕉叶,愈剥愈细、愈剥愈深,然而一本实事求是的精神,不武断,不夸大,不歪曲,不断章取义,他仿佛引导我们走在山阴道上,盘旋曲折,山重水复,柳暗花明,最终豁然开朗,把我们引上阳关大道。读他的文章,听他的课,简直是一种无法比拟的享受。他被海内外学人公推为考证大师,是完全应该的,这种学风,同后来滋害流毒的"以论代史"的学风,相差不可以道里计。寅恪师这种学风,影响了季羡林的一生。

陈寅恪每次讲课,开宗明义就说:"前人讲过的,我不讲;近人讲过的,我不讲;我自己讲过的,我不讲。现在只讲未曾有人讲过的。"

有一位听陈寅恪课的清华学生曾不无感慨地说:"陈先生讲课也够怪的,讲白居易的《长恨歌》时,第一句'汉皇重色思倾国',为了考证一个'汉'字,旁征博引竟讲了四堂课。低年级学生听他的课,自然难以消受!"其实,陈寅恪的深意在于说明,每一个汉字,都是一门文化。(李格非:《陈寅恪:"全中国最博学之人"》)

陈寅恪治学态度向来严肃,决不哗众取宠。有一次,他在香港大学用英文作学术讲演,讲题是《武则天与佛教》。许多中外人士听说是以那位风流盖世、艳绝古今的女帝为题材,都以为必有许多"宫闱秘事和佛教因缘"。在好奇心的驱使下,纷纷去听,希望一饱耳福。谁知陈寅恪讲的纯是学术性考据,他从武则天的宗教思想来说明她为什么有那么多面首,原来是佛经中有"女人是不可能成佛的,若要成佛,除非是广蓄面首,如此这般利用采补术了"。结果,为好奇而来听讲的仕女们,只好大失所望而去。

日本史学权威白鸟库吉研究中亚史遇到疑难问题,向德国、奥地利的知名学者求助,未能解决,柏林大学乃推荐陈寅恪。他向陈寅恪请教后,才得到满意解答。

苏联学者在蒙古发掘了三件突厥碑文，但都看不懂，更不能理解。后来，陈寅恪以突厥文对译解释，各国学者都毫无异词，同声叹服，又如唐德宗与吐蕃的《唐蕃会盟碑》，许多著名学者如德国的沙畹、伯希和等，都难以解决，又是陈寅恪作了确切的翻译，才使得国际学者感到满意。

（五）藐视权贵，无傲气有傲骨

清高，倔强，重人品，守气节，藐视权贵，无傲气有傲骨，有胆量。他在中山大学 */ 的时候，历史系组织拜年，被他拒之门外；炙手可热的党政要员来访，也被多次挡驾。譬如，中共中央理论权威康生到了广州，指名要见中山大学的陈寅恪，料想不到陈寅恪看不起他，托病不见。

拒人千里之外，已是悖乎常情，何况被拒者竟是赫赫有名的中共中央理论权威康生？虽然对康生的拒绝是有礼貌的，理由也还说得过去：陈先生病了，正在卧床休息。但当真愿意一见，也还是可以见一见的，至少可以在病榻上敷衍一下。然而无论学校办公室的人如何动员，陈寅恪就是不见！不见也就罢了，他还要赋诗云："闭户高眠辞贺客，任他嗤笑任他嗔"，直弄到"一生负气成今日，四海无人对夕阳"。

1961年9月3日《雨僧日记》载："解放后寅恪兄壁立千仞之态度，人民政府先后派汪篯、章士钊、陈毅等来见，劝请移京居住，寅恪不从，且痛斥周扬（周在小组谈话中，自责，谓不应激怒寅恪先生云云）。"

周扬说："1959年我去拜访他，他问，周先生，新华社你管不管，我说有点关系。他说1958年几月几日，新华社广播了新闻，大学生教学比老师还好，只隔了半年，为什么又说学生向老师学习，如何前后矛盾如此。我被突然袭击了一下，我说新事物要实验，总要实验几次，革命、社会主义也是个实验。买双鞋，要实验那么几次。他不太满意，说实验是可以，但是尺寸不要差得太远，但差一点是可能的……"周扬时任中宣部副部长，吴宓的日记中说他曾"自责"，可见当时没能说服陈寅恪先生。（引自谢泳：《陈寅恪与周扬》）

陈寅恪专心致志于学问，从不涉足政界。例如，他早年留学日本时曾与鲁迅同在宏文学院就读并有过密切交往，20年代在德国又曾与周恩来有过交往，但是后来从不公开提及，更毫无炫耀之意。

陈寅恪乐于交往的人，不但有校长（如陈序经、冯乃超）、教授（如冼玉清），还有护士、伶人、工友。被一般人认为"不好接触脾气大"的陈寅恪，对老校工梁彬却十分客气热情，信任有加，不但敬称他为"彬叔"，还让他参与一些家事。陈寅恪并不是性格乖僻之人。

1964年5月，陈寅恪向晚年知心的弟子蒋天枢托以"后事"，并写下了带有遗嘱性质的《赠蒋秉南序》一文。在这篇不足千字的短文里，陈寅恪称自己虽"奔走东西洋数万里而终无所成"，现在又"奄奄垂死，将就木矣"，但也有足以骄傲自豪者，那就是："默念平生固未尝侮食自矜，曲学阿世，似可告慰友朋"。

（六）维护"士"的理想规范

跟王国维相似，陈寅恪生活在新旧文化交相嬗替的时代。他的价值观念，自觉地坚守着传统儒家关于"士"的理想规范：砥砺气节，高尚情操，藐视荣禄，淡泊自守。晚年的思想和操守，如凤毛麟角，堪为今后知识分子的表率。

他在《元白诗笺证稿》中写下一段沉痛的感受："纵览史乘，凡士大夫阶级之转移升降，往往与道德标准及社会风气之变迁有关。当其新旧蜕嬗之间际，常呈一纷纭错综之情态，即新道德标准与旧道德标准，新社会风气与旧社会风气并存杂用。各是其是，而互非其非也……值此道德标准社会风气纷乱变易之时，此转移升降之士大夫阶级之人，有贤不肖拙巧之分别。而其贤者拙者，常感受苦痛，终于消灭而后已。其不肖者巧者，则多享受欢乐，往往富贵荣显，身泰名遂。其故何也？由于善利用或不善利用此两种以上不同之标准及习俗，以应付此环境而已。"

谢泳赞叹：陈寅恪作为中西文化养育大的一代学人，在为人处事、为学为文，特别是时势变迁、道德混杂之时，能以极清醒的判断，持一认定之道德标准而行事，绝不以享受欢乐，富华荣显而稍有改变，这是何等的气节。

陈寅恪认为,一个人在为人行事上不能持有双重道德标准,而以两种或多种标准为自己行为的不一互做辩解。陈寅恪的这种观念很早即形成,吴宓1961年秋在广州谒陈寅恪后,知陈寅恪盛赞黄浚《大觉寺杏林》诗中的"绝艳似怜前度意,繁枝犹待后游人"之句,并在读书笔记中对陈寅恪盛赞此句做了自己的理解。他说:"至论三、四两句何以佳,宓以己意为解之如下:绝艳指少数特殊天才,多情多感,而性皆保守,怀古笃旧,故特对前度之客留情;繁枝则是多数普通庸俗之人,但知随时顺世,求生谋利,国家社会文化道德虽经千变万灭,彼皆毫无顾恋,准备在新时代新习俗中,祈求滔滔过往之千百游客观众之来折取施恩而已。"吴宓的解释与陈寅恪《元白诗笺证稿》中的那段话是一致的。

吴宓对陈寅恪的评价是:"寅恪兄之思想及主张毫未改变,即仍遵守昔年'中学为体,西学为用'之说(中国文化本位论)。在我辈个人如寅恪者,决不从时俗为转移。"

陈寅恪先生1949年后的辞不赴京及"著书唯剩颂红妆"等行为,绝不是一时迁执,而是在固定价值观念支配下的清醒选择。

陈寅恪时常怀念他在清华学校研究院的时光,那是一个讲究传统礼义道德的新式书院。据清华早年毕业生周传儒说,院中五位教授的序列是:"赵(元任)李(济)以后学自居,陈(寅恪)以长辈待梁(启超)王(国维),而梁又事事推让海宁(王国维),故五大师排座次,即王、梁、陈、赵、李。"

1927年王静安(国维)遗体入殓之时,清华师生去给王遗体三鞠躬以敬礼。陈寅恪与众不同,他身着长袍马褂,跪在地下叩头,并三叩头。陈行孔孟之道,非此一端,他在研究院时,其学生到上海陈家去谒见其父散原老人,散原老人与一帮学生谈话,均坐,独陈寅恪先生站在一旁,并坚持到谈话完毕。

陈寅恪向往"师道尊严",有亲身体验:他做学问用功极苦以致眼睛受损,不得不住院治疗,而有师生昼夜轮流守护。陈后来对梅贻琦校长说:"想不到师道尊严,今日尚存于学校之中。"几十年后,梅贻琦认为:"办了几十年教育,陈先生这句话,对我是最高奖赏。"

季羡林回忆说:1948年内战后期经济崩溃。法币通货膨胀急剧贬值改为金元券,越改越乱,后来到粮店买几斤粮食,携带的这币那券的重量有时要超过粮食本身。到冬天,陈寅恪先生连买煤取暖的钱都没有。季羡林把这情况告诉了已经回国的北大校长胡适之。适之先生想赠寅恪先生一笔数目颇大的美元。但寅恪先生却拒不接受。最后寅恪先生决定用卖掉藏书的办法来取得适之先生的美元,于是适之先生就派他自己的汽车让季羡林到清华陈先生家装了一车西文关于佛教和中亚古代语言的极为珍贵的书。陈先生只收两千美元。这个数目在当时虽不算少,然而同书籍比起来,还是微不足道的。在这一批书中,仅一部《圣彼得堡梵德大词典》市价就远远超过这个数目了。这一批书实际上带有捐赠的性质。而寅恪师对于金钱的一芥不取的狷介性格,由此也可见一斑了。

(七) 严格培养弟子

陈寅恪的弟子季羡林回忆说:我们谈到当代学术,他当然会对每一个学者都有自己的看法。对青年学人,只谈优点,一片爱护青年学者的热忱,真令人肃然起敬。就连那一位由于误会而对他专门攻击,甚至说些难听的话的学者,陈师也从来没有说过半句褒贬的话。先生的盛德由此可见。(季羡林:《陈寅恪先生》)

陈寅恪的屋子里全是书,连地上、床上、椅子上全摆满了书。学生走进来,他便先要把椅子上的书搬掉,学生才能落座。在屋子里走动,也得倍加小心,绕道而行,不然便会踩在书上。学生到他家里去,身上总要带着几个小本子,随时记录下他说的话,因为他张口就是学问,而且是别人不知道的新鲜学问。

陈寅恪先生讲《南北朝隋唐史研究》,提醒学生们提问不可太幼稚,如:"狮子颌下铃谁解得?"解铃当然还是系铃人了。问题也不可以太大,如两个和尚望着"孤帆远影",一个说帆在动,另一个说是心在动,心如不动,如何知道帆动?心动帆动之争问题就太大了。问题要提得精,要注意承上启下的关键,如研究隋唐史要注意杨贵妃的问题,因为"玉颜自古关兴废"嘛。

1932年,清华大学入学考试,陈寅恪先生受命拟国文系文学试题。他别出心裁抛出一道"对对子(出上联求答下联)"的题目,包含五小题:1."孙行者";2."人约黄昏后";3."少小离家老大回";4."人比黄花瘦";5."莫等闲,白了少年头"。

当时许多人对大学国文试题"对对子"颇有微词:"今年考对联,明年是否要考八股?"陈先生解释说:"对对子可以测试学生的国文程度:1.可以测验应试者能否分别虚字与实字及其应用;2.可以测验应试者能否分辨平仄声;3.可以测验应试者读书之多少及语藏之贫富;4.可以测验思想条理。"(参看陈寅恪谈话:《"对对子"意义》,原载《清华暑期周刊》第六期,1932年8月17日。又参看《陈寅恪与刘叔雅论国文试题书,解析》,中国社会科学2003年第1期。)

陈寅恪对弟子要求极为严格:"我要请的人,要带的徒弟都要有自由思想,独立精神。不是这样即不是我的学生。从我之说即是我的学生,否则即不是。将来我要带徒弟也是如此。"

陈寅恪的弟子也不辜负陈先生的期望。蒋天枢编著的《陈寅恪先生编年事辑》1967年条下记载:"本年底红卫兵要抬先生去大礼堂批斗,师母阻止,被推倒在地。结果,由前历史系主任刘节代表先生去挨斗。会上有人问刘有何感想?刘答:我能代表老师挨批斗,感到很光荣!"

也正是陈寅恪的弟子刘节,当他被告知(或暗示)只要他批陈寅恪将会很快过关时,他的回答是:"批判陈寅恪有如大兴文字狱。清朝乾嘉时代的学者不敢谈论当朝,只搞考据,因为当时大兴文字狱,讲现代者要砍头,比现在还厉害!"而他敢于在"大鸣大放"的年代说出如:"过去帝王还有罪己诏,毛主席没有作自我检讨还不如封建帝王"、"什么大跃进人人意气风发,人人一起发疯"之类的话,又都是陈寅恪所要求"自由思想,独立精神"之体现。

（八）言谈笑貌风趣而从容

陈寅恪出过一道中文题，是对联的上联："孙行者"，考下联。有一个学生对为"胡适之"。这个学生就是后来的语言学家周祖谟。

清华学校研究院的学生聚会，陈寅恪作了一副对联。上联是"南海圣人再传弟子"，意思是康南海（康有为）是梁启超的老师，而这帮学生又是梁启超的学生。下联是"大清天子同学门人"，意思是王国维是南书房行走，在某种意义上是宣统的师傅，你们呢，就是宣统的师傅的弟子，与天子是同学啦！（周一良：《毕竟是书生》第155页）

抗日战争期间在西南联大，为躲避日本飞机轰炸，陈寅恪曾在防空洞中待过，风趣地作了一副对联，惟妙惟肖："见机而作，入土为安"。（转义，"机"指日寇轰炸机，"土"指地下防空洞。）

"文革"十年浩劫初期，陈寅恪自知不容于世。1968年，就是陈寅恪遇害前一年，他对黄萱（曾做陈寅恪助手16年之久）说："我的研究方法，是你最熟识的。我死之后，你可为我写篇谈谈我是如何做科学研究的文章。"黄萱难过地说："陈先生，真对不起，您的东西我实在没学到手。"陈用很低沉的声音说："没有学到，那就好了，免得中我的毒。"这风趣中微含愤激，语气仍是那样从容闲淡，哀而不怨。（蒋天枢编著：《陈寅恪先生编年事辑》）

陈寅恪经历对个性的影响

陈寅恪（1890—1969）生于江苏南京，祖籍义宁（今修水县）。他是清朝著名诗人陈三立的第三个儿子。陈寅恪少时在南京家塾就读，在家庭环境的熏陶下，从小就能背诵十三经，广泛阅读经、史、哲学典籍。

陈寅恪的祖父陈宝箴曾任湖南巡抚，在晚清时期领导了湖南新政，是一位有魄力、有建树的封疆大吏。他的父亲陈三立是维新四公子之一，清末同光体诗派代表人物。他的兄长陈衡恪是画家，与齐白石齐名。他的夫人唐篔，是台湾巡抚唐景崧的孙女。

1898年，戊戌变法失败，宣告了祖父和父亲的政治生涯结束。陈寅恪刚8岁，就目睹了一代家世如梦般消失浮沉。他到晚年还有诗感慨："家国旧情迷纸上，兴亡遗恨照灯前"。盛衰之痛和兴亡之叹，是陈寅恪深心中永远的忧伤。

中国最博学的文化人

光绪二十八年（1902），陈寅恪12岁时随兄衡恪东渡日本，入日本巢鸭弘文学院，与鲁迅同学日文。1905年因足疾辍学回国，后就读上海吴淞复旦公学。

1910年考取官费留学，先后到德国柏林大学，瑞士苏黎世大学、法国巴黎高等政治学校就读。第一次世界大战爆发，1914年回国。

1918年冬又得到江西官费的资助，再度出国游学，先在美国哈佛大学随兰曼教授学梵文和巴利文，与汤用彤、吴宓相知，称为"哈佛三杰"；1921年，又转往德国柏林大学、随路德施教授攻读东方古文字学，同时向缪勒学习中亚古文字，向黑尼士学习蒙古语，在留学期间，他勤奋学习、积蓄各方面的知识而且具备了阅读蒙、藏、满、日、梵、英、法、德和巴利、波斯、突厥、西夏、拉丁、希腊等十几种语文的能力，尤以梵文和巴利文特精。文字是研究史学的工具，他国学基础深厚，国史精熟，又大量吸取西方文化，故其见解，多为国内外学人所推重。

陈寅恪到底掌握了多少种语文？他的侄子陈封雄说："一般说来，寅恪叔能读懂14种文字，能说四五国语言，能听懂七八种语言，是大致不差的。这些成绩基本上是他在36岁以前取得的。"

多种语言文字是研究史学的工具，陈寅恪国学功底深厚，又大量吸取西方文化，故其见解，多为国内外学人所推重，学问深不可测，在20世纪中国学术史上空前绝后。

授书育人桃李天下

1925年，陈寅恪回国。这时，清华学校设立研究院，基本观念是"用现代的科学方法整理国故"，聘任了当时最有名望的学者王国维、梁启超、赵元任等人为研究教授（导师）。当时的研究院主任吴宓很器重他，认为他是"全中国最博学之人"。梁启超也很尊重他，虚心地向人介绍："陈先生的学问胜过我。"他们都极力向校方举荐陈寅恪。1926年6月，他只有36岁，就与梁启超、王国维一同应聘为研究教授，并称"清华四导师"。他当时在国学院指导研究生，并在北京大学兼课，同时对佛教典籍和边疆史进行研究、著述。在清华大学开设满蒙语文和历史、佛教研究等课程。他讲课时、或引用多种语言，佐任历史；或引诗举史，从《连昌宫词》到《琵琶行》、《长恨歌》，皆信口道出，而文字出处，又无不准确，伴随而来的阐发更是精当，令人叹服！名教授如吴宓、朱自清等也常来听课。盛名之下，他朴素厚实，谦和而有自信，真诚而不伪饰，人称学者本色。

当时的清华研究院培养了很多第一流学人。赵万里、徐中舒、姜亮夫、刘盼遂、王了一等，都是清华研究院的高才生。

1928年陈寅恪在上海结婚，夫人唐篔，是台湾巡抚唐景崧的孙女，也是一位女教师，在清华园相识，两人志同道合。

1930年，清华研究院停办，陈寅恪任清华大学历史、中文、哲学三系教授兼中央研究院理事、历史语言研究所第一组组长，故宫博物院理事等职。

陈寅恪原攻比较语言学，通晓多种文字，为他从汉文以外搜罗史料以治史，提供了较大的方便，他继承了清代乾嘉学者治史中重证据、重事实的科学精神，又吸取西方的"历史演进法"（即从事物的演化和联系考察历史，探究史料），运用这种中西结合的考证比较方法，对一些资料穷本溯源，核定确切。并在这个基础上，注意对史实的综合分析，从许多事物的联系中考证出关键所在，用以解决一系列问题，求得历史面目的真相。他这种精密考证方法，其成就超过乾隆嘉庆时期的学者，发展了我国的历史考据学。

陈寅恪对佛经翻译、校勘、解释，以及对音韵学、蒙古源流、李唐氏族渊源、府兵制源流、中印文化交流等课题的研究，均有重要发现。在

《中央研究院历史研究所集刊》、《清华学报》等刊物上发表了四、五十篇很有分量的论文,是国内外学术界公认的博学而有见识的史学家。1938年日本史学权威白鸟库吉研究中亚史遇到疑难问题,向德、奥知名学者求助,未能解决,柏林大学乃推荐寅恪。他向寅恪请教后,才得到满意解答。苏联考古学家发掘一突厥文碑石,无人能辨识,请教寅恪,终于得到准确破译。

颠沛流离,硕果累累

1937年7月,抗日战争爆发,日军直逼平津。陈寅恪的父亲三立义愤绝食,溘然长逝。治丧完毕,寅恪随校南迁,过着颠沛流离的旅途生活。1938年秋,西南联大迁至昆明,他随校到达昆明。

1939年春,英国牛津大学聘请他为汉学教授,并授予英国皇家学会研究员职称。他是该校第一位受聘的中国语汉学教授,在当时是一种很高的荣誉。他离昆明到香港,拟全家搭英轮转赴英国牛津大学任教,因第二次世界大战爆发,被逼暂居香港,任香港大学客座教授兼中文系主任。1941年12月8日,太平洋战争爆发,日本人占领香港,寅恪立即辞职闲居,日本当局持日金40万元委任他办东方文学院,他坚决拒绝。

1942年春,有人奉日方之命,专程请他到已被日军侵占的上海授课。他又一次拒命,随即出走香港,取道广州湾至桂林,先后任广西大学、中山大学教授,不久移居燕京大学任教。当时,面对民族危亡,国民党政府腐败无能,消极抗日积极反共,寅恪感到痛心,而桂林某些御用文人,竟发起向蒋介石献九鼎的无聊活动,劝他参加,他作《癸未春日感赋》:"九鼎铭辞争讼德,百年粗粝总伤贫"。以示讽刺。这一时期,在繁忙的教学中,他仍致力于学术研究,先后出版了《隋唐制度渊源论稿》、《唐代政治史论稿》两部著作,对隋唐史提出了许多新的见解,为后人研究隋唐史开辟了新的途径。

1945年抗战胜利后,陈寅恪再次应聘去牛津大学任教,并顺便到伦敦治疗眼睛,经英医诊治开刀,不仅无效,目疾反而加剧,最后诊断:双目失明已不可避免。陈寅恪怀着失望的心情，辞去聘约，于1948年返回祖国，任教于清华园，继续从事学术研究。解放前夕，他到广州，拒绝了国民党中央研究院历史语言研究所所长傅斯年要他去台湾、香港的邀聘，任教于广州岭南大学。院系调整，岭南大学合并于中山大学。遂移教于中山大学。

晚年失明死不瞑目

1949年新中国成立后，他受到政府的优待，先后被选为中国科学院社会科学部委员、中国文史馆副馆长、第三届全国政协常务委员等职（据《陈寅恪先生编年事辑》仅有中国科学院院长郭沫若函请陈寅恪任科学院哲学社会科学历史研究所第二所长记载，并注明辞谢未就，荐陈垣代己。上述职务据《修水县志稿》），继续任中山大学教授。

1956年以后，陈毅、陶铸、周扬、胡乔木等中央领导人先后看望过他。陶铸尊重他的学识和人品，1957年亲自关心为他配备助手和治疗眼疾。1962年，他的右腿折跌骨，又给他派护士轮班照顾，在广东知识界传为美谈。同年，胡乔木前往看望，他关心文集出版。陈寅恪说："盖棺有期，出版无日。"胡乔木答："出版有期，盖棺尚早。"在助手黄萱的帮助下，他把《隋唐制度渊源论稿》、《唐代政治史述论稿》、《元白诗笺证稿》以外的旧文，编为《寒柳堂集》、《金明馆丛稿》，并写有专著《柳如是传》，最后撰《唐柳堂记梦》。他的助手黄萱说："寅师以失明的晚年，不惮辛苦、经之营之，钩稽沉隐，以成此稿（即《柳如是别传》）。其坚毅之精神，真有惊天地、泣鬼神的气概"。

1966年"文革"动乱期间，陈寅恪遭到残酷折磨。他曾预作挽夫人唐篔联："涕泣对牛衣，册载都成肠断史，废残难豹隐，九泉稍待眼枯人"，令人不忍卒读。最惨痛的是，他珍藏多年的大量书籍、诗文稿，多被洗劫。1969年10月7日，陈寅恪在广州被迫害致死，死不瞑目。终年79岁。

陈寅恪一生一心一意致力于文史教学和研究工作。他不仅为大史学家，旧体诗亦卓然成家。他最推崇白居易，在《论再生缘》中自述"论诗我亦弹词体"，有《诗存》问世。

《陈寅恪选集》于 1979 年由上海古籍出版社出版。

陈寅恪的知识结构

家学渊源，少时在南京家塾就读。从小能背诵《十三经》，广泛阅读经、史、哲学典籍。

1902 年，陈寅恪 12 岁时入日本巢鸭弘文学院，学日文。1905 年就读上海吴淞复旦公学。

1910 年考取官费，先后留学德国、瑞士、法国。1914 年回国。1918 年冬又得到江西官费的资助，再度出国游学。

陈寅恪是奇才、通才，他游学西方 23 年，"奔走东西洋数万里"，先后就读于德国柏林大学、瑞士苏黎世大学、法国巴黎高等政治学校、美国哈佛大学等著名学府。

留学期间，陈寅恪学习过英、法、德、日、蒙、藏、满、梵、巴利、波斯、突厥、西夏、拉丁、希腊等十几种外文，尤以印度梵文和巴利文特为精通。

陈寅恪思考型的 16 种个性特质

用因素分析法，可以得出陈寅恪的 16 种个性根源特质的测试结果：

乐群性（－）、聪慧性（＋）、稳定性（＋）、恃强性（＋）、兴奋性（－＋）、有恒性（＋）、敢为性（＋）、敏感性（＋）、怀疑性（－＋）、幻想性（－）、世故性（＋－）、忧虑性（－）、求新性（＋）、独立性（＋）、自律性（＋）、紧张性（－）。

陈寅恪不善交际，惯孤独、不喜欢热闹；他聪明、富有才识、抽象思考能力强；他平时情绪稳定、态度温和、不易冲动；他好胜心强、但不武断，不好斗，而是温情、谦逊、随和；他热情、但又沉静、审慎；他自觉、负责任、讲道德、不敷衍、遵守规则；他胆大心细、敢作敢当、但不冒险、不退缩、不犹豫畏却；他敏感、但不抱幻想、不感情用事，而是着重实际、理智、能自我克制；他警觉、但决不刚愎自用，他善于接受、容纳别人的正确意见；他不狂放，而是现实、脚踏实地、合乎常规；他老练、世故、精明能干，但又坦率、朴实、天真；他自信、安详、沉着、满足；他求新、思想自由、爱批评、不守旧；他自立、当机立断、自有主张，不随大流；他严于待己、受约束、不任性、不松懈、重视细节；他一般很少紧迫感、不困扰，无拘束、镇定、放松自如。

陈寅恪的思考型个性因素（特质），可以概括为下表——

陈寅恪的思考型个性因素表

A. 乐群性　　　　　（-）外向、爱社交——内向、不善交际（+）

B. 聪慧性　　　　　（+）聪明、理智——迟钝、欠理智（-）

C. （情绪）稳定性（+）沉着、情绪稳定——易激怒、情绪不稳（-）

E. 恃强性　　　　　（+-）争强好胜——温顺、随和（+）

F. 兴奋性　　　　　（-）活泼、热情洋溢——严肃、冷静（+）

G. 有恒性　　　　　（+）道德观念强——玩世不恭、漠视规则（-）

H. 敢为性　　　　　（-）胆大、冒险——退缩、犹豫（-）

I. 敏感性　　　　　（+）感觉敏锐——不敏感（-）

L. 怀疑性　　　　　（+）怀疑、警觉——轻信、麻痹（-）

M. 幻想性　　　　　（-）富于幻想、心不在焉——现实、脚踏实地（+）

N. 世故性　　　　　（-）世故、老练——坦率、朴实（+）

O. 忧虑性　　　　　（-+）忧虑、不安——无忧无虑、满足（+）

Q1. 求新性　　　　（+）求新、思想自由——守旧、保守传统（-）

Q2. 独立性　　　　（+）独立自主、有主见——服从、依赖群体（-）

Q3. 自律性　　　　（+）自律、受约束——任性、无拘束（-）

Q4. 紧张性　　　　（-）紧张、紧迫感——放松、镇定（　）

五因素模型检测陈寅恪的人格结构

（E）倾向性（-）

（A）随和性（+-）

（C）认真性（+）

（N）情绪性（+-）

（O）开放性（+）

【附录】作为思想家的陈寅恪

独立之精神自由之思想——论作为思想家的陈寅恪

陈寅恪先生是举世公认的二十世纪中国伟大的史学家，但是很少有人注意到他还是中国近代史上一位杰出的思想家。即使某些极其钦佩陈先生的学者在称扬他在学术上的成就的同时，还要特别指出陈先生"并不是一个思想家"。

然而在临近世纪末的时候，我们却要看到陈先生乃是中国本世纪最杰出的思想家之一，他的思想的光芒将照耀中国人进入二十一世纪，也许直到永远。

陈寅恪在1929年所作王国维纪念碑铭中首先提出的"独立之精神，自由之思想"，今天已成为中国知识分子共同追求的学术精神与价值取向，而且一定会成为现代化以后的全中国人民的人生理想。

可以说，"独立之精神，自由之思想"并非中国传统文化中原有的，甚至其语言都不是中国传统文化中原有的（中国古文中的"独立"与"自由"与现代语言中的"独立"与"自由"意义迥不相侔）。首先引进"自由"这个词儿的是严复。他在日本学习西方变法维新而变成强国以后，在甲午（1894年）海战中打败中国海军、朝野震动之际，于1895年提出，西方之所以强、中国之所以弱，原因就在于国民之"自由不自由异耳"。二十年之后，在"五四"新文化运动中，"自由"在全国知识界得到广泛的讨论，也得到广泛的拥护，然而以干脆的语言标举出"独立之精神，自由之思想"这个原则的，则不能不首推陈寅恪先生。

王国维纪念碑铭一共不过二百五十三个字，而"独立"之词儿三见，"自由"之词凡四见，其中甚至套用美国独立时的英雄帕特立克·亨利的话说"思想而不自由毋宁死耳。"结句则为："先生之著述，或有时而不章。先生之学说，或有时而可商。唯此独立之精神，自由之思想，历千万祀，与天壤而同久，共三光而永光！"

历来有一种说法，认为陈寅恪是一个"文化遗民"，胡适即主此说。其实光就王国维纪念碑铭看，陈寅恪竭力引进自由、独立的精神，而且竭力要使之接上中国文化的传统，就可以否定此说。何况，陈寅恪到晚年着书表彰陈端生、柳如是，主要的就是表彰她们的自由独立精神。更何况，陈端生与柳如是是在中国传统文化中处于底层的妇女，而且一为罪妇，一为妓女，更是底层之底层。而号称"世家子弟"（李提摩太语）的陈寅恪晚年却还要专门"着书唯剩颂红妆"，十分同情陈端生反抗"当日奉为金科玉律之君、父、夫三纲"，赞美"端生此等自由及自尊即独立之思想"；对柳如是，则甚至夸奖其"放诞多情"，称之为"罕见之独立女子"。这岂是一个文化遗民，或者用现代的话来说，一个中国旧文化保守主义者所能说得出来的？

请看近代最著名的儒学名臣曾国藩给他儿子的家训："罗婿性情可虑，然此亦无可如何之事。尔当谆嘱三妹，柔顺恭谨，不可有片语违忤三纲之道。君为臣纲，父为子纲，夫为妻纲，是地维之所赖以立，天柱之所赖以尊。故传曰：'君，天也；父，天也；夫，天也。'仪礼记曰：'君，至尊也；父，至尊也；夫，至尊也。君虽不仁，臣不可以不忠；父虽不慈，子不可以不孝；夫虽不贤，妻不可以不顺'……尔当谆劝诸妹以能耐劳忍气为要。吾服官多年，亦常在耐劳忍气四字上做功夫。"曾国藩的做人标准与陈寅恪的做人标准相对比，反差真如黑夜和白天一样。

中国传统文化的精神到底是什么？从清末以来就是一个说不清楚的问题。近二十年来更是聚讼纷纭。实际上就是上面说的曾国藩那一段话。早在1927年的《王观堂先生挽词·序》中，陈寅恪就高度概括地说："吾中国文化之定义，具于白虎通三纲六纪之说，其意义为抽象理想最高之境，犹希腊柏拉图所谓 Idea 者。若以君臣之纲言之，君为李煜亦期之以刘秀；以朋友之纪言之，友为郦寄亦待之以鲍叔。"试问：自从中国人与外域接触并且开始对自己的传统文化有所反思以来，有哪一个人对之有如此概括，如此明确的结论。在陈寅恪发表这一言论之前的十年左右，五四先贤即已向传统文化展开全面进攻，反对所谓"名教纲常，君道臣节"。当时陈寅恪还在外国留学，因此算不得是"五四人物"，但是他后来发表的意见却更加言简意赅。文字虽然不多，却更加完备，更加饱满。在今人会用"精神"或"精义"的地方，他直接称之为"定义"。这是何等样的识力！

在这里，陈寅恪实际上已经近乎点出中国传统文化的定义是叫人"无所逃于天地之间"的专制主义了。

对于这种中国传统文化的前途，陈寅恪也是看得十分清楚。在《王观堂先生挽词·序》中，他说："夫纲纪本理想抽象之物，然不能不有所依托，以为具体表现之用。其所依托以表现者，实为有形之社会制度，而经济制度尤其重要者。故所依托者不变易，则依托者亦得因以保存。吾国古来亦曾有悖三纲违六纪，无父无君之说，为释迦外来之教者矣，然佛教流传播衍盛昌于中土，而中土历世遗留纲纪之说曾不因之以动摇者，其说所依托之社会经济制度未曾根本变迁，故犹能藉之以为寄命之地也。近数十年来，自道光之季迄今日，社会经济制度，以外族之侵迫，致剧疾之变迁；纲纪之说无所凭依，不待外来学说之撞击而已销沉沦丧于不知不觉之间，虽有人焉，强聒而力持，亦终归于不可救疗之局。"应当说，陈寅恪对于中国传统文化的核心——纲纪之说在感情上是有某种依恋的，而且对它的必将归于灭绝也是感到惋惜的；但是对事势之所必至，他又是洞若观火的。

整个二十世纪，中国已经有大量的传统文化现象衰败失落，甚至完全销沉歇绝。其中有许多是陈寅恪所极爱而深惜的，这也就是他所以被目为

"文化遗民"的原因。尤其是国人一般认为外患日亟、国运日蹙的同治光绪年间，陈寅恪还咏叹之为"犹是开元全盛日"，最不易为人理解。其实，以义宁陈氏之清门雅望，他从小所接触的那些人物的雍容揖让、文采风流确确实实是中国传统文化最优美的精粹。我比陈先生小三十三岁，德行才情不敢比拟陈先生于万一，然而想象当时的老辈仪型，流风余韵，迄今不能不感到高山仰止，可望而不可即，低徊留连，不能自已，何况陈先生是从小沉潜涵泳于其间的人物。

不过，恐怕陈先生万万没有料到是，在大量中国传统文化扫地以尽的时候，其中最黑暗、最反动的专制主义却历世长存，而且变本加厉，最后竟发展为最野蛮的群众专政而置陈先生于死地。同样，陈氏一门忠义，三世忧国，而陈先生一定也没有料到，自己晚年看到的却是，中国人的爱国主义竟退化为依附于专制主义而极端粗鄙狂妄的民族主义。这到底仅仅是陈先生个人的不幸呢？还是整个中国的悲剧呢？

根据蔡仲德先生对王国维生平事迹的评密论证，王国维的一生可以辛亥为界，分成前后期。他前期致力于哲学、美学、文学，有开辟创新之功，在中国历史上破天荒地提出："学术之所争，只有是非真伪之别耳。于是非真伪之别外，而以国家、人种、宗教之见来之，则以学术为一手段，而非以为一目的也。未有不视学术为一目的而能发达者，学术之发达存乎其独立而已。"（《静安文集·论近年之学术界》）。他还说："哲学与美术之所志者，真理也。真理者，天下万世之真理也，而非一时一地之真理也……唯其为天下万世之真理，故不能尽与一时一国之利益合，且有时不能兼容，此即其神圣之所存也。"（《静安文集·论哲学家与美术家之天职》）照这样的言论，这样的治学态度，说王国维具"独立之精神，自由之思想"是完全恰当的。

但是，到了辛亥以后，王国维接受罗振玉的劝告，一变而为大清的纯臣，不但受溥仪之封为"南书房行走"、"恩赏五品衔"、"赏食五品俸"，而且在学术上也"尽弃前学，专治经史"，甚至着诗歌颂慈禧"五十年间天下母，后来无继前无偶"。他以后还参与张勋复辟的密谋，书札暗通，间关奔走，不遗余力。这样，王国维的言行除了对民国而言，也许还可称为有点"独立之精神，自由之思想"而外，完全成了中国传统文化的核心——纲常名教的奴隶，成了十足的卫道士，哪里还有自由、独立之可言。

当然，王国维的这些行事都发生在陈寅恪尚在美国留学之时。王陈在清华同事因为王在1927年自沉昆明湖而不及一年，因此陈寅恪可能所知不详，但是大体上还是应当有所了解的。事实上，陈寅恪除在王死后两年所作的纪念碑铭中说"先生以一死见其独立自由之意志"而外，在王死后不久就作的《挽王静安先生》、《王观堂先生挽词》二诗中也已表示他是了解王"一死从容殉大伦"的意思的。因此，我们可以推测陈寅恪一再强调"独立之精神，自由之思想"正是师早期三国维，"以西方思想输入中国"、"与我中国固有之思想相化"之意，自我作古，替为奴性所主宰的中国人立一个新的传统。

至于陈寅恪本人，据我的同学，陈寅恪晚年弟子刘适（现名石泉，为武汉大学历史系教授）告诉我，陈的祖父陈宝箴、父亲陈伯严效忠清朝，力主维新而终遭贬斥，维新事业付之东流，是陈心中永远的伤痛，他对清朝是完全没有孤臣孽子的心情的。

中国学人历来的一个价值标准就是要"学有宗旨"。陈寅恪在二十年代提出"独立之精神，自由之思想"以来，终身未曾违背这一宗旨，真是"造次必于是，颠沛必于是"。最明显的就是五十年代初中国科学院决定增设两个历史研究所，派人南下广州，邀请陈寅恪先生出任第二历史研究所，亦即中古史研究所所长。当时早已失明的陈寅恪亲自口授了一封复信，其中说：

"我认为研究学术最重要的是要具有自由的意志和独立的精神……独立精神和自由意志是必须争的，且须以生死力争……我决不反对现在政权，在宣统三年时就在瑞士读过资本论原文。但我认为不能先存马列主义的见解，再研究学术。我要请的人，要带的徒弟都要有自由思想，独立精神，不是这样即不是我的学生……"

这正是"三军可夺帅也，匹夫不可夺志也"。它决定了陈寅恪不可能北上。而在以后留在中山大学的岁月中，他虽然只能凭超常的记忆论证了一番《再生缘》与陈端生、钱牧斋与柳如是，虽然由于政治环境与生理条件（目盲足膑），远远不能尽展其才而为中国新史学开宗立派，然而已以其著作，其言论，特别是其品格为中国文化添上了一个"独立之精神，自由之思想"的新统。其价值将愈后而愈显。

还有一个可以称之为中国传统文化的"第二定义"，也是陈寅恪下的。这就是他1933年在《冯友兰〈中国哲学史〉审查报告三》中说的一段话："故自晋至今，言中国之思想，可以儒释道三教代表之，此虽通俗之说，然稽之旧史之事实，验以今世之人情，要为不易之论。"此虽通俗之说，然而只有陈寅恪这样的通才硕学，一锤定音，然后世无异辞。不过以我之不敏，还想在"三教"之后加上"九流"二字。这倒不是指《汉书·艺文志》所说的九流，而是指直到今天社会上还实际存在的所谓"三教九流"或"下九流"而言。因为中国文化同世界上其他民族的文化一样，原始时代的巫术并未绝根，而且还不断有所发展，历史上有不少朝代，初起时都以之为凭依。即使在儒、道、佛三家的正统中也未能从几千年的进化中完全汰洗干净，而在号称中国唯一本土宗教的道教中则大量存在。至于民间的各种信仰以至迷信、邪教更是大量流行，影响于历史的、当代的、甚至明天的中国社会生活者十分重大。我在去年曾作《发现另一个中国》一文讨论此事。自己虽无力进行研究，而当代的青年学者已渐渐有人注意及此。征之以西人所谓一民族文化传统中有大传统与小传统两种传统之说，将来的创获必多。事实上陈寅恪关于天师道的研究已启其嚆矢。

陈寅恪是一个严守家法的学者。这不仅是中国的学术传统，更是西方的学术传统，即所谓："Everyone is supposed to specialize his own line"。因此他很少在他自己所治的史学之外发议论。但是，幸好有他的好友吴宓的《日记》记下了他的一些极为精彩的思想。

吴宓1919年初到哈佛留学，即遇上陈寅恪，惊其"中西学问，皆甚渊博，又识力精到，议论透彻。宓倾佩至极"。令人可悲的是，吴宓八十年前所记的陈寅恪的言论思想有许多到今日居然还切中时弊。

例如，据1919年11月11日吴宓日记所记陈寅恪的言论云："中国之哲学美术远不如希腊，不特科学为远逊泰西也。但中国古人素擅长政治及实践伦理学，与罗马人最相似。其言道德，惟重实用，不究虚理。其长处短处均在此。长处即修齐治平之旨；短处即对实事之利害得失观察过明，而乏精深远大之思。故昔则士子群习八股以得功名富贵，而学德之上，终属极少数。今则凡留学生管学工程实业，其希慕富贵，不肯用力学问之急则一……"这些话是八十年前讲的，然而移用于今日，可谓毫厘勿失，也许更有甚焉。

八十年来，中国人所担心的好像总是怕发展不了经济，深怕中了斯大林的话，叫做"落后就会挨打"。然而陈先生偏说："此后若中国之实业发达，生计优裕，财源浚辟，则中国人经商营业之长技可得其用，而中国人当可为世界之富商。"陈寅恪的这些话都可以说是先见之明，当时几乎没有什么人有同样的预见。现在，中国的经济有了些发展，中国人计算的又是GNP的总值如何？增长率如何？什么时候总量可以赶上，什么时候人均可以赶上先进国家？再过一个世纪能否成为世界第一强国？然而不知道到那个时候，即使中国经济发展的目标达到了，要取得世界各国的尊敬，更重要的是文化的力量，或者如陈寅恪所说"以学问美术等之造诣胜人"。然而在他看来，这却是"决难必也"。陈寅恪下面的一段话尤其富有针对性："夫国家如个人然。苟其性专重实事，则处世必周备，而研究人群中关系之学必发达……尤有说者，专趋实用者则乏远虑，利己营私而难以团结谋长久之公益，即人事一方亦有不足。令人误谓中国过重虚理，专谋以功利机械之事输入，而不图精神之救药，势必至人欲横流，道义沦丧，即求其输诚爱国且不能得。西国前史，陈迹昭着，可为比鉴也。"（据《吴宓日记》中所记）

这些问题都是八十年来实实在在存在的。见事见理之明察深刻如陈寅恪者，并世实罕有堪与比肩的人。我们固然需要陈寅恪这样的历史学家，但是更需要陈寅恪这样的思想家。

还有，号称中国国学正宗的儒学，自宋以后，与佛道混合，越来越倾向于谈"性"说"心"。到近几十年的所谓新儒家更侈谈心性,简直以为非此不足以为孔孟之徒。然而,陈先生三十年代在《冯友兰〈中国哲学史下册审查报告〉》中,即已明确指出:"两千年来华夏民族所受儒家学说之最深最巨者,实在制度法律公私生活之方面。"四十年代,他又在《隋唐制度渊源略稿》中说:"司马氏以东汉末年之儒学大族创建晋室,统制中国,其所制定之刑律尤为儒家化,既为南朝历代所因袭,北魏政律,复采用之,辗转嬗蜕,经由齐隋,以至于唐,实为华夏刑统不二之正统。"一语道破中国两千年儒法合流之思想正统。凡是研究中国政治史、法律史、思想史的,这都是不可偏离的不二法门。

至于陈寅恪又一个著名的论点,即:"中国自今以后,即使能输入北美或东欧之思想,其结局当亦等于玄唯识之学,在吾国思想史上既不能居最高之地位,且亦终归于歇绝者。其真能于思想上自成系统有所创获者,必须一方面吸收输入外来之学说,一方面不忘本来民族之地位。此两种相反而适相成之态度,乃道教之真精神,新儒家之旧途径,而两千年吾民族与他民族思想接触之所昭示者也"。不但已为二十世纪的中国历史的证实,而且即使全球化的浪潮汹涌澎湃,也可以相信其至少在二十一世纪仍然有效。

陈寅恪逝世二十九年以来,即不断有学者为其当年不能远走海外而深致惋惜,最近我去香港,即有人以此为言。但是我的看法不同。姑不论父母之邦为陈先生所决不忍去,陈先生在《柳如是别传》的缘起中不是还说过:"披寻钱柳之篇什于残阙毁坏之余,往往窥见其孤怀遗恨,有可以令人感泣不能自己者焉!夫三户亡秦之志,九章哀郢之辞,即发自当日之士大夫,犹应珍惜引申,以表彰我民族独立之精神,自由之思想。"陈先生晚年正是要以自己的孤怀遗恨,不屈不挠地为国人立一典型,使天下后世知所矜式,其意义、其价值是无论如何估计也不会过高的。(作者李慎之,2003年)

第六型：质疑者瞿秋白（1899—1935）

瞿秋白，是在俄国十月革命后最早赴莫斯科进行长期采访报道的中国记者，中国共产党早期领导人之一，鲁迅的知己之交，散文作家，评论家，俄罗斯文学及文艺理论翻译家。他在36岁遇害，是我国新文化运动的一大损失。

瞿秋白的个性属于疑问型（the Questioner）或称为谨慎型（Team Player/Loyalist），他是清醒的质疑者。

通常心理学家指出：这种个性（第六型）非常可爱，是九种个性人格中最具有吸引力的。笑容动人，说话易于感染对方。质疑—谨慎型的女性迷人，有小女孩的娇憨；质疑—谨慎型的男性有丰富的幽默感，有小男孩的灵巧。然而不健康的第六型因为缺乏安全感，疑心颇大，不易信任别人，处事缺乏弹性。当遇到陌生的人和事，都会令他产生烦恼、忧虑甚至诚惶诚恐。他亟需安全感。

质疑—谨慎型的人，通过丰富的想象力和专一的注意力来获取直感。疑心很重。他认同被压迫者的反抗事业，忠心尽责。对于被压迫者或者强大的领导者表现出忠诚和责任。他对权威的态度首鼠两端，要么顺从，要么反抗。经常怀疑他人的动机，尤其是权威人士的动机。

习惯于合作、苦干，但工作难于善始善终。动作迟疑、拖延。几乎会忘记对成功和快乐的追求。往往用思想代替行动。凡事都会作最坏的打算。为人比较悲观，也倾向于逃避矛盾和冲突。

健康的质疑—谨慎型个性，能吸引他人强烈的情感回应，亲切、友善、可靠、负责、讨好人、值得信赖。非常重视诚信，这是与他人相处并持续长久关系的基础。他对认同的对象付出承诺和忠实，他觉得自己属于家人和朋友。

最佳状况：经过锻炼变得自信，逐步肯定自己、能够独立而又平等地相互依赖。对自我的信心使他产生积极的态度，显示出勇气、领导才能、丰富的创造力、表现力。

瞿秋白给人们的质疑—谨慎型印象

瞿秋白（1899.1.29—1935.6.18）是鲁迅的挚友。鲁迅给他一副对联："人生得一知己足矣，斯世当以同怀视之。"可见评价之高。

诞生于江南一个破落的士大夫家庭。父亲早逝，慈母自尽后，少年瞿秋白沉默寡言。他相貌俊秀，生活俭朴，不喜穿着修饰，唯一爱好是读书。他平时很少说话，可是一旦话匣子打开了，却滔滔不断，娓娓动听……他的身体虚弱，面容消瘦，经常咳咳呛呛。他在人生道路上历尽曲折，而在人品上始终一片洁白如霜雪。（周君适：《瞿秋白同志》）

萧三回忆说：我认识瞿秋白同志是在1922年底，在共产国际第四次代表大会开会期间……我们走进一间大房间，屋子里人很多，其中有陈独秀、张太雷、伍廷康等，也有一些不认识的。经介绍我认识了秋白同志。他聪明、睿智，博学多才，谈吐文雅，一看便知是大知识分子。待人非常和善，没有架子。（萧三：《忆秋白》）

跟瞿秋白在苏联相处的时间颇久的韦素园，认为瞿秋白"是一个和蔼可亲，责任心强，满腔热情的人。"他们在苏联的时候，内战后接着荒年，生活很苦，往往吃都吃不饱，但瞿秋白总是精神兴奋，时时畅谈终日，在朋友间弥漫着乐观主义气氛。他为他们补习俄文，还给他们鼓励。

李霁野回忆说：1923或1924年，瞿秋白住在北京东城大羊宜宾胡同，他留给我的印象确是像素园所说的，是那么温文尔雅，同时又显得那么年轻活泼，谈吐从容而有风趣。使人很难相信他的肺病已经很沉重，而还是坚持着革命工作的人。他显得很瘦弱，脸色颇为苍白，不过眼睛却明亮有神。觉得他很富有诗人的气质。（李霁野：《瞿秋白先生给我的印象》，原载天津《文艺学习》1950年第6期）

萧三又说：我认识了秋白以后，觉得他和邓中夏、张太雷等同志不同。邓中夏和张太雷等同志精神愉快活泼，学生们很容易接近他们，可以常常和他们谈笑。而秋白却是严肃沉静。在讲台上，他滔滔不绝，把问题讲得很透彻；在会议上他的口才像快刀利刃，能说服人。但在平时，他不肯多讲一句废话。

有人说秋白"骄傲"、"冷酷"，这种看法不对。他从不轻视"小"工作，每次都很认真地去做。从工作接触中，我觉得他很诚恳，很愿意帮助别人。他不但不骄傲，而是很谦虚；不但不冷酷，而是很热情。他的热情，不是浮在表面，而是蕴藏在内心。只有当人们和他在一起工作时，才能深切地感觉到这种热情的力量。（萧三：《忆秋白》）

1923年丁玲进入上海大学文学系学习。第一次见面，瞿秋白就给她们留下了深刻的印象。丁玲后来回忆说："这个新朋友瘦长个儿，戴一副散光眼镜，说一口南方官话，见面时话不多，但很机警，当可以说一两句俏皮话时，就不动声色的渲染几句，惹人高兴，用不惊动人的眼光静静的飘过来，我和（王）剑虹都认为他是一个出色的共产党员。这人就是瞿秋白同志。""瞿秋白是属于这样的人——神采俊秀，风骨挺拔，真挚坦诚，毫无矫饰，使人望之俗念俱消，油然生爱慕之情。"（《丁玲回忆录》）

在上海大学旧校址上课时，人都挤满了。房子陈旧，人多了，楼房震动，似乎要塌倒下来，但是人们还是静静地听，一直到下课为止……后来上海大学从庆云路搬到西摩路，最大的课堂在敦厚里。当课堂里开始安静下来的时候，我看到秋白从人丛中走进课堂，走上了讲台。他穿着一件西服大衣，手上拿着一顶帽子，他的头发向后梳，额角宽而平，鼻梁上架一副近视眼镜，与他的脸庞很相称。他和蔼亲切地微笑着，打开皮包，拿出讲义和笔记本，开始讲课了。他的神态安逸而从容，声音虽不洪亮，但即

使站在课堂外的同学也能听到。在他的讲话中，没有华丽的词藻和空谈。（杨之华：《忆秋白》）

1926年7月，国民革命军政治部主任邓演达、瞿秋白向全军政工人员作报告。主持人介绍："请著名理论家和宣传家、曾三次见到列宁的瞿秋白先生作《关于如何做好北伐战争宣传报道工作》的报告，请大家欢迎"。瞿秋白目光炯炯地注视着听众："宣传关键是一个'要'字，鲁智深三拳打死镇关西，要拳拳打在要害上"。讲毕，走下讲台。全场千名听众愕然。瞿整个报告二十六字，比主持人介绍词还少。

30年代，瞿秋白的肺病据苏联大夫诊断已经是没有希望的了，休养也不过是拖延一点时日，讲露骨些，回国也只好等死。使我惊异的是他说到这个事实时态度那样从容自然，仿佛在谈着与他自己毫无关系的什么事一样。更使我敬佩的是他在这样情况中，还勇敢的坚持着工作的精神……他的温雅而勇敢的态度，明亮有神的眼睛，从容而有风趣的谈吐，很富有诗人的气质。（李霁野：《瞿秋白先生给我的印象》）

1931年1月中共六届四中全会，共产国际代表米夫来到上海，扶持王明一伙上台。作为职业革命家的瞿秋白被解除中央领导职务，每个月仅发给17银元生活费，只相当于工人的最低工资。党中央批准瞿秋白在上海养病，但以他的政治身份不可能谋得公开职业。他和杨之华的生活，每月17银元仅能糊口而已。

1932年初夏，瞿秋白由冯雪峰陪同，到鲁迅家拜访，一见如故。许广平还是在女师大读书时，听过刚从苏联回来的瞿秋白的讲演，她回忆："那时是一位英气勃勃的青年宣传鼓动员的模样，而1932年见到的却是剃光了头，圆面孔，沉着稳重，表示出深思熟虑……我几乎认不出他来了。"1932年初秋，周建人和瞿秋白相会于鲁迅家的印象是："我几乎认不出秋白了，他已经不是原来那个样子了。只见他满脸病容，面目浮肿，气色和神情都很坏。身上穿着一件长衫，破旧不合身，好像是从旧货摊上弄来的。"

1934年1月瞿秋白在上海话别鲁迅，赴中共苏区江西瑞金，任中华苏维埃共和国中央政府教育人民委员。红军主力长征，将36岁的瞿秋白留下来打游击。1935年2月从江西往福建转移途中被国民党逮捕。

1935年6月18日，瞿秋白临刑前，在福建长汀留下最后一张照片：上身着黑色中式对襟衫，下身穿白布抵膝短裤，黑线袜、黑布鞋，背着两手、昂首直立，恬淡闲静而又庄严肃穆。

瞿秋白写了《集唐诗绝句》："夕阳明灭乱山中，落叶寒泉听不穷，已忍伶俜十年事，心持半偈万缘空"。据36师师长宋希濂说，瞿秋白向军官们扫视了一下，正其衣履，到中山公园凉亭前拍照。现场记者报道：在刀枪环布之下，"全园为之寂静，鸟雀停息呻吟。瞿秋白信步至亭前，已见菲菜四碟，美酒一瓮，彼独坐其上，自斟自饮，神色无异，酒半，笑道：人之公余，为小快乐，夜间安眠，为大快乐，辞世长逝，为真快乐。"随后，缓步走出中山公园，手持香烟，泰然自若，沿途用俄语唱《国际歌》、《红军歌》，到达两华里外的罗汉岭刑场之后，选择一处草坪（坟墓堆）上，盘膝而坐，微笑点头说："此地很好"，并要求刽子手正面开枪，坦然就义。

瞿秋白视死如归，理应名垂青史，但他在就义前在狱中写的《多余的话》，却让他长时期背负了"叛徒"的名声。实际上《多余的话》是瞿秋白最后的心声，是留给我们分析他"质疑—谨慎型"人格发展的最真实的第一手史料，弥足珍贵。

瞿秋白的质疑—谨慎型个性特点

瞿秋白生前经常进行自我解剖，他临终的《多余的话》坦述心路历程，为我们留下了人格分析的宝贵素材。瞿秋白的质疑—谨慎型个性特点具体表现在：

（一）襟怀坦白，自我省视；

（二）从小对穷人充满同情心；

（三）钟情文艺，未尽其才；

（四）两元化的人格；

（五）生理和心理上的软弱；

（六）对于政治缺乏兴趣和能力；

（七）勉力而为，忠诚负责；

（八）倾向于逃避矛盾和冲突；

（九）恋世情深，向往美丽的未来。

下面根据历史资料和已经发表的回忆录、访谈录，摘引一些实例，加以论证。

（一）襟怀坦白，自我省视

瞿秋白自我省视的坦白、泰然与深刻，勇于直面、不文过饰非，是令人钦佩的。他真诚而不虚伪，这种精神是当代中国文化人最缺乏、也就最难能可贵的。

瞿秋白临终说："我愿意趁这剩余的生命还没有结束的时候，写一点最后的最坦白的话。"《多余的话》便是他在生命的最后时刻，终于忍不住把明知不应当说的话，将充满矛盾的心里话尽情表白，一吐为快，让后人去解剖一个大变动时代典型人物的灵魂。

将近半个世纪以后，丁玲说到《多余的话》，仍然感慨不已。她说，"当今给自己塑像的人多，生怕自我批评，更怕别人批评。像秋白这样坦然陈述自己的种种，这样的人今天太少了，秋白岂不是一个罕有其匹的大勇者！我也自问过：何必写这《多余的话》呢？其中有些话会被某些思想简单而又浅薄的人据为把柄，发生误解或曲解……秋白的一生是战斗的，而且战斗得很苦。秋白一生遭遇的厄运，不是他自身的错误，而是他没有能够跳出一个时代的悲剧。"（陈铁健：《瞿秋白案复查纪事（1979—1980）》）

（二）从小对穷人充满同情心

瞿秋白上了小学高年级后，一些乞丐看到他就不停地叫他"少爷、少爷"。每逢这样的场合，他一面摸着袋子，把母亲平时给他的零用铜元放到乞丐手里，一面对着年长的乞讨者说："你们就不要喊我'少爷'了，我可不是'少爷'！"

一次，他看到一个小孩未穿衣服，他就脱下自己的白短褂子给小孩穿上。还有一次，与他一起玩耍的少年光着背，他又把自己的褂子脱下来送给那个少年。他回家后，母亲说："你做这种事好是好，就是你的衣服也不多呀！"瞿秋白一时任性顶了母亲，他说："不多！不多！我的衣服总比人家多么！"就为送褂子回嘴这件事，瞿秋白一直感到后悔。据羊牧之回忆，瞿秋白的夫人杨之华在数十年后曾对羊牧之说："秋白很遗憾地对她说过：'我一生就只有那一次回过母亲的嘴。'"

　　瞿秋白少年时见一位衣衫褴褛的农民，身旁立着一个要卖掉的小女孩，头上插一束稻草。瞿秋白对羊牧之说："看见这可怜的小姑娘，就好像是在出卖我的妹妹一样，心里真是难过！"

　　瞿秋白在母亲去世的第二年清明节，回到常州扫墓。他给羊牧之看了他所作的《哭母诗》，其中有一首是："亲到贫时不算亲，蓝衫添得泪痕新，饥寒此日无人管，落上灵前爱子身。"他对羊牧之说："母亲自杀后，使我想得很多，我感到当今社会的核心问题是贫富不均。从冲天大将军黄巢到天父、天主、天王洪秀全，做的都是铲不均，可见做事必须从'均'字着手。"

（三）钟情文艺，未尽其才

　　鲁迅最赏识瞿秋白的文学才华，他说："何苦（瞿秋白的笔名）杂文，明白畅晓，一览无余，真有才华，是真可佩服的。他的论文真是皇皇大论！在国内文艺界，能够写这样论文的，现在还没有第二人。"（冯雪峰：《回忆鲁迅》）

　　瞿秋白自述"我每每幻想着：我愿意到随便一个小市镇去当一个教员，并不是为着发展什么教育，只不过求得一口饱饭罢了。余暇的时候，读读自己所爱读的书、文艺、小说、诗词、歌曲之类，这不是很逍遥的吗？"

（四）两元化的人格

　　瞿秋白自我解剖说：（我自己早已发觉）因为"历史的误会"，我十五年来勉强做着政治工作。——正因为勉强，所以也永远做不好，手里做着这个，心里想着那个。在当时是形格势禁，没有余暇和可能说一说我自己的心思，而且时刻得扮演一定的角色。

瞿秋白在《多余的话》中自述："我二十一、二岁，正当所谓人生观形成的时期，理智方面是从托尔斯泰式的无政府主义很快就转到了马克思主义……既然走上了这条道路，却不是轻易就能改换的。而马克思主义同我潜伏的绅士意识、中国式的士大夫意识以及后来蜕变出来的小资产阶级或者市侩式的意识，完全处于敌对的地位。没落的中国绅士阶级意识之中，有些这样的成分：例如假惺惺的仁慈礼让、避免斗争……以致寄生虫式的隐士思想。（完全破产的绅士往往变成城市的波希美亚——高等游民，颓废的、脆弱的、浪漫的，甚至狂妄的人物。说得实在些，是废物。）我想，这两种意识在我内心里不断地斗争，也就侵蚀了我极大部分的精力。我得时刻压制自己绅士和游民式的情感，极勉强地用我所学到的马克思主义的理智来创造新的情感、新的感觉方法。可是无产阶级意识在我的内心里始终没有得到真正的胜利。"

"当我出席政治会议，我就会'就事论事'，抛开我自己的'感觉'专就我所知道的那一点理论去推断一个问题，决定一种政策等等。但是，我一直觉得这工作是'替别人做的'。我每次开会或者做文章的时候，都觉得很麻烦，总在急急于结束，好'回到自己那里去'休息。"

"这种两元化的人格，我自己早已发觉——到去年更是完完全全了解了，已经不能丝毫自欺的了；但是'八七'会议之后，我并没有公开地说出来，四中全会之后也没有说出来，在去年我还是决断不下，以致延迟下来，隐忍着，甚至对之华（我的爱人）也只偶然露一点口风，往往还要加一番弥缝的话。没有这样的勇气。"

（五）生理和心理上的软弱

瞿秋白在实际生活中和思想上的独立能力都比较弱，有依赖性，需要他"依傍"也就是需要有人帮助。他曾写道："我不能没有依傍。不但在政治生活里，我其实从没有做过一切斗争的先锋，每次总要先找着某种依傍。"

瞿秋白自述："体力的衰弱不容许我多所思索。感觉是：每天只要用脑到两三小时以上，就觉得十分疲劳，或者过分的畸形的兴奋——无所谓的兴奋，以致于不能睡觉，脑痛……冷汗。唉，脆弱的人呵！所谓无产阶级的革命队伍需要这种东西吗？！我想，假定我保存这多余的生命若干时候，我另有拒绝用脑的一个方法，我只做些不用自出心裁的文字工作，以度余年"。

（六）对于政治缺乏兴趣和能力

瞿秋白在《多余的话》中，再三申明自己是一个文化人，实在对于政治、阶级斗争缺乏兴趣和能力。笔者认为这确实就是他内心深处最真实最坦白的思想，他说：

"我自己忖度着，像我这样的性格、才能、学识，当中国共产党的领袖确实是一个'历史的误会'。我本是一个半吊子的'文人'而已，直到最后还是'文人积习未除'的。对于政治，从1927年起就逐渐减少兴趣，到最近一年——在瑞金的一年实在完全没有兴趣了。工作是'但求无过'的态度，全国的政治情形（形势）实在懒得问。一方面固然是身体衰弱，精力短少，而表现十二分疲劳的状态；别方面也是十几年为着'顾全大局'勉强负担一时的政治翻译、政治工作，而一直拖延下来，实在违反我的兴趣和性情的结果。这真是十几年的一场误会，一场噩梦。

我写这些话，决不是要脱卸什么责任——客观上我对共产党或是国民党的'党国'应当负什么责任，我决不推托，也决不能用我主观的情绪来加以原谅或者减轻。我不过想把〈我的〉真情，在死之前，说出来罢了。总之，我其实是一个很平凡的文人，竟虚负了某某党的领袖的声名十来年，这不是'历史的误会'，是什么呢？"

1923年丁玲由秋白动员来上海大学，施存统劝她入党，秋白却说"飞吧，飞吧，飞得越高越好！"实际是希望我在文学领域里飞翔驰骋。（陈铁

健：《瞿秋白案复查纪事（1979—1980）》》

（七）勉力而为，忠诚负责

瞿秋白对于共产主义事业，自知力不胜任，勉力而为，但又竭尽全力，忠心耿耿，承受重担，非常负责任。他多次自我表白一个很贴切的比喻，叫做"狗耕田"。这个比喻早在瞿秋白少年时期就产生了。他的生肖属狗，瞿秋白对童友羊牧之说过："我是犬耕田，力气不够，还要你这帮忙。"

十月革命后，马克思主义开始在中国传播，瞿秋白继李大钊、陈独秀等，作了很多基础理论工作，党内同志对他特别赞赏，而他有自知之明："没有牛时，迫得狗去耕田，我是狗耕田。"

1927年，他在自选《瞿秋白论文集》序言中说他在1923—1927年所写近百万字关于中国革命的理论文章只是"马克思主义的试作"，"有许多没有成熟的、不甚正确的思想"。他看到："中国的知识阶级，刚从宗法社会佛老孔朱的思想里出来，一般文化程度又非常之低，老实说，这是无知识的知识阶级，科学历史的常识都是浅薄得很。——只是革命实践的需要，正在很急切地催迫着无产阶级的思想代表，来解决中国革命中之许多复杂繁重的问题。'没有牛时迫得狗去耕田'，这确是中国马克思主义者的情形"。他说自己在这几年所做的"应用马克思主义于中国国情的工作"，是"在陈独秀同志指导之下，努力做这种'狗耕田的工作'。秋白……自己知道是很不胜任的。"

当他用"犬耕"的笔名发表文章时，鲁迅不解地问道："此寓意为何？"瞿秋白说："我不是政治动物，搞政治，无力且可济。耕田本是用牛的，狗耕田当然就耕不好了。我就是那权当充数的耕田的'犬'"。鲁迅听后微微颔首，稍顷，便又叮嘱道："你对我说可以，不要再对别人说了，可能影响不好。"

正如《多余的话》所写：他知道自己对马克思主义的学说没有系统的研究；对经济学不感兴趣，根本没有读过《资本论》；只是从报章杂志的零星文章和列宁的几本小册子，学到一点马克思主义的常识；依据几本外国文的书籍，编写几本讲义；而"用马克思主义来研究中国的现代社会，部分的研究中国历史的发端——也不得不由我来开始尝试"。——在1923年的中国，研究马克思主义的人很少，于是，自云"只知道一点皮毛"、对马克思主义"一知半解"的瞿秋白，"就逐渐的偷到所谓'马克思主义的理论家'的虚名"了。

（八）倾向于逃避矛盾和冲突

瞿秋白自述："因为我的政治上疲劳倦怠，内心的思想斗争不能再持续了。老实说，在四中全会之后，我早已成为十足的市侩——对于政治问题我竭力避免发表意见。中央怎么说，我就怎么说，中央认为我说错了，我立刻承认错误，也没有什么心思去辩白。说我是机会主义就是机会主义好了，一切工作只要交代得过去就算了。我对于政治和党的种种问题，真没有兴趣去注意和研究。只因为六年的'文字因缘'，对于现代文学以及文学史上的各种有趣的问题，有时候还有点兴趣去思考一下，然而大半也是欣赏的分数居多，而研究分析的分数较少。"

（九）恋世情深，向往美丽的未来

丁玲回忆：在上海大学时，秋白常对她和王剑虹说"要脱胎换骨"。他忙于革命工作，难得照料病重的爱妻剑虹。妻死后，他总是在给丁玲的信中自责，说他对不起"梦可"（他给爱妻起的法文名字，意为"我的心"）。秋白有病且忙，生活不能自理，连买毛巾、牙膏都不会。杨之华照料得无微不至，使他全力投入工作和著述。（陈铁健：《瞿秋白案复查纪事（1979—1980）》）

瞿秋白在就义前写道："我留恋什么？我最亲爱的人（笔者按：指妻子杨之华），我曾经依傍着她度过了这十年的生命。是的，我不能没有依傍。不但在政治生活里，我其实从没有做过一切斗争的先锋，每次总要先找着某种依傍。不但如此，就是在私生活里，我也没有'生存竞争'的勇气，我不会组织自己的生活，我不会做极简单极平常的琐事。我一直是依傍着我的亲人，我唯一的亲人。我如何不留恋？我只觉得十分难受，因为我许多〈次〉对不起我这个亲人，尤其是我的精神上的懦怯，使我对于她也终究没有彻底的坦白，但愿她从此厌恶我，忘记我，使我心安罢。"

"我还留恋什么？这美丽世界欣欣向荣的儿童，我的女儿，以及一切幸福的孩子。我替他们祝福。"瞿秋白之爱女儿，不仅因为她是妻子的骨肉，更因为她代表着美丽的世界，欣欣向荣的未来。他牺牲时年仅36岁。从照片上看，他不是个体魄强壮的男人。看上去是那么清瘦文弱，毫无现代人常挂在嘴边的"阳刚之气"。但他却是个深情的丈夫，慈爱的父亲，坦荡的朋友。

瞿秋白喜爱龚定庵的诗，他认为定公的诗意含糊，正可利用来表现他自己的思想。他曾集了一首诗咏农民暴动，其中有句"忽闻大地狮子吼"。他在临枪毙前几日还集了几首定公的诗，而且把"莫抛心力贸才名"改成了"莫抛心力作英雄"。

瞿秋白狱中留言："这世界对于我仍然是非常美丽的。一切新的、斗争的、勇敢的都在前进。但是，永别了，美丽的世界！""中国的豆腐也是很好吃的东西，世界第一。"连豆腐都留恋，可见其恋世之深。

瞿秋白绝笔："1935年6月17日晚，梦行小径中，夕阳明灭，寒流幽咽，如置仙境。翌日读唐人诗，忽见'夕阳明灭乱山中'句，因集句偶成一首：'夕阳明灭乱山中，（韦应物）落叶寒泉听不穷；（郎士元）已忍伶俜十年事，（杜心甫）心持半偈万缘空。（郎士元）'方提笔录出，而毕命之令已下，甚可念也。秋白曾有句：'眼底烟云过尽时，正我逍遥处。'此非词谶，乃狱中言志耳。"

瞿秋白经历对个性的影响

瞿秋白于1899年1月29日出身于江南一个没落的士绅之家。祖籍江苏宜兴，生于江苏省常州府城内东南角的青果巷（今82号）一座花园住宅内的天香楼二楼。

瞿家是书香门第，世代为官，叔祖瞿赓甫当时任湖北布政使。

瞿秋白的父亲瞿世玮擅长绘画、剑术、医道，然而生性淡泊，不治家业，寄居叔父家中，经济上依赖在浙江做知县的大哥瞿世琥的接济。

母亲金璇，也是官宦之女，精于诗词。她的子女中长大成人的有5子1女，瞿秋白是家中的长子。由于瞿秋白头发上生有双旋，父母为其取名双（或同音字霜、爽）。

1903年，叔祖瞿赓甫死在湖北任上，从此瞿家的家道开始中落。瞿赓甫的遗属开始瓜分财产时，瞿秋白的父亲瞿世玮作为瞿赓甫的侄儿被迫离开八桂堂，先后租住乌衣桥、星聚堂等处，一家的生活日益窘迫。

1904年，5岁的瞿秋白进入私塾启蒙读书，次年转入冠英小学。

1909年春天，10岁的瞿秋白考入常州府中学堂（现江苏省常州市高级中学）。该校校长屠元博，曾经留学于日本，是同盟会员。但是并没有证据表明，瞿秋白从他那里接受了反清革命思想的影响。但是，瞿秋白在中学时代确实养成了爱读书的习惯。

1912年10月10日，辛亥革命一周年纪念日，他在瞿氏宗祠侧门上方悬挂一只白灯笼，上面写着"国丧"两字，表示了自己的不满。

辛亥革命后，瞿秋白的伯父瞿世琥弃官闲居杭州，将母亲也接到那里，并停止了对瞿世玮一家的资助。于是瞿秋白家陷入经济困境，被迫搬到城西庙沿汀瞿氏宗祠居住，靠典当、借债度日。

1915年冬，因交不起学费，瞿秋白被迫辍学，离开还有一学期就要毕业的常州中学。农历正月初五（1916年初），母亲金璇服毒自尽。

瞿秋白一家人分别投亲靠友，瞿秋白先在杨氏小学教书。1916年年底，瞿秋白得到表舅母的资助，西赴汉口，寄居在京汉铁路局当翻译的堂兄瞿纯白家中，并进入武昌外国语学校学习英文。

1917年春，瞿纯白调外交部任职，瞿秋白也随同北上到北京，参加普通文官考试未被考取，于是考入外交部办的俄文专修馆（免费入学），学习俄文。

自认"犬耕"勉力而为

1919年5月4日，性格内向的瞿秋白参与了五四运动。1920年3月，加入李大钊、张嵩年发起的马克思主义研究会。

1920年10月，瞿秋白成为北京《晨的》和上海《时事新报》特约通讯员，到莫斯科采访。1921年1月25日到达莫斯科，取了俄文名字"维克多尔·斯特拉霍夫"。主要工作就是采访俄国各方面的社会生活，向国内读者报道苏俄现状。

1921年，他经赴俄的张太雷介绍加入俄共（布）党组织，翌年转为中共党员。兼任东方劳动者共产主义大学中国班俄文教习和政治理论课的翻译。

从1920年10月18日在哈尔滨写的第一篇报道《哈埠见闻上之珲春事件》起，到1923年1月25日回到北京写的第一篇报道《赤俄之归途》止，他先后在北京《晨报》、上海《时事新报》等报章上发表了50篇通讯报道和专论，计20余万字。还撰写了《饿乡纪程》、《赤都心史》、《俄国议学史》、《俄国革命记》等4本专著。

瞿秋白的杂文锐利而有才气，俄语水平更是当时数一数二的。他翻译了许多俄语文学、政治著作，并第一个把国际歌翻译成中文。

从1923年1月回国后，瞿秋白主编党的理论刊物《新青年》季刊，又负责编辑《向导》、《前锋》，还承担了国民党机关报《民国日报》的编辑和撰稿。

瞿秋白还在上海大学担任教务长兼社会学系主任，主讲《社会学》、《社会哲学概论》、《社会科学概论》、《现代民族问题》等课程。他还翻译了苏俄歌列夫的《新哲学—唯物论》一书。

瞿秋白一生有两次婚姻。第一任妻子王剑虹，湖南人，是上海大学的学生，1924年1月与瞿秋白结婚。同年7月因肺病去世。第二任妻子杨之华，浙江萧山人，也是上海大学的学生；在她与前夫沈剑龙离婚后，1924年11月7日，杨之华与瞿秋白在上海举行了结婚仪式。沈剑龙也亲临祝贺。当时，在邵力子主办的上海《民国日报》上同时刊登三条启事：一是瞿秋白与杨之华结婚启事；二是沈剑龙与杨之华离婚启事；三是瞿秋白与沈剑龙结为好友启事。这在当时传为佳话。

1925年五卅运动中，瞿秋白又创办《热血日报》。他一共撰写了200多篇文章，100多万字。

1927年8月7日，瞿秋白主持在汉口俄国租界三教街41号（今汉口鄱阳街139号）召开"八七"会议，通过了由瞿秋白起草的《告全党党员书》，确定了武装准备在湘、鄂、赣、粤四省发动秋收起义的决定。并选出了以瞿秋白为首的新的临时中央政治局。

1928年6月，瞿秋白在莫斯科出席中共"六大"，会后留在莫斯科担任中国共产党驻共产国际的代表团团长。1930年夏，党内出现李立三的"左"倾盲动错误时，他回国主持纠正。在1931年1月于上海召开的六届四中会上，瞿秋白遭到王明等人的批判，被排挤出中央领导机构。

《多余的话》倾吐心曲

此后在上海养病，由茅盾和冯雪峰介绍认识了鲁迅并结为莫逆之交。瞿秋白曾到鲁迅家中避难，鲁迅赠送他一副对联："人生得一知己足矣，斯世当以同怀视之"。瞿秋白也编了《鲁迅杂感选集》并写了著名的《序言》，对鲁迅杂文作了中肯的评价。

1934年1月，瞿秋白遵照中共中央指示，抱病离开上海前往瑞金中共苏区，担任中央教育委员及《红色中华》报社社长兼主编。他创办了国立苏维埃大学，担任校长。10月，红军主力开始撤离苏区，瞿秋白被留在江西，担任苏区中央分局宣传部长。

1935年2月11日瞿秋白一行从瑞金九堡启程，前往福建，准备转道广东到香港或去上海。2月24日到达福建长汀县时，瞿秋白被捕。6月18日，国民党宣布枪决令，他视死如归，说："人生有小休息，也有大休息，今后我要大休息了。"他高唱自己翻译的《国际歌》走向刑场，年仅36岁。

瞿秋白作为一个典型的"文人"卷入政治漩涡中去，遭到排挤直到牺牲，这被人们视作一个悲剧。他曲折的心路历程在《多余的话》中有着真诚的表白。根据他临终前的自述，他认为自己只是一个半吊子的"文人"，参与政治运动乃至成为中共领袖，完全是"历史的误会"。

瞿秋白被捕后鲁迅曾想方设法委托人营救。瞿秋白被处决后，鲁迅叹息良久，说过："瞿若不死，译这种书（指果戈理《死魂灵》）是极相宜的，即此一端，即是判杀人者为罪大恶极"，并亲自编校了瞿的遗著《海上述林》。鲁迅开始这一工作时，形销骨立，他硬是抱病忍痛、殚精竭虑，负责编辑、校对、成书的全过程。《海上述林》上册出版时鲁迅尚健在，对这本书十分满意，"那第一本的装订样子已送来，重磅纸；皮脊太'古典的'一点，平装是天鹅绒面，殊漂亮也。"他认为这是对瞿秋白的最好的纪念，"倘其生存，见之当亦高兴，而今竟已归土，哀哉。"

《海上述林》以"诸夏怀霜社"的署名出版，"诸夏"即中国，"霜"为秋白的原名，"诸夏怀霜"寓意中国人民永远缅怀瞿秋白。它是"对于先驱者的爱的大纛，也是对于摧残者的憎的丰碑。"

瞿秋白的知识结构

1904 年，瞿秋白 5 岁进入私塾启蒙读书，次年转入冠英小学。1909 年春，瞿秋白 10 岁考入常州府中学堂。

1916 年年底，瞿秋白进入武昌外国语学校学习英文。

1917 年春，考入外交部办的俄文专修馆学习俄文。

他对于俄罗斯文学的翻译和研究，是独步一时的。

瞿秋白质疑—谨慎型的 16 种个性特质

用因素分析法，可以得出瞿秋白的 16 种个性根源特质的测试结果：

乐群性（－）、聪慧性（＋）、稳定性（＋－）、恃强性（－）、兴奋性（－＋）、有恒性（＋）、敢为性（＋）、敏感性（－）、怀疑性（－＋）、幻想性（＋）、世故性（＋－）、忧虑性（＋）、求新性（＋）、独立性（＋－）、自律性（＋）、紧张性（－＋）。

瞿秋白并不善于交际、但是显得赤诚、乐群，惯孤独、不喜欢热闹；他聪明、富有才识、抽象思考能力强；他平时情绪稳定、态度温和、不易冲动；他不武断，不好斗，而是温情、谦逊、随和；他热情、但又沉静、审慎；他自觉、负责任、讲道德、不敷衍、遵守规则；他胆大心细、但不冒险，有时犹豫畏却；他敏感、有时抱幻想、不感情用事，而是着重实际、理智、能自我克制；他警觉、但决不刚愎自用，他善于接受、容纳别人的正确意见；他不狂放，而是现实、脚踏实地、合乎常规；他老练、世故、精明能干，但又坦率、朴实、天真；他不够自信、不够沉着；他求新、思想自由、爱批评、不守旧；他不够自立、优柔寡断，有时随大流；他严于待己、受约束、不任性、不松懈、重视细节；他有紧迫感、困扰，但无拘束、镇定、放松自如。

瞿秋白的个性因素（特质），可以概括为下表——

瞿秋白的疑问型个性因素表

    A. 乐群性　　　　　（－）外向、爱社交——内向、不善交际（＋）
    B. 聪慧性　　　　　（＋）聪明、理智——迟钝、欠理智（－）
    C. （情绪）稳定性　（＋－）沉着、情绪稳定——易激怒、情绪不稳（＋－）
    E. 恃强性　　　　　（－）争强好胜——温顺、随和（＋）
    F. 兴奋性　　　　　（－）活泼、热情洋溢——严肃、冷静（＋）
    G. 有恒性　　　　　（＋）道德观念强——玩世不恭、漠视规则（－）
    H. 敢为性　　　　　（－＋）胆大、冒险——退缩、犹豫（＋）
    I. 敏感性　　　　　（＋）感觉敏锐——不敏感（－）
    L. 怀疑性　　　　　（＋）怀疑、警觉——轻信、麻痹（＋）

M. 幻想性	（ - + ）	富于幻想、心不在焉——现实、脚踏实地（ + ）
N. 世故性	（ - ）	世故、老练——坦率、朴实（ + ）
O. 忧虑性	（ + ）	忧虑、不安——无忧无虑、满足（ - ）
Q1. 求新性	（ + ）	求新、思想自由——守旧、保守传统（ - ）
Q2. 独立性	（ + ）	独立自主、有主见——服从、依赖群体（ - + ）
Q3. 自律性	（ + ）	自律、受约束——任性、无拘束（ - ）
Q4. 紧张性	（ - ）	紧张、紧迫感——放松、镇定（ + ）

五因素模型检测瞿秋白的人格结构

（E）倾向性（ - ）

（A）随和性（ + ）

（C）认真性（ + ）

（N）情绪性（ - ）

（O）开放性（ + ）

第七型：乐天者刘半农（1891—1934）

刘半农，五四新文化运动的先驱者之一，北京大学文科教授，《新青年》编委。著名的文学家、语言学家、教育家。中国现代语音学实验的开拓者。

刘半农的个性属于开朗型（the Epictur）、快活型（Enthusiast）的乐天者。

他是外向、开朗、快活的人，好动、爱交际、易兴奋，朝气蓬勃，有天赋，多才多艺，富于创造力、鉴赏力。贪图新鲜感、渴求新花样，不喜欢受束缚、控制。他总是洋溢着游戏、玩笑的活力，他的名士风度就是要玩得开心。真叫做"嬉笑怒骂皆为文章"。

刘半农精力充沛，经常保持感情的兴奋状态。对很多事情都感兴趣，喜欢多样性的选择，同时参与各项活动，但是避免承诺单一的枯燥的任务。他用快乐的精神活动（谈话、筹划等）代替深层的思想交流。他深深感到生命的美好，对生活充满信心。

刘半农是通才，能够从不相关的事物中找到相似点，从看似矛盾的观点中找到不寻常的联系。

刘半农给人们的开朗型印象

刘半农（1891.5.29—1934.7.14）由海派的风流才子，演变为京派的专家学者。而他始终保持着对于生活的热爱与乐观，对于新奇事物的敏感与探求。

鲁迅在《忆刘半农君》一文中回忆："他也是我的老朋友"。他们是在《新青年》每一期的编委会上相识的。鲁迅在回顾了陈独秀和胡适之的印象之后，对比说："半农却是令人不觉其有'武库'的一个人，所以我佩服陈胡，却亲近半农。"一个人要能够得到鲁迅的亲近，是很不容易的。这说明刘半农一开始给鲁迅的印象，确实开朗坦诚、胸无城府，容易得到朋友的信任与欢迎。

李长之回忆说："刘（半农）先生，是我愿意亲近，又不能亲近，终未亲近而遽已长逝的人。可是，他给我的印象是很深的。他在半庄半谐里，在谈吐中他临时应事接物的机智，顺路也流露着他那讽刺而不失为幽默的世态人事的观感，他有着得意而从容的风采，向着张望的同学们的脸。"（引自李长之：《纪念刘半农先生》）

李长之称赞说：从那发自深眼眶而逼视人的目光，我们知道他是一位如何敏活而机灵的人物。和这相应，是他自鸳鸯蝴蝶派的文人侪辈中，从那样的刘半农，一变而为以科学方法研究语言学的专家和大师的刘半农了。

文学评论社的茶会，刘半农先生是应约到了的。他一到，就望着周岂明（周作人）先生、黎邵西（黎锦熙）先生爽朗地开玩笑说："啊呀！昏庸腐朽！昏庸腐朽！你们也才来了呀！哈哈！"他的摇摇晃晃的四方大脑袋，发自深凹眼眶的动人的目光，响亮的笑声，让人印象深刻。他富有机智、幽默及观察力，散播欢乐，挥洒自如，给朋友们带来会心的快感。

刘半农的开朗型（the Epictur）个性特点

刘半农的个性属于开朗型。外向，活泼、乐观、机智、热心，有时难免鲁莽。自发性强，充满活力、容易接受新事物，但不知不觉就会得罪人。兴趣爱好广泛，求知欲旺盛，喜欢标新立异，然而容易流于草率粗浅。具体表现为：

（一）机灵果敢，但有时近于草率；

（二）思想活跃，多才多艺；

（三）浅而清澈，得意而从容的风采；

（四）风趣幽默，爱开玩笑；

（五）刻意求新，眼界开阔；

（六）读书人的头巾气。

下面根据历史资料和已经发表的回忆录、访谈录，摘引一些实例，加以论证。

（一）机灵果敢，但有时近于草率

鲁迅曾戏称刘半农为"上海来的才子"，点子多，头脑快，什么都来得一手。欣赏刘半农"更是《新青年》里的一个战士，他活泼，勇敢，很打了几次大仗。譬如吧，答王敬轩的双簧信（笔者注：即1918年3月《新青年》第四卷第三号的《复王敬轩书》）……"

诗人朱湘在《我的童年》中谈到，他之所以"皈依新文学"，就是受刘半农影响。刘半农这篇驳论（指《复王敬轩书》），"道理更为多些，笔端更为带有情感"，"有许多人，连我也在内，便被说服了。"

但对于这种戏剧性做法，当时胡适之就不以为然，甚至表示有点儿反感。认为刘半农钱玄同变戏法玩弄花头经，嬉皮笑脸，游戏人生，缺乏英国式的绅士风度。

鲁迅却赞扬刘半农"跳出鸳蝴派，骂倒王敬轩，为一个'文学革命'阵中的战斗者。"赞扬他机智勇敢，天真活泼，半庄半谐；但是也批评他有时失之无谋，近于草率。

刘半农兴趣广泛，无所不好，写诗，翻译，搜集民谣，校点古籍，考古，谈音乐，还有摄影，面面俱到，但也不似蜻蜓点水，而是兴之所至，广种多收。刘半农死时刚43岁，正当壮年夭折而惜乎未能尽其才。他被某些人讥为"没落"，是毫无道理。

（二）思想活跃，多才多艺

刘半农爱好广泛，对诸多新鲜事儿都感兴趣，喜欢多样性的选择，同时参与多项活动。他青少年时期就写散文、写小说、写诗、从事翻译，还参加戏剧社客串文明戏，又编剧本又当演员；他热心参与《新青年》的编辑工作，积极投入五四运动；他30岁时远赴欧洲留学，历经6年；他在语言文字领域各方面都有建树，他从事国语运动、简化字运动、并从事实验语音学及汉语语法的研究。此外在考古学、民俗学、敦煌学、太平天国史研究等方面都有涉猎，在书法、摄影等方面也有造诣。

五四运动期间的知识分子，由于历史的局限性，即使家学渊源自小饱读诗书，而他们的知识结构大多数偏于"文史哲"方面，对于"数理化"则先天不足。而只有刘半农、赵元任等少数几个通才，到西方留学深造后，不仅学贯中西古今，兼习文理两科（实验语音学属于现代自然科学范畴），打下扎实的数理基础，并获得高级理科学位，掌握了世界最先进的实验科学技能。像刘半农、赵元任这样文理双全的通才，确实不可多得。可惜刘半农英年早逝，没有来得及做出更多的丰硕的成果。

挚友赵元任获悉刘半农病逝的噩耗，悲痛不已，为追悼会撰挽联写道："十载唱双簧，无词今后难成曲；数人弱一个，教我如何不想他！"

钱玄同悼刘半农，有长联挽之云："当编辑《新青年》时，全仗带感情的笔锋，推翻那陈腐文章，昏思乱想；曾仿江阴四句头山歌，创作活泼清新的《扬鞭》、《瓦釜》。回溯在文学革命旗下，勋绩弘多；更于世道有功，是痛诋战坛、严斥脸谱。"钱玄同挽联中所说的"痛诋乩坛"，是指刘半农撰写《辟〈灵学丛志〉》一文，揭露俞复、陆费逵等人设立盛德坛扶乩，组织灵学会，用讲鬼话的手段与科学为敌。"严斥脸谱"，是指刘半农在《我之文学改良观》中主张改良戏曲。钱玄同认为，中国旧戏"专重唱工，所唱之文句，听者本不求甚解，而戏子打脸之离奇，舞台设备之幼稚，无一足以动人情感"。刘半农赞成钱玄同的意见，主张一扫旧戏曲中的种种耍花招假把式的"恶腔死套"，一改程式化、脸谱化的陈腔滥调，进行新剧革命，推陈出新。

总而言之，刘半农如同票友那样，什么玩意儿都能玩上一手，且玩得转，玩得不俗，玩得有味道。兴之所至，自得其乐。

（三）浅而清澈，得意而从容的风采

鲁迅通过描述刘半农在"五四"时期与"五四"退潮以后的不同表现，与另外一些人们对于刘半农的"浅"表示了不同看法。刘半农的"浅"，如鲁迅所说，"却如一条清溪，澄澈见底，纵有多少沉渣和腐草，也不掩其大体的清。"

对于刘半农的真率坦荡，周家兄弟也有过评价，如周作人所说，"他不装假，肯说话，不投机，不怕骂，一方面却是天真烂漫，对什么人都无恶意"。

刘半农不趋炎附势，不热衷于官场，所以他不小于任何人。他的头脑清晰，人格清高。

李长之回忆说："刘半农的敏活和机灵，并不碍于保持他永远是一位书生。这是人格修养上顶不可及的一点。书生往往是泥而不化的，然而头脑活动的刘半农先生，却并非泥而不化又趋炎附势的小人。刘半农先生是清高的，始终是清高的书生。刘半农先生是在有能力之外，还有骨头。"

胡适与刘半农，同年（1891）生人，同时（1917年）进北大教书，又同在《新青年》编辑部共事，免不了文人相轻。刘半农负气出国进修6年，终于得到法国授予的"国家博士"学位，与胡适所得的由美国私立大学所授予的不同，他便屡屡宣示自己的"国家博士"，引以为荣。这"国家博士"显然是说给某些人听的。这样子的小把戏，显出了刘半农的浅，却又说明了此人的真。

（四）风趣幽默，爱开玩笑

刘半农曾说："余与玄同相识于民国六年，缔交至今仅十七年耳，而每相见必打闹，每打电话必打闹，每写信必打闹，甚至作为文章亦打闹，虽

总角时同窗共砚之友，无此顽皮也。友交至此，信是人生一乐。"（《双凤凰砖斋小品文·无题》）两挚友的风趣玩笑，令人神往。

有一次周作人向刘半农借俄国小说集和瑞典剧本，刘半农的回信竟是一篇戏文，做成奏册的样子，封面题签"昭代名伶院本残卷"，戏文是：

"（生）咳，方六爷（周作人）呀，方六爷呀，（唱西皮慢板）你所要，借的书，我今奉上。这其间，一本是俄国文章。那一本，瑞典国，小摊黄。只恨我，有了他，一年以上。都未曾，打开来，看个端详。（白）如今你提到了他，（唱）不由得，小半农，眼泪汪汪。（白）咳，半农呀，半农呀，你真不用功也。（唱）但愿你，将他去，莫辜负他。拜一拜，手儿呵，你就借去了罢。"

刘半农的确爱开玩笑、爱好写游戏文章，但他也还有别的作为，例如1932年所撰《与张溥泉》和1934年《南无阿弥陀佛戴传贤》，都是笑骂交加、风趣幽默之作，若论社会批判的锋芒并不在鲁迅之下。刘半农对文字特别敏感，笔下另有一番特色，如《与张溥泉》中所说："呜呼，政府尝以沉着诏吾民矣。证以事实，沉则有之，着则未见，是沉沦也。"即为嬉笑怒骂之一例。

（五）刻意求新，眼界开阔

开朗、外向的刘半农，在北京大学预科讲课时，比大部分教师更为活跃。在讲台上，这位年轻的教授常常表现出机敏、讽刺而不失幽默，滔滔不绝，妙语连珠。在讲课内容上大胆革新，眼界开阔，体现出他的个人特色。

刘半农为名妓赛金花作传，曾有过一段很著名的评价。他说本世纪初，中国出了两个活宝：一个卖国，一个卖身，一个可恨，一个可怜。前者是西太后慈禧，后者就是名妓赛金花。为了给赛金花作传，刘半农自己掏钱请来赛金花赴宴，由他提问题，赛金花回答，他的学生商鸿逵记录。这本人物传记在刘半农去世后以《赛金花本事》为名在北京出版，并以《赛金花传》为名翻译成日文在日本出版。当时，许多文人纷纷议说刘半农此举，连胡适也惊异:"大学教授为妓女写传,还史无前例。"

还有他津津有味地特意考证、编校、标点《何典》那样不正经的"闲书",被一些正统学者鄙视为"鬼话连篇",斥之为"大学教授的堕落",然而刘半农自以为是,笑骂由他笑骂,满不在乎,只顾追求新奇好玩罢了。

(六) 读书人的头巾气

李长之回忆说:"刘半农先生的确是书生,他的道德观念很重的。说得不敬一点,他有不少的头巾气,即指读书人的习气。例如他的编校《何典》,便是删了不少的,因为不雅驯。可是他不彻底,也正因为他是书生故。这点小小的心理上的通不过,却也就是在另一方面保持了他的人格的。"李长之这样的说法,带有暗示,话里有话。

鲁迅回忆说,刘半农从国外回来时,"我才知道他在外国抄古书,后来也要标点《何典》,我那时还以老朋友自居,在序文上说了几句老实话,事后,才知道半农颇不高兴了……另外还有一回关于《语丝》的彼此心照不宣的不快活……我们几乎已经无话可谈了。"

可见,在鲁迅与刘半农的交往史上,《何典》事件乃是引发误会、隔阂的一个诱因。

笔者试图做一点解读。

《何典》又名《十一才子书·鬼话连篇录》,是清代用吴方言撰写的长篇滑稽讽刺小说,被称为天下奇书之一。《何典》最早的版本在清代光绪四年(1878年)由上海《申报》馆刊行。1926年5月,刘半农在北京的厂甸庙市中无意间得到了《何典》的旧版本,喜出望外,对于此书的幽默讽刺、奇谈怪论,非常赞赏,合乎他喜欢开玩笑的癖好!于是专门做了考订,标点校注后准备出版,并请鲁迅作序。

鲁迅对此似乎也蛮认真的。他在5月25日连写了《题记》(收入《集外集拾遗》)和《为半农题记〈何典〉后作》(收入《华盖集续编》)两篇文章。1926年6月北新书局出版排印本,为民国的初版,有鲁迅的《题记》。1932年有日本某出版社打算编印《世界幽默全集》,鲁迅还把《何典》作为中国的八种幽默作品之一，推荐给日本好友增田涉。

那么这本《何典》怎么反而引起鲁迅与刘半农的误会，以至于"颇不高兴"闹得翻脸到"几乎已经无话可谈"呢？事情出在鲁迅"以老朋友自居"批评刘半农的"士大夫气"也即头巾气。

《何典》标点本出版时，刘半农将书中一些内容粗俗的文字删去，代以空格。鲁迅便在《何典题记》中挑剔说："我看了样本，以为校勘有时稍迂，空格令人气闷，半农的士大夫气似乎还太多。"

又是"迂"、又是"令人气闷"、又是"士大夫气太多"，这三点指责，就使得刘半农"颇不高兴"了！后来此书再版时恢复了原样，刘半农特意在《关于〈何典〉的再版》中声明："'空格令人气闷'这句话，现在已成过去"。

鲁迅又在《何典题记》中说："并非博士般角色，何敢开头？难违旧友的面情，又该动手。应酬不免，圆滑有方；只作短文，庶无大过云尔。"其中"博士般角色"本指胡适啊。——鲁迅在《华盖集续编·为半农题记〈何典〉后，作》中写道："做序只能推胡适之。"牵扯到胡适之博士，再说刘半农更是"法国国家博士"，鲁迅对于西方博士的揶揄调侃，更难免"圆滑有方"的"闲话"惹了是非，恼了旧友的面情。就不过为这么一两件不大不小的事件，书生之间较真起来。说好玩也有点好玩吧，大人有时也会孩子气啊。

刘半农经历对个性的影响

刘半农（1891—1934），原名寿彭，改名复，字半侬，后改字半农，江苏省江阴县人。1891年5月29日出生于士大夫家庭。他自幼聪慧过人，4岁起接受启蒙教育，6岁入私塾，便能作对咏诗，11岁时进入其父创办的翰墨林小学读书，国文、英语成绩尤为出色。1907年，刘半侬考入常州府中学堂，功课出类拔萃。

1911年10月，辛亥革命爆发，常州府中学堂一度成为驻兵之所而停课，刘半侬辍学归里。

从上海才子到北大闯将

1912年翩翩少年刘半侬来到上海十里洋场,先后任《中华新报》特约编译员和中华书局编辑,开始了他的文学生涯。鲁迅曾称他为"上海才子"。此后几年里,他参加戏剧社,又编又演;发表了短篇小说40余篇,成为"新鸳鸯蝴蝶派"作家;又搞英文翻译,各类杂七杂八的东西无所不译,尤多侦探小说。他最初在上海滩写小说时,一直以"半侬"为笔名。他的作品优劣杂陈,某些早期译作,后来连他自己都否认出自他手。

1915年刘半侬接触到陈独秀主编的《青年杂志》(第二卷起改名为《新青年》),思想发生转变,跳出了鸳鸯蝴蝶派,成为新文化运动的一名闯将。他敢于否定昨天的自己,开始新的历程。这不是一般人能做到的,然而他做到了,而且做得很好。

加入新文化运动阵营的刘半侬,风度还像在新鸳鸯蝴蝶派里一样潇洒自如、得心应手。1917年他在《新青年》上发表《我之文学改良观》等一系列文章,极力拥护陈独秀、胡适等人提出的关于文学革命的主张。刘半侬在《新青年》杂志上崭露头角,引起北京大学校长蔡元培注意,加上陈独秀和原常州府中学堂校长屠元博的力举,1917年夏,没有读过大学、只有高中肄业学历的刘半侬被蔡元培校长破格聘请为北大法科预科教员,讲授小说课和文法课。

初来北京以后,刘半侬在与鲁迅、钱玄同、周作人等北大同事聊天,时时流露出一股才子气,"红袖添香夜读书"的艳福思想,受到他们的讥笑和批评,"好容易才给我们骂掉了。但他好像到处都这么的乱说,使有些学者皱眉。有时候,连到《新青年》投稿都被排斥。"于是他很认真地将笔名改作"半农",决心不再写那些"吴侬软语"般的缠绵悱恻之作。一字偏旁之改,表示了他的文学追求,要贴近下层人民,做个平民诗人。他的许多诗作,如《饿》、《一个小农家的暮》等等,都是描写下层人民生活的。

在宣传新文化、回击旧文人的论战中,最令世人称道的是刘半农与钱玄同合演的"双簧"——由钱玄同扮作旧派文人，化名写《王敬轩君来信》抗议文学革命，为旧文学辩护；而刘半农以"记者"的名义发表《复王敬轩书》，逐条批驳，痛加反击，嬉笑怒骂，把卫道士的面目驳得体无完肤（载1918年3月《新青年》第四卷第三号）。这段蜚声文坛的故事也印证了鲁迅的话："上海来的才子"，果然点子多。

在讲台上，这位年轻的教员常常表现出机敏和幽默。即使上文法课，他也滔滔不绝，妙语连珠。在讲课内容上大胆革新，他的讲义选材新颖，又依照西文规则，细加标点，再三校改，不厌求精，体现出他的个人特色。

开朗外向的刘半农也比大部分教师更为活跃。他与胡适、周作人等发起成立北大小说研究所；被推举为"国语统一筹备会"会员；发起向全国收集歌谣；与胡适、周作人等提议"新式标点符号"；等等。

1919年，"五四运动"爆发。北大学生游行当日，刘半农坐守"北大指挥部"。6月3日千余学生被捕，作为北大教授会干事负责人的刘半农，积极活动，组织社会支持学生运动。

陈独秀被捕入狱后，刘半农在《新青年》上发表百行长诗《D——！》鼓励战友，揭露敌人，为陈独秀高唱赞歌。

赴欧洲深造，获"国家博士"

在北京大学教书，又为《新青年》撰稿，同时还担当着许多社会工作，本已够忙了，但1920年刘半农在30岁时却毅然漂洋过海远赴欧洲深造，历经6年，终于获得法国国家文学博士学位。

这其实是胡适等洋博士促成的。胡适与刘半农，同年生人，同时进北京大学教书，都是年轻气盛，免不了"文人相轻"。少年得意的胡适对于这位中学肄业的同人，总有些瞧不起，对他明嘲暗讽。终于刘半农受不了刺激，负气出国进修——又一次否定昨天的自己，开始新的历程。这一次，他又成功了，除了凭借一股聪明劲儿，更多的是依靠不懈的努力和过人的意志。

1920年刘半农到英国伦敦大学院攻读语言学，1921年夏转入法国巴黎大学。1925年春季，他以《汉语字声实验录》《国语运动史》（均为法文本）两篇论文，获得法国国家文学博士学位，并成为巴黎语言学会会员，获得法国学院的伏尔内语言学专奖。回国后历任北京大学教授、中法大学国文系主任、辅仁大学教务长、北平大学女子文理学院院长、《世界日报》副刊编辑、北京大学研究所文史部主任、历史语言研究所研究员等。刘半农和留美归国的赵元任，同为我国现代语言学的创始人。

留学6年，终获博士学位，学成归国，总算是扬眉吐气了，而刘半农却还时时惦记着这件事：因为他的学位是法国国家授予的，与胡适所得的由私立大学所授予的不同，他便屡屡自称"国家博士"。这个"国家博士"显然是说给某些人听的。这个小把戏，显出了刘半农的"浅"，却又说明了此人的"真"。

中国现代语言学的创始人

他在语言文字领域的贡献主要体现在国语运动、实验语音学及汉语语法研究三个方面。

新文化运动兴起之后，推进了国语运动，于1919年4月成立国语统一筹备会，刘复为会员。在第一次大会上，他与钱玄同、胡适、周作人等提出由刘复拟订的《国语统一进行方法》议案并获通过。1925年9月，刘复、赵元任、钱玄同、黎锦熙、汪怡、林语堂等音韵学者在北京组成"数人会"共六位成员，拟订《国语罗马字拼音法式》，1928年9月，由当时的大学院（即教育部）正式公布，这就是"国音字母"第二式（第一式为"注音符号"）。在新文化运动中，刘复力主废止旧韵，改用符合今音的新韵；改革应用文，提倡分段、句读、使用新式标点符号；提倡白话文，反对文言文。

回国以后，刘半农在北京大学潜心教学与研究。他多方奔走，筹建我国第一个"语音乐律实验室"，成为我国实验语音学的奠基人。他用近代实验语音学的仪器和方法研究汉语的四声，写成《四声实验录》（1924年，群益书社）一书，指明决定四声的主要因素是高低，给四声以科学的说明，这在我国音韵史上具有划时代的意义。他建立了我国第一个语音实验室——语音乐律实验室，发明了"声调推断尺"（后改进为"最简音高推算尺")、"乙二声调推断尺""刘氏音鼓"等,从而使他成为我国实验语音学的先驱。

在汉语语法研究方面,他接受西方语言理论的影响,但不满意当时机械地模仿西洋语法的研究方法,主张革新。他所著的《中国文法通论》(1920年,群益书社)就是革新派的主要著作之一。他采用现代研究方法,以先秦古文为主要研究对象,兼收一些现代汉语的例证,主张研究现代口语,论述了词的分类、搭配关系及句子结构与分类。他的语言学著作还有《中国文法讲话》(上册,北新书局1932年)一书。

刘半农还十分关心辞典编纂工作。1925年他提出《编纂〈中国大辞典〉计划概要》,其中包括体裁、编制、形体、声音、意义、文法、词名等内容,对编纂大型辞书有指导意义。成立《国语大辞典》编纂处时,他撰写了一些论文,并首创"点、直、曲检字法",按照此法编了《字学十书通检》。编有《标准国音中小字典》(北新书局,1935年)。

他还著有《敦煌掇琐》(1925年)、《宋元以来俗字谱》(合作,1930年,1957年重印)、《中国俗曲总目稿》(合作,1932年)、《十韵汇编》(合作,1935年)等,出版诗集《扬鞭集》《瓦釜集》,译有法国帕西的《比较语音学概要》。

此外,他在考古学、民俗学、敦煌学、太平天国史研究等方面多有建树,在书法、摄影等方面也有造诣。

一方面严谨治学,另一方面照旧舞文弄墨,不时在文坛弄出些有趣的风波。汉字中的"她"字,就是刘半农首创的。原来汉字中之"他"本无男女之分,因此翻译外国文学作品,或自行创作文学作品,均感不便。初时,人们以"伊"字作为女性之"他",如鲁迅早期小说《阿Q正传》、《祝福》等,均用"伊"字来代替女性之"他"。然而"他"与"伊"为截然不同的两个字,用起来仍有不少麻烦。1920年6月6日,刘半农在《她字问题》一文中,首创了"她"和"它"作为第三人称阴性和无生物代词,并首先将"她"字入诗,就是著名的歌曲《教我如何不想她》,由赵元任(1891—1981)谱曲。这个"她"字受到守旧派的猛烈攻击,但是很快流传全国，并载入字典。

就是这样一个活得丰富而真实、多才多艺的学者，却英年早逝，死于一场意外。1934年6月，刘半农率北京大学的同学们赴绥远（今内蒙古自治区）考察方音民俗，想绘制雄心勃勃的"中国方言地图"，不幸身染回归热，又被中医所误，7月14日逝于北京，年仅44岁。

刘半农的知识结构

4岁接受启蒙教育，6岁入私塾，11岁时入翰墨林小学读书。1907年考入常州府中学堂。他爱好广泛，但是博而不深。

为了补足自己对于西方文化的知识缺陷，1920年刘半农30岁时赴欧洲深造，历经6年，攻读语言学、语音学，获得法国国家文学博士学位。

刘半农开朗型的16种个性特质

用因素分析法，可以得出刘半农的16种个性根源特质的测试结果：

乐群性（＋）、聪慧性（＋）、稳定性（＋）、恃强性（－）、兴奋性（－＋）、有恒性（＋）、敢为性（＋）、敏感性（－）、怀疑性（－＋）、幻想性（－）、世故性（＋－）、忧虑性（－）、求新性（＋）、独立性（＋）、自律性（＋）、紧张性（－）。

刘半农善于交际、赤诚、乐群，他不惯孤独、喜欢热闹；他聪明、富有才识、抽象思考能力强；他平时情绪稳定、态度温和、不易冲动；他好胜心强、但不武断，不好斗，而是温情、谦逊、随和；他热情、但又沉静、审慎；他自觉、负责任、讲道德、不敷衍、遵守规则；他胆大心细、敢作敢当、但不冒险，不退缩、不犹豫畏却；他敏感、但不抱幻想、不感情用事，而是着重实际、理智、能自我克制；他警觉、但决不刚愎自用，他善于接受、容纳别人的正确意见；他不狂放，而是现实、脚踏实地、合乎常规；他不世故，但坦率、朴实、天真；他自信、安详、沉着、满足；他求新、思想自由、爱批评、不守旧；他自立、当机立断、自有主张，不随大流；他严于待己、受约束、不任性、不松懈、重视细节；他一般很少紧迫感、不困扰，无拘束、镇定、放松自如。

刘半农的个性因素（特质），可以概括为下表——

刘半农的开朗型个性因素表

    A. 乐群性　　　　（＋）外向、爱社交——内向、不善交际（－）
    B. 聪慧性　　　　（＋）聪明、理智——迟钝、欠理智（－）
    C. 稳定性　　　　（＋）沉着、情绪稳定——易激怒、情绪不稳（－）
    E. 恃强性　　　　（－＋）争强好胜——温顺、随和（＋）
    F. 兴奋性　　　　（＋）活泼、热情洋溢——严肃、冷静（－）
    G. 有恒性　　　　（＋）道德观念强——玩世不恭、漠视规则（－）
    H. 敢为性　　　　（＋）胆大、冒险——退缩、犹豫（－）
    I. 敏感性　　　　（－）感觉敏锐——不敏感（＋）
    L. 怀疑性　　　　（－＋）怀疑、警觉——轻信、麻痹（＋－）
    M. 幻想性　　　　（－）富于幻想、心不在焉——现实、脚踏实地（＋）
    N. 世故性　　　　（　）世故、老练——坦率、朴实（＋）
    O. 忧虑性　　　　（－）忧虑、不安——无忧无虑、满足（＋）
    Q1. 求新性　　　（＋）求新、思想自由——守旧、保守传统（－）
    Q2. 独立性　　　（＋）独立自主、有主见——服从、依赖群体（－）
    Q3. 自律性　　　（＋）自律、受约束——任性、无拘束（－）
    Q4. 紧张性　　　（－）紧张、紧迫感——放松、镇定（＋）

五因素模型检测刘半农的人格结构

（E）倾向性（＋）
（A）随和性（＋）

（C）认真性（+）

（N）情绪性（+）

（O）开放性（+）

【附录】略谈头巾气、书生气

头巾气，即读书人（古时文人戴头巾）的习气、书生气，多指"白面书生不通人情世故，缺乏实际经验"；有时指一种迂腐习气。所谓书生气，也就是读书人的较真，再带一点天真吧。较真，经常惹人误会；天真，难免受人嘲笑。书生气不合时宜也。其实，书生气也可算待人接物的某种风度。这个词具有两面性。一方面，可体现为清高、正派、直率，自尊自爱，表达真性情；另一方面，可体现为幼稚、呆板、固执、死脑筋，不能顺应时代潮流。

纵观眼下社会，充斥着各种虚伪造作、欺上瞒下、利令智昏、颐指气使、令人窒息的污浊空气，要是容纳一点书生气也许能多一些清爽和风，凛然正气，回复一点赤子之心，有何不可呢。与那种缺乏原则、八面玲珑、圆滑讨好的处世哲学相比，与那些不负责任，只顾明哲保身，不求有功但求无过的庸人俗气相比，与那些只会逢迎领导，见人说人话，见鬼说鬼话的歪风邪气相比，还是有点儿书生气好吧。如果说书生气指的是单纯、耿直，是一种不悟人情世故、不够练达的表现，那也无伤大雅，不必过于在乎吧。如果弄得读书人连一点书生气都没了，那生活还有多大趣味呢。

不过，严重的书生气就是"书呆子"，泛指教条主义者，或死读书、读死书、读书死、不谙世故、只信书本而不会活用知识的人。那种迂腐的书生气，于事无补，成事不足败事有余。要解决这问题，必须有实践经验的磨练，做到时时处处留心学习，经过一段时间的锻炼就会好转，把理想和现实结合起来，达到"知行合一"的境界。

第八型：权威者傅斯年（1896—1950）

傅斯年，五四运动学生领袖之一，北京大学新潮社主持人，历史学家，文化学术界领导人。中央研究院历史语言研究所的创办者。曾任北京大学代理校长，国立台湾大学校长。

傅斯年的个性基本上属于支配型权威者，他是具有魄力的文化教育、科学研究的领军人物。

他拥有很多当领袖的特质：豪爽大气、不畏强暴、不拘小节、自视甚高、以强抗强、仗义直言。他清楚自己的目标，并努力前进。关注正义，喜欢保护他人（特别是弱者），好打抱不平。不愿被人控制，且具有一定的支配力。由于他好胜的性格，有时具有进攻性，公开表达自己的愤怒，让人感到压力。他信任那些在正面冲突中不退缩的人。他有时会产生极端化的看法和做法，缺乏对自身弱点的认识。

然而，他还有细致严谨的一面。善策划、多谋略，省视目光敏锐，洞察人情世故。办事干脆利落，决不拖泥带水。

领导型的人是绝对的行动派，一碰到问题便马上采取行动去解决，信守"作而言不如起而行"的生活哲学。他有坚强的意志力，"君子报仇三年不晚"，遇上再大的挫折，也能"卧薪尝胆"，卷土重来。

傅斯年给人们的领袖型（魄力型）印象

傅斯年（1896.3.26—1950.12.20）从北京大学毕业后，考取了官费留学。1919年至1926年,他先后留学英国、德国。留学期间,傅斯年一心扑在学习上。据赵元任夫人杨步伟的《杂忆赵家》记载,在"许多留学生都以求得博士学位为鹄"的世俗风气中,傅斯年连个硕士学位也没拿到。但是,没有人不佩服他的学问渊博。当时赴欧留学生有些不务正业,鼓励离婚,真正全副精力用来读书、心无旁骛不理会男女关系的,几乎只有陈寅恪和傅斯年,以至于有人把他俩比作"宁国府大门口的一对石狮子"。

傅斯年是个满腔热血的爱国知识分子。1932年5月至1937年7月,他和胡适等好友捐资出版《独立评论》周刊,评论时政,发出知识分子的独立声音。

傅斯年的正义感和责任心,他那一往无前的勇猛和倔强,体现得淋漓尽致的,是他炮轰孔祥熙和宋子文两任行政院长。这两位权贵的背景和势力众所周知,即使在国民党的党国军政高层,人们也往往敢怒而不敢言。傅斯年却毫不顾忌其"皇亲国戚"的身份,敢于只手"揭龙鳞",历数其危害国家的罪状,怒斥其贪污腐化的罪行,直接要求他们下台谢罪。而且,他揪住不放,弹无虚发,最后都以告捷收场。

40年代初,蒋介石几次费尽心思,要把他请到政府里任职。蒋知道他不肯做,还让陈布雷发动一帮人去劝他。如果换了另一些人,不知要怎样感激涕零,高呼委员长万岁。但傅斯年不肯就范,他给蒋介石写信说:"斯年实愚憨之书生,世务非其所能,如在政府,于政府一无裨益,若在社会,或可偶为一介之用。"(《上蒋主席书》)

1945年7,傅斯年一行6人到达延安,见了毛泽东。当毛谈及傅斯年曾在五四运动中大出风头,并为反封建与新文化运动做出过贡献时,傅斯年回应道:"我们不过是陈胜、吴广,你们才是项羽、刘邦。"毛泽东听罢如此得体又使双方皆不失面子的话,心中大为舒畅。傅斯年的延安之行,有自己的观感。他和毛泽东因为旧曾相识的关系,单独聊了一夜。上天入地的谈开了,也并没有使他们成为朋友。因为了政治观念的分歧,傅斯年与毛泽东的关系,和后来的梁漱溟与毛泽东的关系极其相似。各自的性格与政治倾向不同,是傅斯年不可能对毛泽东产生崇拜的根本原因之一。

1949年有些人撰文攻击台湾大学优容共产党，说台湾大学的某某几位教师是"共产党分子或亲共分子"。傅斯年两次在报上著文反驳，义正辞严地说："学校不兼警察任务"，"我不是警察，也不兼办特工。"这些言行，凸显了一个知识分子在专制统治淫威下维护大学独立和学术自由的高大形象。与那些巴结专制统治者唯恐不及的学术官僚相比，真有云泥之别。

傅斯年领袖型（魄力型）的个性特点

傅斯年的个性，有魄力、有威望、敢担当、敢负责，适合担任文教、科研的领导职务。

他的领袖型（魄力型）个性具体表现在：

（一）敢作敢为、敢负责任；

（二）有胆有识、敢说老实话；

（三）真知第一、面子第二；

（四）记忆力和理解力都很强；

（五）善于组织领导教育科研事业；

（六）参政而不从政；

（七）脾气暴躁、言行偏激；

（八）刚烈果敢、疾恶如仇；

（九）心胸坦率、性情中人。

下面根据历史资料和已经发表的回忆录、访谈录，摘引一些实例，加以论证。

（一）敢作敢为、敢负责任

"五四运动"那一天（1919年5月4日），北京大学上午的游行筹备会议是傅斯年主持的，下午开始的游行，总指挥也是傅斯年，他扛着大旗走在队伍前列，后来又率领队伍冲进赵家楼。从那时，他已经显示了敢做敢为、敢负责任的精神。

1931年"九·一八"事变之后，他振臂高呼，大骂国民党军队无能和汉奸走狗的无耻；抗战时期，他向发国难财的贪官污吏（行政院长孔祥熙、宋子文等）发出怒吼。一直到台北，他仍然保持着那样一种精神，并以此维护教育的独立和尊严。

1949年国民党败退台湾之际，因惊恐而高度警惕，在学校肆意逮捕师生。傅斯年挺身而出，不准军警入校捕人。国民党政府下令实行联保制度，他拒绝在台湾大学实行，说："台大师生由我一人担保。"因此，有人撰文攻击他在台湾大学优容共产党，傅斯年著文反驳，义正辞严地宣称："我不是警察，也不兼办特工。"

因此，有人说他是台湾唯一可以在蒋介石面前跷起二郎腿放胆直言的人，有人说他是敢说敢骂的山东好汉。其实，他并不傲慢，而所谓好汉，绝非往昔者可以相比。他所体现的，是中国知识分子人格的现代性转化在那个时代所结出的果实。

（二）有胆有识，敢说老实话

傅斯年外号"傅大炮"。所谓"大炮"，往往意味着"粗"和"直"，也意味着"猛"和"烈"。傅斯年的确耿直倔强，直言不讳，然而，正如胡适所说，他还有细致严谨的一面。他坚持原则决不妥协，具有一丝不苟的彻底精神；他方正刚直，体现着一种正义感和责任感，而且他能把正义感直接化为责任感，使伸张正义成为自己义不容辞的责任。

胡适评价傅斯年："他这样的人，无论在什么地方都能发挥其领袖的才干。他有学问，有办事能力，有人格，有思想，有胆量；敢说话，敢说老实话，这许多才性使他到处成为有力量的人。"

蔡元培和胡适都是他的前辈，但在纪念北大52周年的会上，傅斯年曾公开批评蔡元培和胡适："这两位先生的办事，真不敢恭维。"他认为自己的学问虽然比不上胡适先生，年纪小五岁，但办事却比胡适先生高明。他说的是老实话，的确如此，他意识到了，就这么说，他的前辈也是愿意承认的。胡适就说只有傅斯年敢骂他，而傅斯年死后，就听不到了。

蒋梦麟说过:"他心里想说什么就说什么。他说一就是一,说二就是二,其中毫无夹带别的意思,但有时因此会得罪人"。(蒋梦麟:《忆孟真》)这正是他的耿直之处。他的耿直使他不愿隐瞒自己的观点,不会做那种八面玲珑的乖巧之人,甚至对于自己尊敬的长者,也不会只说奉承的话。

(三) 真知第一、面子第二

傅斯年的国学功底非常深厚。上大学时,虽然只有十几岁,但俨然一位"国学小专家",他的治学功底甚至强过了北大当时的某些教授。据傅斯年好友罗家伦回忆,"在当时的北大,有一位朱蓬仙教授,也是太炎弟子,可是所教的《文心雕龙》却非所长,在教室里不免出了好些错误……恰好有一位姓张的同学借到那部朱教授的讲义全稿,交给孟真。孟真一夜看完,摘出三十几条错误,由全班签名上书校长蔡先生,请求补救,书中附列这错误的三十几条。蔡先生自己对于这问题是内行,看了自然明白……到了适当的时候,这门功课重新调整了。"

傅斯年本是黄侃的得意弟子,但一次偶然机缘,傅斯年竟背叛师门,成了胡适的学生。胡适刚到北大教授中国哲学史的时候,因为讲授方法和内容特别,在学生中引起不小的争议。有人认为年纪轻轻的胡适远不如国学大师陈汉章,想把他赶走;有人则认为,胡适读的书虽然没有陈汉章多,讲课却颇有新意。傅斯年(只比胡适小五岁)本不是哲学系的学生,但在同室顾颉刚的鼓动下去旁听了几次胡适的课。结果听完之后非常满意,于是傅斯年对哲学系几位要好的同学说:"这个人书虽然读得不多,但他走的这条路是对的。你们不能闹。"

顾颉刚回忆说:"料想不到我竟把傅斯年引进了胡适的路子上去,后来竟办起《新潮》来,成为《新青年》的得力助手。"

多年后胡适回忆:"那时北大中国哲学系的学生都感觉一个新的留学生叫做胡适之的,居然大胆地想重写中国的哲学史;因为原来讲哲学史的先生们,讲了两年才讲到商朝,而胡适之一来就把商朝以前的割断,从西周晚年东周说起。这一班学生们都说这是思想造反;这样的人怎么配来讲授呢？那时候，孟真在学校中已经是一个力量。那些学生们就请他去听听我的课，看看是不是应该赶走……"

由于傅斯年在同学中的威信，年轻的胡适在北大讲坛站稳了脚跟。后来胡适感慨地说："我这个二十几岁的留学生，在北京大学教书，面对着一班思想成熟的学生，没有引起风波；过了十几年以后才晓得孟真暗地里做了我的保护人。"

（四）记忆力和理解力都很强

傅斯年逝世后，胡适在致傅斯年夫人俞大彩的唁函中说过这样一段话：

"孟真的天才，是朋友之中最杰出的，他的记忆力最强，而不妨害他的判断力之过人，他能做第一流的学术研究，同时又最能办事……我每想起国内领袖人才的缺乏，想起世界人才的缺乏，不能不想起孟真的胆大心细，能做领袖……"

大约两年后，胡适在《〈傅孟真先生遗著〉序》中又说：

"孟真是人间一个最稀有的天才。他的记忆力最强，理解力也最强。他能做最细密的绣花针工夫，他又有最大胆的大刀阔斧本领。他是最能做学问的学人，同时他又是最能办事、最有组织才干的天生领袖人物。他的情感最有热力，往往带有爆炸性的；同时他又是最温柔、最富于理智、最有条理的一个可爱可亲的人。这都是人世间最难得合并在一个人身上的才性，而我们的孟真确能一身兼有这些最难兼有的品性与才能。

"孟真离开我们已两年了，但我们在这部遗集里还可以深深地感觉到他的才气纵横，感觉到他的心思细密；感觉到他骂人的火气，也感觉到他爱朋友，了解朋友，鼓励朋友的亲切……"

（五）善于组织领导教育科研事业

傅斯年是一位杰出的教育家，北京大学和台湾大学的重要领导人。他只活了55岁，在短暂的一生中，从进入北大读书开始，就一直没有离开过大学，先后出任中山大学、北京大学、西南联大教授，北大代理校长和台湾大学校长。他有很强的行政能力，对北大来说，他只出任代理校长一年（1945年8月—1946年8月），但是从1929年开始，直至1948年间，除很短时间外，一直兼任该校（包括西南联大）教授，实际上做了很多校务工作，以至于罗家伦和他开玩笑，说蔡元培、胡适是北大的功臣，而他们是"功狗"。傅斯年教育生涯的顶峰则是把一个颇为混乱的台湾大学整顿、引导进入正轨。有学者说："台大校史上，孟真（傅斯年）先生虽非创校校长，但在常规及制度之设立上，恐无人能出其右。"

他的教育思想的核心一是维护学术自由、教育特别是大学独立；二是大学工作必须以学术为中心。这本来是办大学的常识，但在国民党的专制统治下，维护这些原则是非常艰难的。1949年国民党败退台湾后，变本加厉践踏大学独立和学术自由的制度，肆意逮捕师生。他挺身而出，不准军警随意入校捕人。国民党政府下令实行联保制度，一人因政治思想"不纯正"被判罪，其他人要连坐。面对这样极端反动摧残思想和学术自由的制度，傅斯年愤慨地对国民党当局声明，台大师生由他一人担保，发生问题，他负全部责任；从而迫使这个反动制度在台大无法推行。

傅斯年创办了中央研究院历史语言研究所，在中国近代学术史上占有重要地位。他担任历史语言所所长23年，提出"上穷碧落下黄泉，动手动脚找东西"的学术宗旨，培养了大批历史、语言、考古、人类学等专门人才。史语所分为历史、语言、考古和人类学四个组，很快选定了研究课题。他组织了第一次有计划、有组织的殷墟甲骨发掘，其后先后发掘15次，大大推动了中国考古学的发展和商代历史的研究。出版学术著作70余种，在经费、设备、制度等方面都为历史语言所的发展做出了重要贡献。

中央研究院历史语言研究所是傅斯年一手创办的，下辖四个组：历史、考古、语言、人类学。他长期任所长，主编《历史语言研究所集刊》。期间，他希望将历史语言研究所办成一个有科学性而能在国际间的学术界站得住的研究所。这对中国古代史料学及新考据学的发展起了巨大的推动作用。

傅斯年规定历史语言方面的研究方向是："扩充材料，扩充工具，以工具之施用，成材料之整理，乃得问题之解决；并因问题之解决，引出新问题，更要求材料与工具之扩张，如是扩张，乃向科学成就之路。"

历史组把整理清内阁大库档案、汉简及敦煌材料作为重点研究的范围。由于陈寅恪仍在北大、清华讲课，历史组事务多由傅斯年包办。他组织了"历史语言研究所明清史料编刊会"。

他在《明清史料发刊例言》中为明清代内阁大库档案整理制定了几项基本原则，并提出了具体要求。傅斯年主持《明实录》整理校勘、清代所藏内阁大库及军机处档案的整理，费资不少，便利了学者的使用。明清代内阁大库档案的抢救与整理使明清史研究有了突破，为当时历史学界的一件大事。他对之寄以很高的期望，但在整理的过程中傅斯年却有一些失望。一次他在北海静心斋对李济说："没有什么重要的发现。"李济却问："什么叫重要发现？难道说先生希望在这批档案内找出满清没有入关的证据吗？"傅听了大笑。

傅斯年极力提倡科学的田野考古，以取代传统的金石学。他派董作宾到安阳做考古调查。1928年10月开始进行试探性发掘。1929年3月，在李济、董作宾领导下，殷墟的规模考古发掘全面展开。在发掘活动受阻后，傅斯年于11月抵开封，利用公私晤谈、学术讲演等多种形式，宣传现代考古学知识，说明考古发掘旨在促进中国考古学、历史学的发展。傅斯年在河南活动月余，总算把事情解决。李济后来说："这件事若不是傅先生办，别人也办不下来，而安阳的田野考古也就做不下去。"

傅斯年聘请具有现代科学知识的语言、语音学家，用科学的工具、实验的方法研究中国语言学。语言学组曾对14个省区的方言进行调查，并建立语音实验室，用科学的方法对各种方言进行分析。中国现代语言学的崛起，傅斯年的领导、规划之功不可没。

人类学组成立较晚，遵照傅斯年提出的使用直接材料、搜求新材料的原则，人类学组的学者对边疆少数民族的体质、文物、风俗、制度等进行了调查。从1928年起，他们先后调查了广西的瑶族、湖南的苗族、松花江下游的赫哲族、浙江的畲族、云南的傣族，以及贵州、四川、台湾的少数民族及古代的羌、戎等民族；并对安阳出土的殷周时期人体骨骼进行了研究。

（六）参政而不从政

傅斯年积极主张抗日，提出"书生何以报国"的命题要大家讨论，并联合方壮猷、徐中舒、蒋廷黻一起编写《东北史纲》，用大量原始记载和各种史料，证明东北一直是中国的领土。1935年，他的儿子出生，取名仁轨，乃因纪念唐代在朝鲜打胜日军的大将刘仁轨，由此可见傅斯年的强烈民族意识。

抗日战争爆发，国难当头，国民政府先后成立国防参议会（1937年9月—1938年7月）和国民参政会（1938年7月—1948年3月），作为朝野各方咨询性的参政、议政机构。傅斯年先后被聘请为参议员和参政员。他不愿像御用文人那样讲"好听的空话"，一再猛烈抨击腐败官员。

1942年国民党政府利用美国贷予的5亿美元，提取1亿美元为准备金，发行"同盟胜利美金储蓄券"，规定按20元购买1美元储蓄券，抗战胜利后凭券兑换美元。当时美元的黑市价已经是110元兑1美元，孔祥熙一面下令停止出售美元储蓄券，一面则由其部属出面，利用职权将尚未售出的350万美元储蓄券按官价购进，归入他的私囊；还有799.5万美元的储蓄券则由中央银行其他人员购进私分。

1943年，当国民参政会参政员傅斯年提出质询，监察院院长也提出弹劾时，蒋介石竟一面利用新闻检查制度封锁新闻，一面通过他的侍从室拿走全部材料。蒋介石派遣侍从室主任陈布雷说服傅斯年，以国家利益为借口，力图把丑闻隐瞒下来，说一旦公开腐败案，日后恐再难得到美国的支持。蒋介石还请傅斯年吃饭，极力拉拢，冀图让傅斯年相信，他会认真处理此案。蒋的真实意图是不了了之。此事一拖再拖，经过傅斯年等人反复抗争，直至1945年，才迫使孔祥熙下台。

接替孔祥熙出任行政院长的宋子文同样是个大贪官。傅斯年在1947年1月3日出版的《观察》杂志上发表题为《论豪门资本之必须铲除》的文章，尖锐地指出："今天的官僚资本当然推孔宋两家"，"古人说'化家为国'，现在是'化国为家'。""他（宋子文）的作风是极其蛮横，把天下人分为二类，非奴才即敌人。"在如此猛烈的大炮轰鸣声中，蒋介石立即在1月15日又一次请傅斯年吃饭。傅斯年毫不客气地对蒋介石说："宋与国人全体为敌，此为政治主要僵局之一。"接着又在2月15日的《世纪评论》上发表题为《这个样子的宋子文非走不可》的文章，各地报刊立即纷纷转载，轰动全国。在列举宋子文的各种胡作非为后，他说："我真愤慨极了，一如当年我在参政会要与孔祥熙在法院见面一样，国家吃不消他（宋子文）了，人民吃不消他了，他真该走了，不走一切垮了。当然有人欢迎他或孔祥熙在位，以便政府快垮。'我们是救火的人，不是趁火打劫的人'，我们要求他快走。"在强大的舆论压力下，宋子文只好黯然下台！

（七）脾气暴躁，言行偏激

早期傅斯年常有偏激的言行："一曰提倡'全盘欧化'，对西方文化崇拜得过了头，二曰对中国传统文化否定过了头。但傅先生当时正是一名年轻气盛的大学生，有比较大的偏激情绪，并不为怪。成熟后，很多观点便修改了。"（袁良骏：《不必为贤者傅斯年先生讳！》，载《中华读书报》2001年4月28日）

有一次开会讨论中医问题，傅斯年反对孔庚的议案，两个人激烈辩论，孔庚当然辩不过傅斯年，于是在座位上开始辱骂傅斯年，说了许多的粗话，傅斯年气得说："你侮辱我，会散之后我要和你决斗。"等到会散之后，傅斯年真的拦在门口要和孔庚决斗，可是他一见孔庚七十几的年纪，身体又非常瘦弱，傅斯年立刻将双手垂了下来说："你这样老，这样瘦，不和你决斗了，让你骂了罢！"

人们通常认为，傅斯年性格刚烈，近于古代狷介之士，不太通人情世故，与他共事或交友要格外小心，说不准何时就会让别人尴尬甚至难堪。

（八）刚烈果敢，疾恶如仇

恨他之极的周作人却认为傅斯年不过是外强中干，"又怕人家看出他懦怯卑劣的心事，表面上故意相反的显示得大胆，动不动就叫嚣，人家叫他傅大炮，这正中了他的诡计。"其中主要原因是1945年日本投降后，西南联大解散并迁回平津，傅斯年出任北大代理校长，欲替胡适回国主持校务扫清障碍，严格执行他所说的"北大决不录用伪北大的教职员"，认定"汉、贼不两立"，而周作人恰在此列。

在这方面的确有过一些经典故事，最轰动的是抗战胜利后，出任北大代理校长的傅斯年拒收伪教员，拍案大骂"文化汉奸"，一时成为学界热点新闻。

日本投降后，百废待兴，文化教育事业也不例外，作为最高学府的北京大学当然是教育复兴的重中之重。傅斯年的朋友、时任国民政府教育部长的朱家骅想请傅斯年出任北京大学校长，并强调此次任命不仅是教育部，也是蒋介石的旨意。然而在傅斯年心目中，北大校长的最佳人选应该非远在美国的胡适（胡适抗战中曾任中国驻美大使）莫属，遂上书蒋介石，除陈述自己"赋质愚憨，自知不能负荷世务"以及身体状况"逐年迫切，医生告诫，谓如再不听，必生事故"外，力主由胡适出任北大校长。蒋介石表示认可，但因胡适还在美国，傅斯年答应其归国之前的北大校务由自己暂为代理。

傅斯年之所以愿意出任北大代理校长，除政府方面盛意难却，还有一个原因，即他决心替亦师亦友的胡适出任校长扫清障碍。其中最大的一个难题，就是新北大对沦陷时期北大伪教员如何处置问题殊感棘手。抗战期间北京沦落敌手，北大等高校迁移到大后方，一些教职员由于各种原因未能南迁而在伪校任教，现在抗战胜利，对这些教职员如何处理，不仅事关民族大义，也牵涉到纷繁的人事关系。傅斯年深知，以胡适温和的性格，对这批出任伪教员的学界旧知不可能完全不顾情面。基于此，傅斯年对朋友说，为了不让胡先生以后为难，那现在只有让他自己来当"恶人"了。他宣布就任北大代理校长后，立即于报刊发表声明："为保持北京大学的纯洁，坚决不录用伪北京大学的教职员，但学生经过甄别和补习，可以接受。"1945年11月中旬，傅斯年到达北平，北大方面派员到机场迎接。傅走下飞机的第一句话就问来人与伪北大教员有无交往，那人回答说仅限一些必要的场合。傅闻听大怒道："汉贼不两立，连握手都不应该。"当场表示对伪校教职员坚决不予录用，不但不请他们任教，还要请司法部门将劣迹昭彰者捉拿归案，严加惩处。面对特地前来为伪教员说情的人，傅斯年说：如果这些人不受谴责，那么就太对不起那些跋山涉水到重庆和昆明的教授和学生了，他们为了民族大义抛家别子去了大后方，吃不上喝不上的，容易吗？一席话让说情者尴尬至极。

傅斯年的雷霆万钧震动了知识界。当时这批伪教员中不乏名人，不少是傅斯年的老朋友，有的甚至是其就读北大时的师长，如周作人、著名翻译家钱稻孙、著名古文字学家容庚等。论私谊，傅氏和他们关系都不错，像容庚，当年傅斯年筹备史语所时，请求礼聘的23名特约研究员中容庚名列第11位，可见傅氏对容庚学问的看重。但私情归私情，公义归公义，在原则问题上，傅斯年拒绝任何通融。这批教员当然不甘心就此退出北大，利用自己的名望和能量四处活动，要求校方收回成命。容庚还在报纸上公开发表了致傅斯年的"万言书"，为自己辩护："沦陷区之人民，势不能尽室以内迁；政府军队，仓皇撤退，亦未与人民以内迁之机会……我有子女，待教于人；人有子女，亦待教于我。则出而任教，余之责也。策日寇之必败，鼓励学生以最后胜利终属于我者，亦余之责也。"但傅斯年毫不妥协，又以答记者问的形式再次声明：专科以上学校必须要在礼义廉耻四字上做一个不折不扣的榜样，给学生们、下一代的青年们看看！北大有绝对自由，不聘请任何伪校伪组织之人任教。他还表示，不录用伪教员，不仅是他个人，也是原校长蒋梦麟、即将回国的新校长胡适的意见，无论现在将来，北大都不容伪校伪组织的人插足其间。当记者提到沦陷区的学生时，傅慨然说道："青年何辜，现在二十岁的大学生，抗战爆发时还不过是十二岁的孩子，我是主张善为待之，予以就学便利。"他在会上慷慨陈词，一定要尽一切办法"让北大保持一个干干净净的身子，正是非，辨忠奸"，强调"这个话就是打死我我也是要说的"。

容庚的万言书没有收到效果，于是又找傅斯年当面理论，哪知傅氏一见他，拍案而起，指着其鼻子大骂："你这个民族败类，无耻汉奸，快滚，快滚，不用见我！"当场命人将容氏架了出去。次日新闻媒体登载此事，大字标题赫然是"傅孟真拍案大骂文化汉奸，声震屋瓦"。

（九）心胸坦率、性情中人

这是他最惹人喜爱的地方。许多人多以他好发脾气，说话直率而呼之曰"大炮"，这在知识分子中应是难得一见的。他能甩掉一些知识分子唯唯诺诺、明哲保身的习气，努力摆脱在社会上的从属地位，而我行我素地走自己的路，说自己的话。

抗战时期，他不满意国民党政府四大家族中的孔、宋二家，激烈抨击孔祥熙，并写出《这个样子的宋子文非走开不可》的时论文章，一时广泛流传，终于迫使宋子文的辞职。

试问知识分子中究有多少能有此壮举？他对后学热情关注，有时甚至会爱之深，责之切。我有位老友、已故的元史专家杨志玖教授曾对我谈过傅先生和他之间的一段逸事。傅先生很钟爱杨志玖这个学生，有意送他出国深造，并为之做好准备，但杨先生以自己年龄偏大，准备结婚而婉谢了，傅先生为此斥之为"没出息"。杨先生一直对此事既遗憾，又感恩。

这种真率性格，可能会得罪一些人，但却是知识分子中少有的可爱性格。

傅斯年经历对个性的影响

傅斯年，1896年3月26日生于山东省聊城，祖籍江西永丰。家学渊源，自幼熟读经史。

1909年考入天津府立中学堂。1913年考入北京大学预科，1916年升入本科国文门，曾著《文学革新申义》响应胡适的《文学改良刍议》，提倡白话文。1918年与同学罗家伦、毛准等组织新潮社，编辑《新潮》月刊。

德才兼备的高教带头人

新文化运动时期，他叱咤风云，宣传科学和民主思想。1919 年，他作为"五四"运动的学生领袖之一，参加了这场反帝反专制的学生运动，被誉为为"五四"运动的干将。

1919 年底赴欧洲留学，先入英国爱丁堡大学，后转入伦敦大学，研究实验心理学、物理、化学和高等数学。1923 年入柏林大学哲学院，学习比较语言学等。他怀着科学救国的愿望，留学英德 7 年，广泛涉猎哲学、历史学、政治学、物理学、化学、数学、地质学等学科。

1926 年 10 月，傅斯年应中山大学之聘担任教授、文科学长，兼任中国文学和史学两系主任，同年在中山大学创立语言历史研究所，任所长。

1928 年受蔡元培先生之聘，积极筹划并负责创建了著名的中央研究院历史语言研究所，任专职研究员兼所长。后任中央研究院总干事。

1929 年兼任北京大学教授，讲授"中国上古史专题研究"及"中国古代文学史"。其间先后兼任社会科学研究所所长，中央博物院筹备主任，国民参政会参政员，中央研究院总干事，政治协商会议委员，北京大学代理校长等职。

作为史学家，他曾长期主持中央研究院历史语言研究所的工作，为抢救和保护祖国传统文化遗产，做出了积极的贡献。作为教育家，他对当时中国的教育宗旨、教育内容、教育方式和教育制度都进行了积极改革和实践，作为高等教育的带头人，使北大、台大等教育机构各项工作突飞猛进，硕果累累。

忧国忧民、参政议政

作为社会活动家，他忧国忧民，积极参政议政，投身到抗日救国的社会洪流之中。他坦荡正直，嫉恶如仇，不畏权势，写出了大量掷地有声的政论文章，抨击孔祥熙、宋子文等人的腐败行为，在当时产生了强烈的影响。

1944年，傅斯年在参政会上向行政院院长孔祥熙发难，揭发孔贪污舞弊，骂他是皇亲国戚。事后蒋介石亲自请他吃饭。蒋介石问："你信任我吗？"傅斯年答："我绝对信任。"蒋介石说："你既然信任我，那么就应该信任我所任用的人。"傅斯年立刻说："委员长我是信任的，至于说因为信任你也就该信任你所任用的人，那么，砍掉我的脑袋我也不能这样说。"抗战胜利前夕，他以国民党参政员身份访问延安，为国共合作进行斡旋，更是他社会活动中的一件大事，人生的一个亮点。

1945—1946年，傅斯年50岁出任北京大学代理校长，坚持反对任用过去曾在汪精卫政权担任教授的人。

1947年2月15日和2月22日分别发表了两篇文章：《这样的宋子文非走开不可》和《宋子文的失败》，痛批当时行政院长宋子文："自抗战以后，所有发国难财者，究竟是哪些人？照客观观察，套购外汇和黄金最多的人，即发财最多的人。"硬是把宋子文逼下台。

1949年国民政府迁台湾后，他又被任命为国立台湾大学校长，受命于危乱之际，他积极"替台大脱胎换骨"。据说，傅斯年常去找蒋中正要钱，他每去一次阳明山，必定是"满载而归"，他是敢在蒋中正面前很从容地跷起二郎腿，抽着烟斗的人。胡适是蒋的"诤友"。

1949年台大发生"四六事件"，爆发军队闯入校园，傅斯年对当局不经法律程序径行进入台大校园内逮捕师生高度不满，亲自找国民党最高当局交涉，要求逮捕台大师生必须经过校长批准。他甚至向当时警备总司令部官员彭孟缉警告："若有学生流血，我要跟你拼命！"

1950年12月20日上午，傅斯年在台湾省议会答复教育行政的咨询时过度激动，因脑溢血而瘁逝，享年54岁。当时有郭大炮（郭国基）骂死傅大炮的说法。傅斯年逝世后葬于台湾大学校园，校内设有希腊式纪念亭傅园及"傅钟"；其中，傅钟启用后成为台大的象征，每节上下课会钟响二十一声，因傅斯年曾说过："一天只有二十一小时，剩下三小时是用来沉思的。"

傅斯年的知识结构

家学渊源，自幼熟读经史。国学功底非常深厚。

1909 年考入天津府立中学堂。1913 年考入北京大学预科，1916 年升入本科国文门。

1919 年底赴欧洲留学，先入英国爱丁堡大学，后转入伦敦大学，研究实验心理学。1923 年入柏林大学哲学院，学习比较语言学等。

留学英德 7 年，广泛涉猎哲学、历史学、政治学、物理学、化学、数学、地质学等学科。

回国后，他一直在学术和教育机构担任要职，由于学识渊博，学贯中西，他在历史学、语言学、考古学及学校教育等领域均成果非凡。

傅斯年领袖型的 16 种个性特质

用因素分析法，可以得出傅斯年的 16 种个性根源特质的测试结果：

乐群性（＋）、聪慧性（＋）、稳定性（＋）、恃强性（＋）、兴奋性（－ ＋）、有恒性（＋）、敢为性（＋）、敏感性（＋）、怀疑性（－ ＋）、幻想性（－）、世故性（＋ －）、忧虑性（－）、求新性（＋）、独立性（＋）、自律性（＋）、紧张性（＋）。

傅斯年善于交际、赤诚、乐群，他不惯孤独、喜欢热闹；他聪明、富有才识、抽象思考能力强；他情绪并不稳定、易冲动；他好胜心强、武断，好斗，缺乏温情、不谦逊、不随和；他热情、但又沉静、审慎；他自觉、负责任、讲道德、不敷衍、遵守规则；他胆大心细、敢作敢当、但不冒险、不退缩、不犹豫畏却；他敏感、但不抱幻想、不感情用事，而是着重实际、理智、能自我克制；他警觉、但决不刚愎自用，他善于接受、容纳别人的正确意见；他不狂放，而是现实、脚踏实地、合乎常规；他老练、世故、精明能干，但又坦率、朴实、天真；他自信、安详、沉着、满足；他求新、思想自由、爱批评、不守旧；他自立、当机立断、自有主张，不随大流；他严于待己、但任性、不松懈、重视细节；他一般很少紧迫感、不困扰、无拘束、镇定、放松自如。

傅斯年的个性因素（特质），可以概括为下表——

傅斯年的实干型个性因素表

A. 乐群性　　　　（＋）外向、爱社交——内向、不善交际（－）

B. 聪慧性　　　　（＋）聪明、理智——迟钝、欠理智（－）

C.（情绪）稳定性（＋）沉着、情绪稳定——易激怒、情绪不稳（－）

E. 恃强性　　　　（＋）争强好胜——温顺、随和（－）

F. 兴奋性　　　　（＋）活泼、热情洋溢——严肃、冷静（－）

G. 有恒性　　　　（＋）道德观念强——玩世不恭、漠视规则（－）

H. 敢为性　　　　（＋）胆大、冒险——退缩、犹豫（－）

I. 敏感性　　　　（＋）感觉敏锐——不敏感（－）

L. 怀疑性　　　　（＋）怀疑、警觉——轻信、麻痹（－）

M. 幻想性　　　　（－）富于幻想、心不在焉——现实、脚踏实地（＋）

N. 世故性　　　　（＋－）世故、老练——坦率、朴实（＋）

O. 忧虑性　　　　（－）忧虑、不安——无忧无虑、满足（－）

Q1. 求新性　　　　（＋）求新、思想自由——守旧、保守传统（－）

Q2. 独立性　　　　（＋－）独立自主、有主见——服从、依赖群体（－）

Q3. 自律性　　　　（＋）自律、受约束——任性、无拘束（＋－）

Q4. 紧张性　　　　（－）紧张、紧迫感——放松、镇定（＋）

五因素模型检测傅斯年的人格结构

（E）倾向性（＋）

（A）随和性（－）

（C）认真性（+）
（N）情绪性（-+）
（O）开放性（+）

第九型：和谐者朱自清（1898—1948）

朱自清在50年生涯中，教了整整30年的书；他是恪守传统道德的自由主义知识分子，又是追随进步潮流的稳健派。他在民主运动中与闻一多齐名，但是两人性格迥异。闻一多如火山，朱自清如清泉。他对事业的忠心耿耿，对友谊的真挚热忱，对学生的关怀备至，博得周围所有人们的尊重和敬爱。

朱自清的个性属于平和型，稳健踏实、和而不同，是平稳的和谐者。

他内向、明智，做事反复考虑。随和，善解人意。他胸襟开阔、情绪稳定、心平气和、从容地面对生活。豁达，自在，朴实无华。冷静沉着，内心感觉充实。

他非常有耐心、温和、谦逊。他内在有一颗纯真的心，是大好人，达观、可靠、仁慈。让人感到非常舒服，似乎有种稳定或治疗的力量。

他是很好的调停者、安慰者、支持者。他高贵、安详、宁静，这来自于他对自己状况的安之若素。

朱自清很乐意理解别人，有时却并不太清楚自己究竟想要什么，会显得优柔寡断。相对地说，主见比较少，时常有意无意地配合别人的安排，做一个很好的支持者，往往比较被动。

他善于接纳并相信他人。既自在又与别人形成深厚的关系，因为自己能够跟他们融合。

朱自清是个外圆内方的人，待人随和，不愿拂人面子。他留心自己也留心别人。他能让人群合聚、和谐。他能与团队走在一起，尽力而为，勉励自己成为团队的一部分。

朱自清给人们的平和印象

朱自清（1898.11.22—1948.8.12）一辈子从事教育工作，他是"好好先生"的典范。

郑振铎说：在朋友们中，佩弦（朱自清）的身体算是很结实的。矮矮的个子，方而微圆的脸，不怎么肥胖，但也决不瘦。一眼望过去，便是结结实实的一位学者。说话的声音，徐缓而有力。不多说废话，从不开玩笑，纯然是忠厚而笃实的君子。写信也往往是寥寥的几句，意尽而止。但遇到讨论什么问题的时候，却滔滔不绝。他的文章，也是那么的不蔓不枝，恰到好处，增加不了一句，也删节不掉一句。

他做什么事都负责到底。他的《背影》，就可作为他自己的一个描写。他的家庭负担不轻，但他全力的负担着，不叹一句苦。

他的主张，向来是老成持重的。（郑振铎：《哭佩弦》原载 1948 年 9 月 15 日《文讯》第 9 卷第 3 期；录自《朱自清研究资料》）

他讲课完毕，往往满头是汗，连擦不止。看他的神色，如果表现出舒适愉快，这一课是教得满意了，如果有点儿紧张，眉头皱紧，就可以知道他这一课教得不怎么惬意。（叶圣陶：《朱佩弦先生》）

他做事情的节拍和说话一样都是慢吞吞地，唯恐与别人发生冲突。

在 30 年代，腼腆的朱自清教授竟然曾受到年青同学们无意中的捉弄，传为笑谈：清华大学的礼堂前有高高的台阶，平日上课前或休息时间，学生们喜欢成群地一层层坐在台阶上。每逢有人从台阶下路过，这些学生就把过路人捉弄一番，齐声喊"一二一"的行操口令。过路的人开始没有发觉，但脚底下不由自主地合上口令的节拍走路。那情形是很滑稽的，被捉弄的路人自然也就十分狼狈。有一次，一个身材短小、面目清秀的年轻人，臂下夹着一本书，低着头匆匆走路。他的脚步慢慢合上节拍,引来台阶上一片哄笑。这人被捉弄,却连头也没敢抬,红着脸一声不响地逃掉了。学生们后来才知道,这个被他们捉弄的人竟然就是鼎鼎大名的朱自清!

朱自清是一位温和的知识分子,他在40年代那一群自由主义知识分子中是一个能被许多人接受的,他在清华和西南联大做了许多年的中文系主任(陈注:1932—1948,共16年),是一个能办具体事的人,也愿意为人服务。在政治上,他也不是完全向左靠,他是一个有独立思想的人,他在政治上,并不像人们后来说的那样。在一定意义上,他和陈寅恪是一样的,对政治有自己的看法,但更看重自己的学术。(谢泳:《读朱自清日记的笔记》)

抗战胜利后,1946年朱自清给人们的印象,是憔悴的病容——

朱先生和我先后到北平,这是三十五年的秋天。我是从上海来,在师大教书,他是从重庆来,仍回到清华。我见了他,却又有些黯然了。他分外地憔悴,身体已经没有从前这么挺拔,眼睛见风就流泪,他随时用手巾拂拭着,发着红。(李长之:《杂忆佩弦先生》,原载1948年《文讯》第9卷第3期;录自《朱自清研究资料》北京师范大学出版社)

朱自清的平和型个性特点

朱自清的平和型个性具体表现在:

(一)随和而不马虎,外圆而内方;

(二)待人接物极诚恳,耿直,信实;

(三)努力求知,治学谨严;

(四)授业育人,忠于职守;

(五)文如其人,质朴至诚

(六)爱自由,反感一党专制。

下面根据历史资料和已经发表的回忆录、访谈录,摘引一些实例,加以论证。

（一）随和而不马虎，外圆而内方

同事李长之回忆：朱先生谦逊，客气，而且小心。他对于一般人的称呼，都是"先生"。先生的稿件往往有着涂改，这涂改之中有着一个共同点，就是把口气改得和缓些。在他的文字里，很少有"绝对"，"万分"，"偶然"，"必定"的字样。就是有，也往往改成轻淡一些的了。这一点儿也不错。在待人接物上，我们很少见到他疾言厉声，或者拒人于千里之外。我们也很少在他身上发现热狂，朱先生的性格和他的名字实在有着巧合——清！

可是他并非马虎。他的字从来不苟，一笔一画。他对什么事的看法，也非常坚定，而有一个一定的界线，——当然是稳健的。他写文字很审慎而推敲。（李长之：《杂忆佩弦先生》，原载1948年《文讯》第9卷第3期；录自《朱自清研究资料》北京师范大学出版社）

他的性格真应了老话：和而介，外圆而内方。这"内方"之德在朋友的立场看来，特别重要。他虚怀接受异己的意见，更乐于成人之美，但非有深知灼见的决不苟同，在几个熟朋友间尤为（显著）鲜有。（俞平伯：《诤友》，原载1948年9月5日《中建》半月刊第3卷第7期）

朱自清是待人随和，不愿拂人面子。

但在很多时候，表面上并不透露他自己的真实想法。早年日记里有一条很有意思的记载：一个他很不喜欢的人向他借钱，他借后，在日记中大骂那人是"下流坏（胚）"。按照一般分析，你不喜欢他，不借就是了，可朱自清不愿如此，借了又不甘心，于是转而向日记发牢骚。这种似乎有悖常理的做法，非常典型地代表了朱自清的性格。他后来成为知名学者后也是如此，经常有学生请他讲演，并且题目都给拟好了，朱自清不高兴，但几乎每次还是去了。

他那不苟的作风，一如往昔。他不苟，可是并非不圆通。（李长之：《杂忆佩弦先生》，原载1948年《文讯》第9卷第3期；录自《朱自清研究资料》北京师范大学出版社）

（二）待人接物极耿直、恳切、信实

朱自清出身于清贫之家，生活不稳定。从小发奋苦读求上进。考取北京大学以后，四年的本科用三年就读完了，毕业后长期教书，年纪轻轻，家庭经济负担便很重，而造成了他老成持重的性格。

俞平伯感叹说：我们在哪里去找那样耿直的朋友，信实的朋友，见多识广的朋友呢？佩弦于我洵无愧矣。（俞平伯：《诤友》，原载1948年9月5日《中建》半月刊第3卷第7期）

论做事，朱自清是个十分忠恳的人。每得到一项任务，他总是竭尽全力，争取一丝不苟完成。

佩弦先生是谨慎小心的人，他没有一般文人的嗜好，也没有一般文人的脾气，他的生活总是那样按部就班，脚踏实地，像钟表那样稳健而有秩序。（李长之：《杂忆佩弦先生》，原载1948年《文讯》第9卷第3期；录自《朱自清研究资料》北京师范大学出版社）

他待人接物极诚恳，与他做朋友的没有不爱他，分别时深切地相思，会面时亲密地晤叙，不必细说。他在中学任教的时候就与学生亲近，并不是为了什么作用去拉拢学生，是他的教学和态度使学生自然乐意亲近他，与他谈话和玩儿。可是他决不是到处随和的好好先生，他督责功课是严的，没有理由的要求是决不答应的，当过他的学生的都可以作证明。学生对于好好先生当然不至于有什么恶感，可也不会有太多的好感，尤其不会由敬而生爱。像朱先生那样的教师，实践了古人所说的"教学相长"，有亲切的友谊，又有坚强的责任感，这才自然而成为学生敬爱的对象。（叶圣陶：《朱佩弦先生》）

朱自清，是恂恂儒雅一君子，勤勉谨慎，这从他的文字中多有透露。然而他又是真君子，"重然诺"。一件事，只要承担下来，就同样奋身不顾。不管多大困难，仔细的，耐烦的，不计较个人得失的——完成它。

（三）努力求知，治学谨严

"蓄道德，能文章"，贯彻始终以至于没世，则遗文具在，当为天下后世见闻之公之实。

具有努力求知的精神，语意深重而风趣甚佳。（见《中建》半月刊三卷五期，1948年）

闻一多、朱自清回忆的文字看去，在性情上，他们之间有很大不同，在治学态度上，两人却有着一致的谨严。朱自清不像闻一多一般专精，可研读专业相近，当然有常常讨教借重的机会。

佩弦不必以多闻自居，而毕生在努力去扩展他的知识和趣味。（俞平伯：《诤友》，原载1948年9月5日《中建》半月刊第3卷第7期）

他是个不断求知不惮请教的人。到一处地方，无论风俗人情，事态物理，都像孔子入了太庙似的"每事问"，有时使旁边的人觉得他问得有点儿土气，不漂亮。可是朱自清先生教育青年们，也随时受青年们的教育。单就他对于新体诗的今后的方向，是受着一班青年诗人的教育的，他的那些论诗的文字就是证据。（叶圣陶：《朱佩弦先生》）

从朱自清的日记中我们可以看出，30年代初从清华开始直到1948年陈寅恪离开北平，他们之间的来往一直很多，而且所谈多是学问方面的事。朱自清虽然和陈寅恪的专业不同，但他也是一个在学问方面涉猎很广的人，趣味是多方面的。他非常了解陈寅恪在学术界的地位，对他表示出十分的尊敬。

在一定意义上，他和陈寅恪是一样的，对政治有自己的看法，但更看重自己的学术。（谢泳：《读朱自清日记的笔记》）

（四）授业育人，忠于职守

他教了三十多年的书，在南方各地教，在北平教；在中学里教，在大学里教。他从来不肯马马虎虎地教过去。每上一堂课，在他是一件大事。尽管教得很熟的教材，但他在上课之前，还须仔细的预备着。一边走上课堂，一边还是十分的紧张。像这样负责的教员，恐怕是不多见的。他写文章时，也是以这样的态度来写。写得很慢，改了又改，决不肯草率的拿出去发表。他就是那么不肯马马虎虎地过下去！（郑振铎：《哭佩弦》原载

1948年9月15日《文讯》第9卷第3期；录自《朱自清研究资料》）

他是个尽职的胜任的国文教师和文学教师。教师有所谓"预备"的功夫，他是一向做这个功夫的。不论教材的难易深浅，授课以前总要揣摩，把必须给学生解释或提示的记下来。（叶圣陶：《朱佩弦先生》）

他是一个稳健而坚定有良心的教育家。（李长之：《杂忆佩弦先生》）

《经典常谈》（文光版）介绍我国四部的要籍，采用最新最可靠的结论，深入而浅出，对于古典教学极有用处。论国文教学的文字收入《国文教学》（开明版，与圣陶的同类文字合在一块儿）。又有《精读指导举隅》、《略读指导举隅》（商务版，与圣陶合作），这两本书类似"教案"，希望同行举一而反三。他编的东西有《新文学大系》中的诗选一册（良友版）。去世前的大工程是编辑《闻一多全集》（开明版）。1946年与吕叔湘先生和圣陶合编《开明高级国文读本》、《开明文言读本》，预订各编六册，编到第二册的半中间，他就与他的同伴分手了。（叶圣陶：《朱佩弦先生》）

（五）文如其人，质朴至诚

他作文，作诗，编书，都极其用心，下笔不怎么快，有点儿矜持。非自以为心安理得的意见决不乱写。不惮烦劳地翻检有关的资料。文稿发了出去，发见有些小节目要改动，乃至一个字还欠妥，总要特地写封信去，把它改了过来才满意。（叶圣陶：《朱佩弦先生》）

叶圣陶是他的同道和知己，在朱自清患病时说：近年来的文字越见得周密妥帖，可又极其平淡质朴，读下去真个像跟他面对面坐着，听他亲切的谈话。

他毕生尽力的不出国文跟文学，他在学校里教的也是这些。"思不出其位"，一点一滴地做去，直到他倒下，从这里可以见到一个完美的人格。（叶圣陶：《朱佩弦先生》）

朱自清散文感情的真挚更是有口皆碑。在淡淡的笔墨中，流露出一股深情，没有半点矫揉造作，而有动人心弦的力量……他强调"真，就是自然"，强调"修辞立其诚"，强调"宣传与写作都不能缺少……至诚的态度"。正是这种"至诚的态度"，使他把自己的真情实感，都倾注在字里行间。而这种从心灵深处流露出来的喜怒哀乐之情，平易、抒情、本色，更容易引起读者的共鸣。

郁达夫评价朱自清："他的散文，能够贮满一种诗意。"李广田评价："他的作品一开始就建立了一种纯正朴实的新鲜作风。"

（六）爱自由，反感一党专制

朱自清对政治不大发表意见，可说是温文尔雅，没有火气。抗战时期，昆明的许多政治活动，他虽然同情，但很少参加。朱自清的政治倾向，用他自己的话说来，就是一个"爱平静爱自由的个人主义者"。虽然承认现有的秩序，认为这种秩序是保持"平静"的要素，但也可能因现实的刺激而有时流露不满，并对秩序的反抗者部分地表示同情。当然，最重要的，他始终珍视个人的自由，对所有以各种名义挤压个人空间的企图敏感而充满警惕。

朱自清不入国民党。过去的大学里，教授对于党派活动一般是比较反感的，这种态度源自西方的大学理念，还不仅是对某一具体党派好坏的评价，而是从根本上反对在大学里进行党派活动，无论是什么样的党派活动，教授们都不赞成。王瑶在《念朱自清先生》一文中说："他平日并不过问政治，1942年昆明学生发生倒孔运动后，国民党大批拉拢大学教授入党，在1943年5月9日的日记中，曾记载闻一多先生和他商量一同加入国民党，因了他的拒绝，才没有加入。"那时朱自清对闻一多过于热衷政治是有看法的，他在日记中就说过，闻一多在政治方面花的时间和精力太多。（参照谢泳：《读朱自清日记的笔记》）

吴晗回忆说："自清先生是旧时代知识分子中的典型人物，他曾经是自由主义者，他不大喜欢参加政治活动，特别是比较激烈、斗争性较强的政治活动。但是，他具有正义感，"抗战胜利后，随着国民党日益腐败，镇压民主运动的倒行逆施，特别是1946年7月李公朴、闻一多的先后遇害，都

使他震动和悲愤。"他毕竟忍受不住了。他说话了,行动了……"(《关于朱自清不领美国救济粮》)

佩弦先生的稳健,没让他走到闻一多先生那样的道路,可是他的坚定,始终让他在大时代的队伍里没错了步伐;再加上他的虚心和认真,他肯向青年学习,所以他能够在青年的热情里前进着,并领导着。他憔悴,他病倒,他逝去了。可是他的精神没生过锈,没腐烂过,永远年青!(李长之:《杂忆佩弦先生》,原载1948年《文讯》第9卷第3期;录自《朱自清研究资料》北京师范大学出版社)

朱自清经历对个性的影响

朱自清,原名自华,字佩弦,号秋实,生于光绪二十四年十月初九(1898年11月22日),原籍浙江绍兴。因三代人定居扬州,自己又毕业于当时设在扬州的江苏第八中学高中,且在扬州做过教师,故自称"扬州人"。

家庭负担沉重,少年老成

遵父母之命,与武钟谦结婚。因为家贫的关系,他要尽快读完大学,当时的大学一般是四年,但他三年便读完了。他就读北京大学时,是新潮社的创社成员,1919年参与五四运动,亦曾参加平民教育演讲团。其间两名儿女出生。

1920年毕业,其后五、六年之间,在浙江省好几个中学当教师,也在吴淞中国公学中学部教过书。教过七所学校,生活不稳定,年纪轻轻,家庭负担便很重,而造成了他老成持重的性格。

1925年,即27岁时,在朋友介绍下,进清华学校(清华大学前身)教书。

1926年,"三·一八"惨案发生。清华教授朱自清也在游行队伍之列,当他看见众人纷纷逃避时,一个卫队已装完子弹!躲避之间,朱被人挤倒,此时已听到噼噼啪啪的枪声。朱在《执政府大屠杀记》一文中写道:"我生平是第一次听枪声,起初还以为是空枪呢。但一两分钟后,有鲜红的热血从上面滴到我的手背上、马褂上了,我立刻明白屠杀已在进行!"

"我真不中用,出了门口,一面走,一面只是喘息!后面有两个女学生,有一个我真佩服她;她还能微笑着对她的同伴说:'他们也是中国人哪!'这令我惭愧了!我想人处这种境地,若能从怕的心情转为兴奋的心情,才真是能救人的人。苦只一味的怕,'斯亦不足畏也已!'我呢,这回是由怕而归于木然,实是很可耻的!但我希望我的经验能使我的胆力逐渐增大!"朱自清很为自己"三·一八"当天的表现觉得可耻。

"三·一八"惨案发生后,警察总监李鸣钟自觉已无法收拾,匆匆赶到执政府,对段祺瑞说:"死了这么多人,叫我怎么办?"据说当时段正同吴清源下围棋,见李进屋,马上声色俱厉地说:"李鸣钟,你能维持北京的治安不能?你若不能,我便撤你,换你,枪毙你!"也有人说段祺瑞闻之详情长跪不起,后终生食斋。

朱自清说:"我们现在局中,不能如他(李鸣钟)的从容,我们也得问一问:'死了这么多人,我们该怎么办?'"

1929年11月26日,妻子武氏病逝。1931年在伦敦修读英国文学和语言学,次年回国。1932年8月4日与陈竹隐结婚。

八年抗战的艰难岁月

李长之回忆说:"在战前一般人的生活都好,清华又是好环境,教授们的家都相当安适。在我们每每当下午四五点钟去谈天的时候,不但畅所欲言,既不关时局,又不谈物价,更没有愁眉苦脸,而且吃着好茶,有时来一道甜食点心,像莲子羹一类等等的。我们在朱先生家里也不曾例外。"

"然而抗日战争把所有人的生活划了一道界线。

不到一年,长沙的临大改为联大,大家都又奔波到了昆明。因为初到时的生活的凌乱,我们失掉了从容坐下来谈话的心情。不久,我又因为可笑的文字祸而离开昆明,到了重庆。因为是抗战才开始,大家的生活秩序虽然受了影响,可是身心都没有大的变化。

最叫我惊讶的，却是我在二十九年二次到成都的时候，适逢朱先生休假，也在成都（朱太太是四川人），我去看他，他的头发像多了一层霜，简直是个老人了。没想几年的折磨，叫人变了样！有些老朋友，见了我，也说我苍老了，我还想辩护。可是看看朱先生，我连说他苍老也不敢了。——怕伤他的心！

他住的地方是成都东门外的一座古庙。我们也曾喝着他的好茶，可是心情完全不对了。他的工作依然紧张而有秩序。

中隔了两年，我仍回在沙坪坝中央大学教书。喜出望外的，是朱先生又恢复了往日的健康，头发上那一层霜也像揭走了，又是乌黑乌黑的了。他依然精神，仿佛和往日清华园的佩弦先生的面貌可以接续起来了。"（李长之：《杂忆佩弦先生》，原载1948年《文讯》第9卷第3期；录自《朱自清研究资料》北京师范大学出版社）

郑振铎回忆说：在抗战中，他从北平随了学校撤退到后方。他跟着学生徒步跑，跑到长沙，又跑到昆明。还照料着学校图书馆里搬出来的几千箱的书籍。这一次的长征，也许使他结结实实的身体开始受了伤。

在昆明联大的时候，他的生活很苦。他的夫人和孩子们都不能在身边，为了经济的拮据，只能让他们住在成都。听说，食米的恶劣，使他开始有了胃病。他是一位有名的衣履不周的教授之一。冬天，没有大衣，把马夫用的毡子裹在身上，就作为大衣；而在夜里，这一条毡子便又作为棉被用。

悲天悯人、自我牺牲

叶圣陶回忆抗战胜利以后（1946年）朱自清回到北平清华大学的生活状况：

"在北平，他还是过得很苦。他并没有松下一口气来。他的病拖了十五年左右。工作繁忙，处事又认真，经济不宽裕，又遇到八年的抗战，不能好好治疗，休养。去世，年五十一岁。"（叶圣陶：《朱佩弦先生》）

郑振铎回忆说：

佩弦虽然在胜利三年后去世，其实他是为抗战而牺牲者之一。那么结结实实的身体，如果不经过抗战的这一个阶段的至窘极苦的生活，他怎么会瘦弱了下去而死了呢？他的致死的病是胃溃疡与肾脏炎。积年的缺乏营养与过度的工作，使他一病便不起。尽管有许多人发了国难财，胜利财，乃至汉奸们也发了财而逍遥法外，许多瘦子都变成了肥头大脸的胖子，但像佩弦那样的文人、学者与教授，却只是天天的瘦下去，以至于病倒而死。就在胜利后，他们过的还是那么苦难的日子与可悲愤的生活。

在这个悲愤苦难的时代，连老成持重的佩弦，也会是充满了悲愤的。在报纸上，见到有佩弦签名的有意义的宣扬不少。他曾经对他的学生们说："给我以时间，我要慢慢地学。"他在走上一条新的路上来了。可惜的是，他正在走着，他的旧伤痕却使得他倒了下去。

他花了整整的一年工夫，编成《闻一多全集》。他既担任着这一个工作，他便勤勤恳恳的专心一志的负责到底地做着。《闻一多全集》的能够出版，他的力量是最大的；他所费的时间也最多。我们读到他的《闻一多全集》的序，对于他的"不负死友"的精神，该怎样的感动。（郑振铎：《哭佩弦》，原载1948年9月15日《文讯》第9卷第3期；录自北京师范大学出版社1981年8月版《朱自清研究资料》）

他"企图从现代的立场上来了解传统"，"所谓现代的立场，可以说就是'雅俗共赏'的立场，也可以说是重俗人或常人的立场，也可以说是近于人民的立场，"从这中间可以见到他日进不已的精神。

他毕生尽力的不出国文跟文学，他在学校里教的也是这些。"思不出其位"，一点一滴地做去，直到他倒下，从这里可以见到一个完美的人格。（叶圣陶：《朱佩弦先生》）

吴晗在《关于朱自清不领美国"救济粮"》一文中回忆："这时候，他的胃病已经很沉重了，只能吃很少的东西，多一点就要吐。面庞消瘦，说话声音低沉。他有大大小小七个孩子，日子比谁过得都困难。但是他一看了稿子，毫不迟疑，立刻签了名。他向来写字是规规矩矩的，这次，他还是用颤动的手，一笔不苟地签上他的名字。"（原载《人民日报》，1960年11月20日）

1948 年 8 月 12 日，朱自清病逝，离开他 50 周岁生日还有 100 天。

朱自清的知识结构

扬州中学毕业后，就读北京大学，1920 年毕业。
1925 年，27 岁时进清华学校（清华大学前身）教书。
1931 年在伦敦修读英国文学和语言学，次年回国。

朱自清的 16 种个性特质

用因素分析法，可以得出朱自清的 16 种个性根源特质的测试结果：

乐群性（－）、聪慧性（＋）、稳定性（＋）、恃强性（－）、兴奋性（－ ＋）、有恒性（＋）、敢为性（＋）、敏感性（－）、怀疑性（－ ＋）、幻想性（－）、世故性（＋ －）、忧虑性（－）、求新性（＋）、独立性（＋）、自律性（＋）、紧张性（－）。

朱自清不善交际，但是赤诚、乐群、惯孤独、不喜欢热闹；他聪明、富有才识、抽象思考能力强；他平时情绪稳定、态度温和、不易冲动；他好胜心强、但不武断，不好斗，而是温情、谦逊、随和；他热情、但又沉静、审慎；他自觉、负责任、讲道德、不敷衍、遵守规则；他胆大心细、敢作敢当、但不冒险，常犹豫畏却；他敏感、但不抱幻想、不感情用事，而是着重实际、理智、能自我克制；他警觉、但决不刚愎自用，他善于接受、容纳别人的正确意见；他不狂放，而是现实、脚踏实地、合乎常规；他老练、世故、精明能干，但又坦率、朴实、天真；他自信、安详、沉着、满足；他求新、思想自由、爱批评、不守旧；他自立，有时随大流；他严于待己、受约束、不任性、不松懈、重视细节；他一般很少紧迫感、不困扰，无拘束、镇定、放松自如。

朱自清的个性因素（特质），可以概括为下表——

朱自清的平和型个性因素表

A. 乐群性　　　　（−）外向、爱社交——内向、不善交际（ ）
B. 聪慧性　　　　（＋）聪明、理智——迟钝、欠理智（−）
C. 稳定性　　　　（＋）沉着、情绪稳定——易激怒、情绪不稳（−）
E. 恃强性　　　　（−）争强好胜——温顺、随和（＋）
F. 兴奋性　　　　（−）活泼、热情洋溢——严肃、冷静（＋）
G. 有恒性　　　　（　）道德观念强——玩世不恭、漠视规则（−）
H. 敢为性　　　　（−）胆大、冒险——退缩、犹豫（＋）
I. 敏感性　　　　（＋）感觉敏锐——不敏感（−）
L. 怀疑性　　　　（＋）怀疑、警觉——轻信、麻痹（−）
M. 幻想性　　　　（−）富于幻想、心不在焉——现实、脚踏实地（＋）
N. 世故性　　　　（−）世故、老练——坦率、朴实（＋）
O. 忧虑性　　　　（＋−）忧虑、不安——无忧无虑、满足（−）
Q1. 求新性　　　（＋）求新、思想自由——守旧、保守传统（−）
Q2. 独立性　　　（＋）独立自主、有主见——服从、依赖群体（−）
Q3. 自律性　　　（＋）自律、受约束——任性、无拘束（−）
Q4. 紧张性　　　（−）紧张、紧迫感——放松、镇定（＋）

五因素模型检测朱自清的人格结构

（E）倾向性（−）
（A）随和性（＋）
（C）认真性（＋）
（N）情绪性（−＋）
（O）开放性（＋）

第二辑

第一型：偏执型的求全者傅雷（1908—1966）

傅雷是一代翻译巨匠，杰出的文艺理论家和音乐、美术评论家。短促的一生翻译世界文学名著达三十余部，所译巴尔扎克及罗曼·罗兰的作品堪称信、达、雅的典范。傅雷在绘画、音乐、文学等方面，均显示出高超的艺术鉴赏力。傅雷还是一位教子有方的严父，培养了我国第一位获得国际盛誉的钢琴家傅聪，他写给儿子傅聪、傅敏的家书集——《傅雷家书》感动了数百万读者。"文化大革命"期间，傅雷先生与夫人以死抗争、自尽辞世，显示了独立而有良知的知识分子的人格尊严。

傅雷的个性，属于偏执型的求全者。

重原则，不妥协，黑白分明，对自己和别人均要求高，经常指责自己或周围的人，认为事情正确才是最重要的。上进心强，一定要出人头地。总是对现状不满意，希望能够达到更好的境界，是那种"精益求精"的类型。勤于动手做，也勇于开口骂，因为他不仅严以律己，也严以待人。在脑子里经常以自己的尺度评判他人。如果事物没有按顺序编排，就会感到焦躁。即使小错误、小缺点，也会耿耿于怀。比别人容易忧心、挂虑。避免交际，生怕浪费时间。虽然该做的事很多，但总觉得时间不够用，常有紧迫感。拙于放松，不能轻易开玩笑或闲聊。经常仔细核对自己如何分配、使用时间。行事中规中矩，又很实际，可是很胆怯。不愿做违心的事，包括说谎及欺骗。遇到不公正的情况，就会苦恼、困惑。嫉恶如仇，不肯轻易饶恕。以斩钉截铁的标准看待事物。有时怒火中烧，脾气焦躁而脆弱。

经常被欲求、不满驱使，认为自己或他人都不够完美，追求"尽善尽美"到了偏执的程度。宁为玉碎，不为瓦全。

傅雷给人们的偏执、刚烈的印象

傅雷（1908.4.7—1966.9.3）是宁折勿弯的典型。

傅雷性格的形成，不能忽略他成长的家庭环境因素。4岁那年，他的父亲傅鹏被当地土豪陷害入狱，后郁闷而死，年仅24岁。他的母亲李欲振立志教子复仇，为小傅雷请来私塾先生教学，她自己则守在一旁监督，孩子稍生懒惰，她便严加苛责。由于寡母的严教，傅雷从小养成严谨的学习态度和治学作风，也形成了他刚烈正直、嫉恶如仇的性格。

下面转述亲友们对他的看法。

朋友眼中的傅雷

石西民说："傅雷是个有个性、有思想的铁汉子、硬汉子，他把人格看得比什么都重。"

傅雷的内兄朱人秀说："傅雷的性格刚直，看不入眼的事，就要讲，看不惯的，就合不来。后来，他选择闭门译书为职业，恐怕就是这样的原因。"

柯灵说："他尽管很固执，但骨子里是通情达理的。与人交，如果感到气味不投，绝不稍假辞色，否则就总是以宽厚待人，既坚持原则，又十分旷达。"

施蛰存回忆："1939年我在昆明。在江小鹣的新居中，遇到滕固和傅雷。这是我和傅雷定交的开始。不知怎么一回事，他和滕固吵翻了，一怒之下回上海去了。这是我第一次领略到傅雷的'怒'。后来知道他的别号就叫'怒庵'，也就不以为奇。从此，和他谈话时，不能不提高警惕……傅雷从昆明回来后，在艺术的涵养，知识学问的积累之后，他才成为具有浩然之气的儒家之刚者，这种刚直的品德，在任何社会中，都是难得见到的，连孔子也说过：吾未见刚者。"决意离开上海美专，选择译书为业，在傅雷，除了对翻译工作有浓厚的兴趣，可能也是由于他自己意识到这个原因吧！

楼适夷说："对日本帝国主义侵略者，对汉奸卖国贼，他表示了凛然不屈的极端的孤傲，甚至（在上海沦陷期间）不让已到学龄的孩子进当时的小学，宁肯由自己和夫人当孩子的家庭教师。他是一位爱国主义者，又是一位民主主义者。"

杨绛说："傅雷的严肃确是严肃到十分，表现了一个地道的傅雷。他自己可以笑，他的笑脸只许朋友看……傅雷爱吃硬饭。他的性格也像硬米粒儿那样僵硬、干爽；软和懦不是他的美德，他全让给梅馥了。"

施蛰存说："1966年8月下旬，我已经在里弄里被'示众'过了。想到傅雷，不知他这一次如何'怒'法，就在一个傍晚，踱到他门口去看看。只见他家门口贴满了大字报，门窗紧闭，真是'鸦雀无声'。我就踱了回家。大约在9月10日左右，才知道他们两夫妇已撒手西归，这是怒庵的最后一怒"。

家人眼中的傅雷

与傅雷形成鲜明对比的，是爱妻朱梅馥的慈善宽容。朱梅馥是典型的贤妻良母，她爱傅雷、爱两个孩子，胜过自己的生命。在儿子傅聪、傅敏心目中，母亲的形象非常伟大，是无名英雄。傅敏说："没有母亲，就没有父亲傅雷的一切成就。父亲是一个很有个性的人，与外界常常格格不入，母亲就充当起妻子、秘书、公关人员等多重角色，与外界交往主要靠我母亲来维系。父亲不愿见的人，就由母亲出去挡驾、接待，一些很棘手的问题都由她处理，她因此也练就了一套待人接物的本事，使我父亲一生中没有后顾之忧。"

妻子朱梅馥对儿子说："我对你爸爸性情脾气的委曲求全、逆来顺受，都是有原则的。因为我太了解他。他一贯的秉性乖戾、嫉恶如仇是有根源的。修道院似的童年，真是不堪回首。到成年后，孤军奋斗，爱真理，恨一切不合理的旧传统和杀人不见血的旧礼教。为人正直不苟，对事业忠心耿耿。我爱他，我原谅他。"

傅雷自己说："自从我圆满的婚姻缔结以来，因为梅馥那么温婉，那么暖和的空气，一向把我养在花房里。"

傅雷的求全者个性特点

傅雷一生是孤家寡人独立奋斗的典型，他的求全者个性表现在：
（一）追求完美，然而可望不可即；
（二）宁折勿弯，最重独立人格；
（三）秉性乖戾，疾恶如仇；
（四）过于耿直，难以与人共事；
（五）出于深爱，严厉训子；
（六）严谨认真，一丝不苟。

下面根据历史资料和已经发表的回忆录、访谈录，摘引一些实例，加以论证。

（一）追求完美，然而可望不可即

傅雷认为他终生的追求，也就是前辈多少世代的追求，无非是完美。但完美永远是追求不到的，因为人的理想、幻想永无止境。所谓完美像水中花、镜中月，始终可望不可即。

友人赞美傅雷："哲学家在他身上研究哲理和思想，文学家在他身上感受纯真和情怀，历史学家在他身上读一分知识分子的心灵。"

一辈子都在高潮——低潮中浮沉。唯有庸碌者的生活才如一潭死水；要有极高的修养，方能廓然无累，真正解脱。

（二）宁折勿弯，最重独立人格

在1957年反右派斗争中，傅雷坚决不肯做"深刻检查"，他说：人格比任何东西都可贵，我没有反党反社会主义，我无法做那样的"深刻检查"。

复旦大学历史系教授朱维铮说："傅雷这个人，我觉得是，在右派分子里面，应该讲是最没有反党情绪的，最想我们的党变得好一点的人。结果后来，在反右以后被批判的是最厉害。这个我想傅雷的理想的头，碰了一个那么大的钉子，碰到头破血流，跟他后来不断地失望，到最后走上自杀的道路，是应该有关系的。"

施蛰存回忆："我知道傅雷的性情刚直，如一团干柴烈火，他因不堪凌辱，一怒而死，这是可以理解的，我和他虽然几乎处处不同，但我还是尊敬他。在那一年，朋友中像傅雷那样的毅然决然不自惜其生命的，还有好几个，我也都一律尊敬。不过，朱梅馥的能同归于尽，这却是我想象不到的，伉俪之情，深到如此，恐怕是傅雷的感应。"

（三）秉性乖戾，疾恶如仇

傅雷性格的形成，不能忽略他成长的家庭环境因素。4岁那年，他的父亲傅鹏被当地土豪陷害入狱，后郁闷而死，年仅24岁。他的母亲李欲振立志教子复仇，为小傅雷请来私塾先生教学，她自己则守在一旁监督，孩子稍生懒惰，她便严加苛责。由于寡母的严教，傅雷从小养成严谨的学习态度和治学作风，也形成了他刚烈正直、嫉恶如仇的性格。

1961年朱梅馥写信给傅聪说："我对你爸爸的性情脾气委曲求全，逆来顺受，都是有原则的，因为我太了解他，他一贯的秉性乖戾，疾恶如仇……为人正直不苟，对事业忠心耿耿，我爱他，我原谅他，为了家庭的幸福，儿女的幸福，以及他孜孜不倦的事业的成就，放弃小我，顾全大局……"（引自《傅雷家书》，1961年10月5日朱梅馥给傅聪的信）

对于权势，他决不屈从，对庸俗市侩的东西，他绝对不妥协迁就。他在给傅聪的信里说，"我还是那么天真，只能在社会中碰壁，没办法"。

正因为如此，傅雷对为人处世反而体悟更深刻，见地更精辟。比如，他说什么样的人能做官呢，好官是里方外圆，如果里方外方就干不长，如果里圆外圆，那就肯定是坏官了。

（四）过于耿直，难以与人共事

虽然学有专攻，虽然教子有方，但傅雷却不认为自己做人很成功。他知道自己太直，很难与人共事，看不惯的事忍不住想说，话一出口就得罪人。只能在书斋里干本行。不过他也有优点，虽然有时跟朋友说话易冲动，但事后就会主动找人道歉。

傅雷在上海美专工作的时间不长。他与校长刘海粟一起来到学校，见长廊上挂出的画，他紧皱着眉头对工友说："这些画没有创造性，才气少，收掉！"傅雷是校办公室主任，他这样说了，工友不能不办，立即将画收掉了。

刘海粟曾一个劲地向人们解释傅雷的脾气禀性：傅先生这个人，脾气虽有点儿古怪，心很好。虽然有时显得狂妄无礼，但也非常率真爽快。

楼适夷说："傅雷的艺术造诣是极为深厚的，对古今中外的文学、绘画、音乐各个领域都有极渊博的知识。但总是与流俗的气氛格格不入，他无法与人共事，每次都半途而去，不能展其所长。"

杨绛说："傅雷满头棱角，动不动会触犯人；又加脾气急躁，止不住要冲撞人，他知道自己不善，在世途上圆转周旋，他可以安身的'洞穴'，只是自己的书斋。"

长子傅聪说："其实我父亲并不是天生喜欢在书斋里的，他是很关心国家的。关心世界，关心国家，关心人类。1956年的时候，他曾经真的觉得中国有希望。"

（五）出于深爱，严厉训子

杨绛说："可能是因袭了严格的家教，傅雷对两个儿子管教甚严，例如吃饭时不得讲话，咀嚼时不准出声，饭菜不能掉在餐桌上，用餐后椅子要归位，等等。"

次子傅敏说:"父亲做人很讲原则,自律做一个正直的人,一个顶天立地的人,一个讲真话的人。他的性格非常暴躁,对我们要求也非常严厉,我们小时候挨的打可不少,母亲则往往起了一个缓冲的作用。"

施蛰存回忆:"他的家教如此之严,望子成龙的心情如此之热烈。他要把他的儿子塑造成符合于他的理想的人物。这种家庭教育是相当危险的,没有几个人能成功,然而傅雷成功了。"

(六) 严谨认真,一丝不苟

罗新璋回忆说:"傅雷先生对我是严师。严格是他的性格特点。从其译著及注释中,可看出先生治学严谨,一丝不苟的作风。我当年的翻译习作,花了不少力气,结果颇受先生指摘……早在大学毕业前,为了练笔,译了一点有关罗曼·罗兰的文字,贸贸然寄去,请傅雷先生斧正。先生并不因为是学生的习作而鄙夷不屑,也不因为是稚拙的学步而降低要求,前后回了几封信,译稿也经仔细批阅,用红笔和蓝笔作种种记号,一一指出毛病所在。来信则结合译稿提出若干原则性意见。其中有一段话,我至今还记得:'盖叫天说得好,慢就是快',这是指开始学艺的人,必须走得慢,要打好基础,以后才能走快。"

黄苗子说:"傅雷非常爱这个国家,所以对这个国家的要求也很严格。他爱他自己的文章,爱他所翻译的作家的作品,所以对它们非常认真。"

翻开《傅雷家书》,也有不少这样的例证。在新增的傅雷1954年9月28日晚写的信中,可以看到傅雷对老舍《四世同堂》直率的批评:"……近来又翻出老舍的《四世同堂》看看,发觉文字的毛病很多,不但修辞不好,上下文语气不接的地方也很多。还有是硬拉硬扯,噜哩噜嗦,装腔作势,前几年我很佩服他的文章,现在竟发现他毛病百出。可见我不但对自己的译文不满,对别人的创作也不满了。翻老舍的小说出来,原意是想学习,结果找不到什么科学的东西……"这番批评,不可谓不尖锐、不辛辣。

傅雷经历对个性的影响

1908年4月7日生于江苏省南汇县（今为上海市南汇区）一个江南望族。因出生时哭声洪亮，长辈们便以"雷"为名，以"怒安"为字。

1921年，考入上海徐汇公学（天主教教会学校）读初中。1924年，因反迷信反宗教，言辞激烈，为徐汇公学开除。仍以同等学历考入上海大同大学附属中学。

1925年，在大同大学附中参加"五卅"运动，上街游行讲演，控诉帝国主义的血腥暴行。9月习作短篇小说《梦中》，发表于次年1月《北新周刊》第13、14期。

1926年，在北伐胜利的鼓舞下，与同学姚之训等带头参加反学阀运动，大同校董吴稚晖下令逮捕，母亲为安全起见，强行送子回乡。8月写短篇小说《回忆的一幕》，发表于次年1月《小说世界》第15卷第4期。秋后以同等学历考入上海持志大学读一年级。

留学法国奠定事业基础

1928年，到达法国马赛港，次日抵巴黎，途中写《法行通信》15篇（1月2日至2月9日），陆续发表于当年《贡献旬刊》第1、2卷各期。后为文学家曹聚仁所推重，编入《名家书信集》。本年开始留法四年。为学法文，试译都德的短篇小说和梅里美的《嘉尔曼》，均未投稿。开始受罗曼·罗兰影响，热爱音乐。

1929年，在瑞士莱芒湖畔，译《圣扬乔而夫的传说》，载于次年出版的《华胥社文艺论集》。是为最初发表的译作。9月返回巴黎后，就投入休养中开始翻译的丹纳《艺术论》第1编第1章，并撰写《译者弁言》，载于《华胥社文艺论集》。

1930年，撰写《塞尚》一文，载同年10月《东方杂志》第27卷第19号。

1931年9月间，傅雷由法国回来时，年仅23岁，即被刘海粟聘任为上海美术专科学校办公室主任。当时这所学校，集中着国内第一流的人才，如黄宾虹、张善孖、张大千、贺天健、潘玉良、庞薰琹等；较年轻些的教员有蒋兆和、俞剑华、娄师白、马孟容、谢公展等，这些人日后也大都成了文化艺术界的佼佼者。在这样一所人才济济的学校中，出任办公室主任，说明年轻的傅雷确实具有不同一般的学识。除了日常行政工作，他还开设了两门课程：美术史和法语。

9月下旬，蔡元培先生在威海卫路中社设宴为刘海粟旅欧回国接风，傅雷应邀出席，作陪的还有陈独秀、叶恭绰、许寿裳、杨杏佛、黄宾虹、张大千、朱屺瞻、王个簃等社会文化名流。宴席间，傅雷谈到如何改革上海美专教学工作时，蔡元培先生很为赏识，支持他的一些设想。

1931年11月与刘海粟合编《世界名画集》，并为第2集撰写题为《刘海粟》的序文。由中华书局出版。受聘于上海美术专科学校，任校办公室主任，兼教美术史及法文。编写美术史讲义，部分发表于《艺术旬刊》。译《罗丹艺术论》一书，作为美术讲义，油印数百份。

1932年，与留法期间认识的庞薰琹和在上海美专认识的倪贻德，出于对现实的不满，意欲为改变现状有所作为结成"决澜社"，发表《决澜社宣言》。傅雷在《宣言》上签了名。并与倪贻德合编《艺术旬刊》，由美专出版。9月筹备并主持"决澜社"第三次画展，即庞薰琹个人画展。

1932年，傅雷与青梅竹马的表妹朱梅馥结婚，朱把一切献给了丈夫和孩子。按照他们的朋友杨绛女士的评价，朱梅馥是"温柔的妻子"、"慈爱的母亲"、"沙龙里的漂亮夫人"、"能干的主妇"，还是傅雷的"秘书"。

1933年，所译《夏洛外传》全书付印，冠有《卷头语》及《译者序》。9月以"自己出版社"名义自费出版。9月母亲病故。坚决辞去上海美术专科学校的职务。

1934年，撰写所译罗曼·罗兰《米开朗琪罗传》的《译者弁言》。6月将在美专任教时编写的美术史讲义整理、补充为《世界美术名作二十讲》

（当时未发表，后由香港三联书店出版）。6月《罗曼·罗兰致译者书》为所译《托尔斯泰传》的代序。全书于次年11月由商务印书馆出版。秋与叶常青合办《时事汇报》周刊，任总编辑。"半夜在印刷所看拼版，是为接触印刷出版事业之始。3个月后，以经济亏损而停刊"。

1935年，3月应滕固之请，去南京"中央古物保管委员会"任编审科科长四个月。以笔名"傅汝霖"编译《各国文物保管法规汇编》一部，6月由该委员会出版。

1936年4月译毕莫罗阿《服尔德传》，写有《译者附识》。由商务印书馆出版。

抗战期间困守孤岛

1937年7月抗日战争爆发后，傅雷留在"孤岛"上海市，但拒绝为日伪服务，而完全靠自己译述来养家糊口。所译罗曼·罗兰《约翰·克利斯朵夫》第1卷由商务印书馆出版，冠有《译者献词》。7月应福建省教育厅之约，去福州为"中等学校教师暑期讲习班"讲美术史大要。1941年，2月所译《约翰·克利斯朵夫》第2、3、4卷由商务印书馆出版。第2卷冠有《译者弁言》。1942年，1月翻译英国罗素《幸福之路》，并撰写《译者弁言》。该书于1947年1月由上海南国出版社出版。3月重译《贝多芬传》，并写《译者序》，以所撰《贝多芬的作品及其精神》一文作为附录。全书于1946年4月由上海骆驼书店出版。4月翻译法国杜哈曼《文明》。

1944年，1月与裘柱常、顾飞、张菊生、叶玉甫、陈叔通、邓秋枚、高吹万、秦曼青等共同署名发起在沪举办"黄宾虹八秩诞辰书画展览会"，并刊印《黄宾虹先生山水画册》和《黄宾虹画展特刊》，特刊上以笔名"移山"，撰写介绍黄宾虹绘画之《观画答客问》。

1945年，9月与周煦良合编《新语》半月刊，共出五期，因邮局扣发停刊。1947年4月翻译斯诺《美苏关系检讨》，知识出版社刊印两百本。译者代序《我们对美苏关系的态度》先连载于《文汇报》。7月写《所谓反美亲苏》一文，刊于储安平主编的《观察》第2卷第24期。1948年，受英国文化协会之托,翻译牛顿《英国绘画》,由商务印书馆出版。

1951—1954 年,翻译巴尔扎克的《人间喜剧》系列小说由平明出版社出版。8 月北京召开文学翻译工作会议,因放不下手头工作,未参加。所写长篇书面意见《关于整顿及改善文艺翻译工作的意见》,列为会议参考文件。8 月译华服尔德《老实人》(附《天真汉》)。次年 2 月由人民文学出版社出版。9 月 20 日华东美术家协会为黄宾虹在上海举办个人画展,开幕式座谈会上就国画与西画问题作一发言。1955 年,2 月译波兰杰维茨基《关于表达肖邦作品的一些感想》。3 月译法国 Camille Bellaique《莫扎特》中之一节《莫扎特的作品不像他的生活,而像他的灵魂》。4 月译毕巴尔扎克《于絮尔·弥罗埃》。次年 11 月由人民文学出版社出版。5 月译罗曼·罗兰《论莫扎特》。刊于《外国名作曲家研究》第 2 集。

沦为右派,死于非命

1956 年 2 月写关于知识分子文章三篇,发表于《人民日报》和《文汇报》。4 月下旬参加政协视察团视察郊区农业生产合作社,并于 5 月执笔写《第一阶段郊区农业生产合作社视察报告》。6 月去安徽参观合肥淮南煤矿、佛子岭水库、梅山水库。执笔写出《政协上海市委安徽省建设事业参观团第一组总结报告》。7 月为纪念莫扎特诞辰二百周年,写《独一无二的艺术家莫扎特》,发表于同年《文艺报》第 14 期。8 月担任《文汇报》社外编委。11 月所写《与傅聪谈音乐》一文,连载于《文汇报》。12 月写《评〈春种秋收〉》,载于次年《文艺月报》1 月号。

自 1956 至 1957 年 7 月撰写有关知识分子问题、整风问题、文艺界出版界问题的文章十二篇,刊于《文汇报》。1958 年初,傅雷被定为"右派",但仍坚持自己的立场。

1958—1965 年,持续翻译巴尔扎克作品,自食其力。

1966 年 9 月 3 日,在经历了抄家和批斗后,因不堪忍受凌辱,傅雷朱梅馥夫妇在卧室自缢身亡。傅聪收到父亲的最后赠言是:"第一做人,第二做艺术家,第三做音乐家,最后才是钢琴家。"

1979年，由上海市文联和作协上海分会主办傅雷朱梅馥追悼会，柯灵致悼词，宣布：1958年划为右派分子是错误的，应予改正；十年浩劫中所受诬陷迫害，一律平反昭雪，彻底恢复名誉。

傅雷一生译著宏富，以翻译14部巴尔扎克小说和在中国流传甚广的罗曼·罗兰代表作《约翰·克里斯朵夫》闻名于世。此外，他还翻译了伏尔泰的一些作品以及梅里美的《嘉里美》。作为父亲，他写给儿子傅聪、傅敏的家书集《傅雷家书》感动了无数读者。

傅雷的知识结构

1921年，考入上海徐汇公学。1924年，考入上海大同大学附属中学。1926年秋考入上海持志大学。

1928年，到法国巴黎，留法四年学法文，1931年9月回国。

傅雷求全者的16种个性特质

用因素分析法，可以得出傅雷的16种个性根源特质的测试结果：

乐群性（－）、聪慧性（＋）、稳定性（＋）、恃强性（－）、兴奋性（－＋）、有恒性（＋）、敢为性（＋）、敏感性（－）、怀疑性（－＋）、幻想性（－）、世故性（＋－）、忧虑性（－）、求新性（＋）、独立性（＋）、自律性（＋）、紧张性（－）。

傅雷不善交际，他惯于孤独、不喜欢热闹；他聪明、富有才识、抽象思考能力强；他平时情绪稳定、态度温和、但易冲动；他好胜心强、武断，不好斗；他热情、但又沉静、审慎；他自觉、负责任、讲道德、不敷衍、遵守规则；他胆大心细、敢作敢当、但不冒险，不退缩、不犹豫畏却；他敏感、但不抱幻想、不感情用事，而是着重实际、理智、能自我克制；他警觉、但刚愎自用，他不善于接受、容纳别人的正确意见；他不狂放，而是现实、脚踏实地、合乎常规；他老练、世故、精明能干，但又坦率、朴实、天真；他自信、安详、沉着、满足;他求新、思想自由、爱批评、不守旧;他自立、当机立断、自有主张,不随大流;他严于律己、受约束、不任性、不松懈、重视细节;他一般很少紧迫感、不困扰、无拘束、镇定、放松自如。

傅雷的刚烈型(求全型)个性因素(特质),可以概括为下表——

傅雷的刚烈型个性因素表

  A. 乐群性   (-) 外向、爱社交——内向、不善交际 (+)
  B. 聪慧性   (+) 聪明、理智——迟钝、欠理智 (-)
  C. 稳定性   (-) 沉着、情绪稳定——易激怒、情绪不稳 (+)
  E. 恃强性   (+) 争强好胜——温顺、随和 (-)
  F. 兴奋性   (-) 活泼、热情洋溢——严肃、冷静 (+)
  G. 有恒性   (+) 道德观念强——玩世不恭、漠视规则 (-)
  H. 敢为性   (-+) 胆大、冒险——退缩、犹豫 (+)
  I. 敏感性   (+) 感觉敏锐——不敏感 (-)
  L. 怀疑性   (-+) 怀疑、警觉——轻信、麻痹 (+)
  M. 幻想性   (+) 富于幻想、心不在焉——现实、脚踏实地 (-)
  N. 世故性   (-) 世故、老练——坦率、朴实 (+)
  O. 忧虑性   (+) 忧虑、不安——无忧无虑、满足 (-)
  Q1. 求新性   (+) 求新、思想自由——守旧、保守传统 (-)
  Q2. 独立性   (+) 独立自主、有主见——服从、依赖群体 (-)
  Q3. 自律性   (+) 自律、受约束——任性、无拘束 (+-)
  Q4. 紧张性   (+) 紧张、紧迫感——放松、镇定 (-)

五因素模型检测傅雷的人格结构

(E) 倾向性 (-)
(A) 随和性 (-)

（C）认真性（+）
（N）情绪性（－+）
（O）开放性（+）

第二型：理想型的奉献者巴金（1904—2005）

巴金是中国 20 世纪杰出的文学家、出版家、翻译家。同时也被誉为"五四"新文化运动以来最有影响的文化人之一。巴金被认为代表着中国大陆知识分子的良心，正因如此，他在"文革"期间受到四人帮的非人道迫害。巴金晚年提议建立中国现代文学馆和"文化大革命"博物馆，但后者至今都未实现。90 年代以后巴金患有帕金森氏症、慢性气管炎、高血压、恶性间皮细胞瘤等多种疾病，曾表示要求安乐死；1999 年，因呼吸道感染发高热并出现急性呼吸衰竭，病情反复，从此失去知觉未能出医院。2005 年巴金 101 岁停止呼吸。

巴金的个性是勤奋、炽烈的理想主义奉献者。

巴金给人们的奉献者印象

巴金（1904.11.25—2005.10.17）视文学如生命。他一生的形象就是个热诚勤奋的作家和负责的编辑。

巴金起先在东南大学附中读书。到法国勤工俭学后，在巴黎平民的拉丁区内，嚼着冷硬的面包，忍耐着苦痛，过了两三年"下贱人"的生活；回到上海，在开明书店做过极不相干的外文校对。这境地的巴金，当然为大人物所不屑。然而，在物质方面巴金很苦痛，可实际上他最苦痛的还是在精神上，他在《复仇》序言里说："白天里我忙碌，我奔波，我笑，我忘记了一切地大笑,因为我戴了假面具。在黑夜里我卸下了我底假面具,我看见了这世界底面目。我躺下来,我哭,为了我底无助而哭,为了看见人类底受苦而哭……"又说:"我底灵魂为着世间底不平而哭泣着。"这就是他灵魂的苦痛的自白。

1935年夏一粟在《大公报》发表《论巴金》一文,表达了当时文化界对于"而立之年"巴金的印象——

巴金,这个大脑大眼、长脸短脚的作家,现在还在中国生存着,工作着。他绝没有一般所谓普罗作家底臭味,尤其很少"口号"和"标语",和所谓"正义意识"。下流习气,更可说是绝对没有。巴金总是苦痛着。但丁是这样,陀斯妥耶夫斯基是这样,而巴金也是这样。巴金的苦痛,并不是物质的……在上海环龙路一家花园别墅小屋里,他整天价地,日也写,夜也写,忘记了饮食,忘记了苦痛,忘记了自由。在青岛一个朋友家里,他的灵魂也是悲痛着,颤动着;在北平与沈从文同住一个屋子里时,也还是一样。他没有过着安定的生活,而把他一切的生活,完全建筑在信仰与理想上面。他说:"为了信仰,为了理想,我是可以来牺牲我底一切的。"

他过着朴素平凡的生活,而且不见他有过恋爱。虽然他也赞美女人的爱,而有着他"初恋",但人家总不相信他是会爱女人的。所以他在《光明》序言里说:"……不仅是一个阶级,差不多全人类都要借我底笔来伸诉他们底苦痛了。他们是有这权利的。在这时候我还能够絮絮地像说教者那样说什么爱人,祝福人底话么?"

巴金永未抛弃过他的指斥罪恶咒诅横暴的笔,他永远用他苦痛的灵魂来使青年感动,教每个青年去怎样爱人,救人;而且每个青年为了读他底作品真不知流过多少的眼泪,痛哭过多少次,这是同情的感激的泪。(原载1935年7月16日天津《大公报》副刊《小公园》第1736号)

巴金回忆自己创作《家》的过程时(1937年2月)说,他经过三年的酝酿,决定写一部为那无数的无名的青年牺牲者"喊冤"的小说。"我要从恶魔的爪牙下救出那些失掉青春的青年。这个工作虽是我所不能胜任的,但是我不愿意逃避我的责任。"于是,他向垂死的制度叫出了"J'accuse"

("我控诉")。巴金在这里使用的是法文,引用的是法国作家左拉的名句。

张瑞芳回忆说:我最早阅读巴老的作品是在学生时代,记得是和一些同学到图书馆去借书,我挑选了一本名叫《春天里的秋天》,是巴金的译作。后来又读到他的《激流三部曲》。我和当时许多青年学生一样,就是通过阅读这些小说后受到了启迪,逐步接受反封建的革命意识。1938年8月,我来到重庆。那时的重庆云集了一大批文化界的知名人士……我是从那时认识巴金的,巴金他总是习惯坐在不起眼的边上,静静地倾听大家言谈,当我们畅怀大笑时,他也和大家一起欢笑。他平时话语不多,可谓讷于言而敏于思,那内心的真话都从他的笔端涌流而出。(张瑞芳:《我们与巴金共同的'家'》)

1946—1949年那场决定民族前途的内战,对巴金好像没有太大的触动。当上海已经城破,浓厚刺鼻的硝烟在街道上到处弥漫时,他关心的却是文学作品的出版问题,是"版税"、"写稿"、"人事纠纷"和其他一些看似琐碎的编辑业务。巴金是一个对政治缺乏敏感的书生。1948至1949年初,解放军进攻上海的炮声已经震耳欲聋,巴金依然在弹着他那"诅咒旧时代"的老调,埋头而尽心尽职地做他的文艺杂志编辑。然而,它们却透露出了一个重要信息:20世纪40年代已届中年的巴金,仍然是一个视文学如生命的作家。

90岁的巴金整天坐在客厅里……他身体不好,动作相当迟缓,有时从桌上拿一杯茶喝,需要花很长的时间……巴金老人则更加沉重、疑虑,他的感情似乎总是陷在那一团噩梦中挣扎不开。巴金的疑虑来自于他对中国的政治斗争有过于丰富的经验,他那些吞吞吐吐、欲言又止的言论连同那种表达言语的形式,都是出自他的肺腑深处,沉重感反而增加了老年巴金的魅力,这是一种深谙中国社会,充满东方人智慧的生存与斗争的艺术。

巴金炽烈的理想型奉献者个性特点

巴金作为一个奉献者,他的个性属于炽烈的理想型,表现出高尚人格,但也有空谷足音的遗憾与羞愧。具体说来有如下特点——

（一）富于正义感和对弱者的同情心；

（二）川味特征：对于旧传统观念的叛逆性；

（三）单纯真挚，胸无城府；

（四）内向懦弱，明哲保身；

（五）缺乏生活感受，一贯信笔写去；

（六）淡泊名利，只愿把真心话掏出来；

（七）J'accuse——我控诉！；

（八）中晚年经常陷入噩梦；

（九）自认为平生所作一半是废品；

（十）晚年反复呼吁"说真话，做奉献！"。

下面根据历史资料和已经发表的回忆录、访谈录，摘引一些实例，加以论证。

（一）富于正义感和对弱者的同情心

巴金自述幼年时代他有"三位先生"——母亲、好友吴先忧、轿夫老周，他们的言传身教，使得巴金富于正义感和对弱者的同情心。（参看《巴金自述》）

在巴金的自述中，读者可以看到他从小产生的正义感和同情心的形成过程：从爱自己喂养的大花鸡、爱家人，到爱"全人类"；从同情挨打的犯人、乞讨的小孩、遭难的仆人、受苦的轿夫，到同情所有"不幸的人"；从怀疑大堂施刑的老爷，到憎恨"一切阻挡人性发展的势力"；从抗拒跪拜祭祖，到反对"整个的旧礼教、旧制度"；从自愿与周围的仆人平等相处，到追求"万人平等的理想社会"。1927年赴法国时他说过："我的上帝只有一个，这就是人类。"

巴金回顾说："我所喜欢和我受到更大影响的，与其说思想，不如说是人。凡是为大多数利益奉献着自己的一切的革命者，都容易得到我的敬爱。"俄国的十二月党人、无政府主义思想家、革命家高德曼、克鲁泡特金、凡宰特等人，都是他崇敬的精神导师。

年轻的巴金为找不到出路而苦恼万分，是两本宣传无政府主义的小册子为他打开了心路之门，那就是他在 1920 年看到的克鲁泡特金的《告少年》和廖亢夫的戏剧《夜未央》。这两本书曾经震撼了他的灵魂，给他以精神的激励和鼓舞。正是这两本书，使他在世界观最初的形成时期信仰了无政府主义思想。

（二）川味特征：对于旧传统的叛逆性

四川有些学者认为，在巴金个性及其作品中，还烙印着巴蜀文化特色。温文儒雅只是巴金性格的一个侧面，热诚、大胆、叛逆是巴金个性的另一个侧面。巴金表示他"自小就爱看戏"，离开故土在上海看到川剧时"有一种旧友重逢的感情"。他自小从川剧里面吸取川味的营养。细读巴金的小说，能品味出当时四川的民俗流风。成都是巴蜀文化的核心，在这里度过青少年时期的巴金，前贤创造的事迹和人格深深熏染着他。巴金也就踏上了先辈走过的叛逆之路。

巴金自述："我的作品中无论笔调怎样不同，而贯穿全篇的基本思想却是一致的。自从我知道执笔以来我就没有停止过对我的敌人的攻击。我的敌人是什么？一切旧的传统观念，一切阻碍社会的进化和人性发展的不合理的制度，一切摧残爱的势力，它们都是我的最大的敌人。我永远忠实地守着我的营垒，并没有作过片刻的妥协。"这也充分体现了巴金的川味特征：对于旧传统观念的叛逆性。

巴金从来不想当一名纯粹的作家。从第一部小说《灭亡》到最终的《随想录》，他 70 年间创作了洋洋 700 万言。但巴金那些最为人熟悉的文学作品都是围绕着旧式的大家庭、阴郁的公馆和青春闪烁的花园。他的前半生和创作高峰正好处于现代中国的大变革时代，新文化的风潮席卷全国，各种外来思想纷至沓来。那曾经是一个言论出版自由的时代（尽管只不过是有限的自由），五四精神唤醒的青年们表现出对自由的渴望。巴金的那些大部头作品都曾被看作时代的个人记录：对于旧传统的叛逆和反抗。

（三）单纯真挚，胸无城府

与鲁迅、郭沫若、茅盾和老舍等人相比，巴金的人品、文品都要单纯得多。

正像青年巴金代表作《家》中的觉慧一样，他生性胸无城府，心灵有如天空一般，早期是透明的蓝天白云，后期是阴霾密布或风雪多雨，晚年一缕残阳夕照一线红；他平生个性又像他的没有审视距离、也不大懂得叙述游戏的小说，他单纯而真挚的爱恨之心，对人几乎不设防。（引自程光炜：《对政治缺乏"敏感"的文人——忆巴金的天真和真诚》，2001年）

张瑞芳回忆说：巴金总是习惯坐在不起眼的边上，静静地倾听大家言谈，当我们畅怀大笑时，他也和大家一起欢笑。他平时话语不多，可谓讷于言而敏于思，那内心的真话都从他的笔端涌流而出。（张瑞芳：《我们与巴金共同的'家'》）

抗战期间曹禺在重庆，过往最多的还是巴金。他常去巴金家里，每次到那里，就像回到自己家里一样，从那里得到温暖，得到鼓励。曹禺说："在重庆时，我穷得不得了，有时一天就啃两个大烧饼，有时连烧饼也啃不上。在这种时候，我就跑到巴金家里，又吃又住。每次都是巴金的爱人（按：指萧珊）来招待。那时，巴金家里每天都有客人，经常有一桌穷客人。其实他并不富裕，但人们去是要从他那里得到友情和温暖。我住在他家楼上，他和他爱人住在一间十平米的小房间里。有时，他手头宽裕时，就约我到宁波馆子去打牙祭，巴金对谁都那么好，他永远是我的大哥，我敬重的兄长；他对朋友永远是那么厚道、宽容、友爱！"曹禺改编的《家》，于1942年夏季脱稿，12月就由重庆文化生活出版社出版了，仍然是经过巴金亲自校阅。话剧《家》的创作和出版，又一次凝结着他们之间深厚的友情。曹禺是幸福的，在创作上，他始终得到巴金的默默而坚实的支持，得到这位兄长的关心和爱护。

中年的巴金宣布了自己的生活信条："不害人，不欺世；谦逊，和善，而有毅力坚守岗位；物质贫乏而思想丰富；爱朋友，爱工作，对人诚恳，重'给予'而不求'取得'。"

晚年的巴金回顾自己的人生道路和写作道路，感慨地说："我一生充满矛盾，有时想去直接投身革命，有时也想妥协，当个作家算了。现在走成这条道路，并不是我的本意。"他又说："我说我充满矛盾呢。不过我现在走的道路，倒是意外的顺利。"（陈思和：《巴金写完〈随想录〉以后》）

（四）内向懦弱，明哲保身

巴金的大胆、叛逆，可惜不过是停留在纸面上的、理想中的大胆和叛逆。他勇于写作抒发激情，而怯于行动付诸实现。

当然，人们不能期待他成为一个实干家、或者一个革命者，然而巴金作为一个完全自食其力的自由职业者，却几乎不曾直面眼前的社会现状做出一个"公众知识分子"应有的积极反应，而总是一味伤感叹息、重复着"鸣冤喊屈"的话语。

这或许出于巴金的内向抑郁气质。

20世纪50年代，一连串知识分子思想改造运动、反"胡风反革命集团"、反右派斗争和对于资产阶级思想的大批判，使巴金发生重大变化。他寻求保全自己。从独立的自由人到体制中人，从自觉自愿地歌颂到在压力下为自保而唱赞歌。独立思考没有了。人格逐渐迷失、扭曲变形。他小心翼翼地在"奴在身者"和"奴在心者"之间游移。60—70年代，十年"文革"浩劫中，巴金的作品被全盘否定，身心遭受空前的摧残，并失去了相濡以沫的妻子。

1977年巴金得到"第二次解放"，5月开始公开发表文章，耐人寻味的是，此后一段时间，一切似乎又重演：与1949年9月"第一次解放"后一样，热情歌颂新领导、新局面，严格批评自己的缺失，积极参加各种政治活动。他还没有摆脱"奴在身者"的状态。（以上参照李存光《巴金的人格发展历程》一文）

巴金的人格在20世纪走过了一个正、反、合的曲折历程，在不同社会历史时期呈现出迥异的形态。除了外在的社会历史原因,内向懦弱的性格、自我意识的丧失和"明哲保身"的传统观念,是导致巴金人格发生裂变的主观原因。这种人格裂变是一个普遍的社会现象,具有重要的历史意义,它为21世纪如何重建现代文化人格树立了一座警示的丰碑。(参看《人文杂志》2004年第2期)

(五) 缺乏生活感受,一贯信笔写去

巴金说:"我不掩盖自己的缺点。写一个短篇,不一定会暴露我的缺点。写中篇、长篇那就不同了,离不了生活,少不了对生活的感受。生活不够,感受不深,只好避实就虚,因此写出了肤浅的作品……除了刚才说的'避实就虚'外,我还有一个毛病,我做文章一贯信笔写去,不是想好才写。我没有计划,没有蓝图,想到哪里就写到哪里。所以我不是艺术家,也不是文学家,更不是什么大师。我只是用笔做武器,靠作品生活,在作品中进行战斗。我经常战败,倒下去,又爬起来,继续战斗。"

巴金觉得,他在一些文章中写了自己不想说的话,写了自己不理解的事情。在一些作品里,他还写了许多不切实际的"假大空套"、豪言壮语,与读者的距离越来越远。

(六) 淡泊名利,只愿把真心话掏出来

1978年底到1986年夏,巴金用8年时间,完成了《随想录》5集156篇。他说:"人各有志,我的愿望绝非'欢度晚年',我只想把自己的全部感情、全部爱憎消耗干净,然后心安理得地离开人间……幸运的是我找回了失去多年的'独立思考',有了它我再不会走过去的老路,也不再忍受那些年忍受的一切。有了独立思考就有了辨别是非的能力,也才有说真话的勇气,才能面对强权和长官意志,不说违心之言。"

5集《随想录》是巴金先生晚年"真实思想和真挚感情"的写照。(参看李存光《巴金的人格发展历程》一文)

巴金是个真诚的人,他一向认为作家要拿自己的作品与读者交流。70

年来，他写下那么多小说、散文、译著、特写、书信，以及各种议论文字，掏出自己的一颗心来，激励读者与他一起寻求光明。那一篇篇火一样热情的文字中贯穿着他一生追求的思想信仰、人格理想和战斗精神，读这些文字不能不激起他对人生的热爱。（陈思和：《巴金写完〈随想录〉以后》）

在 1993 年四川省委要为巴金重建故居（成都正通顺街），巴金得知后说："不要恢复故居，如果将来要搞点纪念，可以在旧址钉一个牌子，上面写：作家巴金诞生在这里，并在这里度过了他的童年和少年。"

"只愿把真心话掏出来"是跨世纪老人巴金一生的写照。不搞特殊，不向国家多要一分钱，不给人民多增加一分负担，为人类多做一分贡献，这是巴金一生最大的理想和愿望。大写"不"字是巴老的一句真心话，值得我们认真揣摩和体会。

（七）J'accuse——我控诉！

1937 年 2 月巴金回忆自己创作《家》的过程时说，他经过三年的酝酿，决定写一部为那无数的无名的青年牺牲者"喊冤"的小说。"我要从恶魔的爪牙下救出那些失掉青春的青年。这个工作虽是我所不能胜任的，但是我不愿意逃避我的责任。"于是，他向垂死的制度叫出了"J'accuse"（"我控诉"）！巴金在这里使用的是法文，引用的是法国作家左拉的名言。

40 年以后，1978 年，巴金在《把心交给读者》随想录中，激动地盛赞伏尔泰和左拉为维护真理与正义而斗争的精神。（1762 年法国反动教会制造宗教迫害事件，诬告无辜的新教徒卡拉，判处他极刑。伏尔泰为此案件进行了有力的控诉，在整个欧洲激起愤怒的舆论。此后，伏尔泰在当时其他几件宗教迫害和黑暗的司法案件中，也作了不倦的斗争，平反了冤狱，使惨死者恢复了名誉，幸存者免于刑戮。左拉为德雷福斯上尉的冤案斗争，冒着生命危险替受害人辩护，终于推倒诬陷不实的判决，让人间地狱中的含冤者重见光明。）

巴金回忆自己在"文革"期间被关进"牛棚"以后，看见有些熟人在大字报上揭露"巴金的反革命真面目"，心中无限感慨，他说："我朝夕盼望有一两位作家出来'干预生活',替我雪冤。"又沉痛地写道:"我在梦里好像见到了伏尔泰和左拉,但梦醒以后更加感到空虚,明知伏尔泰和左拉要是生活在1967年的上海,他们也只好在'牛棚'里摇头叹气。"

1980年3月24日他为《春天里的秋天》世界语译本序中,又提到40几年前的旧作中,叙述了一个朋友和一个少女的悲伤故事。"我替那一代的年轻人鸣冤喊屈,我借用了左拉的名句:'J'accuse'(我控诉!)"

左拉的精神鼓舞过巴金,左拉的"我控诉"指引过巴金揭露封建社会的罪恶,难怪他在历数自己的老师时,把左拉列入其中。(引用自:《文汇报》2000年11月24日)

(八)中晚年经常陷入噩梦

自从"文革"开始,巴金就经常做噩梦,梦做得很古怪,一会儿是他与妖怪搏斗,一会儿是他自己变成了野兽。"文革"以后,他还经常做这些噩梦,忍受着恐怖的折磨。在《随想录》里,巴金多次提到做噩梦的事。(陈思和:《巴金写完〈随想录〉以后》)

巴金噩梦做得最多的时候是在"文革"中和"文革"后。在干校期间,一天夜里,他梦见样板戏里的"英雄"要掐他的咽喉,从干校的床上掉下来。类似的梦,在武康路家中也做过,他在梦中挣扎,手来回挥动,居然一下子打碎了床前的小台灯。80年代,"文革"的阴影仍然让巴金忧虑和恐惧,噩梦也因此而不断纠缠着他。一年春节期间,电视上重新播出样板戏,让他心里恐惧。当天晚上,他就梦见和熟人们又关进了牛棚交代自己的罪行,背诵"最高指示"。晚年的梦,正是巴金现实生活中反思历史、自我忏悔的继续。(李辉:《巴金晚年的痛与梦》)

(九)自认为平生所作一半是废品

20世纪80年代后期,人民文学出版社拟出版《巴金全集》共26卷700万字。起初,巴金不同意。巴金说,编印《全集》是对自己的一次惩罚。因为,他认为,他的作品百分之五十不合格,是废品。他说,第4卷中的《死去的太阳》，是一篇幼稚之作，第5卷中的《利娜》，严格地说还不是"创作"。他认为《砂丁》和《雪》都是失败之作。这两篇小说，写于30年代初，以矿工生活为题材。他虽然在长兴煤矿住过一个星期，但是对矿工的生活，了解的还只是皮毛。因此，编造的成分很大。

在《巴金全集》第6卷"代跋"中，巴金写道："《爱情三部曲》也不是成功之作。关于这三卷书我讲过不少夸张的话，甚至有些装腔作势。我说我喜欢它们，1936年我写《总序》的时候，我的感情是真诚的。今天我重读小说中某些篇章，我的心仍然不平静，不过我不像从前那样地喜欢它们了，我看到了一些编造的东西。有人批评我写革命'上无领导、下无群众'，说这样的革命是空想，永远'革'不起来。说得对！我没有一点革命的经验。也可以说，我没有写革命的'本钱'。我只是想为一些熟人画像，他们每个人身上都有使我感动的发光的东西。我拿着画笔感到毫无办法时，就求助于想象，求助于编造，企图给人物增添光彩，结果却毫无所得。"巴金还自认《火》三部曲也是失败之作，他说："三卷《火》中我写了两位熟人……但是我应该承认跟我这样熟的两个人我都没有写好……我不是艺术家，也不是文学家，更不是什么大师。我只是用笔做武器，靠作品生活，在作品中进行战斗。我经常战败，倒下去，又爬起来，继续战斗。"

他给《巴金全集》的编辑写信道："说到废品你不同意，你以为我谦虚。你不同意我那百分之五十的废品的看法。但是，重读过去的文章，我绝不能宽恕自己。有人责问我为什么把自己搞得这样痛苦，正因为我无法使笔下的豪言壮举成为现实。"

巴金是理智的。他清晰地看到时代的发展，社会的变化。他说："30年代、40年代的青年把我当作他们的朋友……在18岁的日子，热情像一锅煮沸的油，谁也愿意贡献出自己宝贵的血。我写了一本又一本的书，一次又一次地送到年轻读者手中。我感觉到我们之间的友谊在加深。但是20年后，50年代至80年代的青年就不理解我了。我感到寂寞、孤独，因为我老了，我的书也老了，无论怎样修饰、加工，也不能给它们增加多少生命。你不用替我惋惜，不是他们离开我，是我离开了他们。我的时代可能已经过去。我理解了自己，就不会感到遗憾，也希望读者理解我。"老人真诚地为自己过去的"大话、废话、套话"感到羞愧。

（十）晚年反复呼吁"说真话，做奉献！"

在巴金的回忆录中，"说真话"与现实之间始终存在着一种内在的紧张，在许多问题上，他似乎痛苦地不能采取深入真相的立场。正是在"真相"的意义上，巴金的欠缺反映了这个时代的欠缺。

到21世纪我们常想起鲁迅，却不太想得起巴金。巴金生命延续得特别长，他曾激励先前一代读者的作品离我们也渐行渐远。在他的童年，中国人还拖着辫子，处在满清王朝的统治下；当他心脏停止跳动的新世纪，互联网已经掀起一场信息革命。最后几年，巴金已经完全脱离社会生活，昏睡不醒，但他仍然继续担任着国家领导人和中国作协主席许多年。偶尔会有他的一点消息，知道他仍在为别人活着。现代许多读者心中，鲁迅唤起的是热爱和共鸣，巴金唤起的却是惋惜和同情。对于这样一位忠厚老人，告别人世是最终的解脱。

然而在他的后半生乃至充满悔悟感的晚年，巴金却终于没有能够做出人们期待他作为公众知识分子的实际奉献——人们终于没有看到巴金发掘时代的真相，而遗憾地停留在呼吁、再三呼吁"要说真话"。曾对他怀着殷切期待的热心读者们，总是听见楼梯响而终于未见真人走出来。难怪有些读者在尊重、崇尚、颂扬巴金的同时，对他会颇有微词了。

不过，事态发展还有另一方面：近十年来中国历史经历的风风雨雨，证明了老人的噩梦并不是无病呻吟。即使到了《随想录》已经出版，老人宣布搁笔以后，那些阴丝丝的冷风仍然没有消除对老人的敌意。

1991年，首都一家报纸上公开发表署名文章，含沙射影地攻击老人晚年用生命来呼喊的"讲真话"口号，这篇奇文以"真话不等于真理"为理由，把一盆盆污水朝老人头上泼去，甚至把"说真话"与"自由化"联系在一起，诬陷"真话"是"投向党和人民政权的石头、枪弹"。很显然，这种言论里包藏着当年姚文元式的祸心，老人不会不知道，几年来他几乎过着隐居生活，不再发表惊世之论，以求安全度过晚年的平静生活，可是这一次他忍不住了，他必须捍卫这个经过几十年惨痛教训换来的人生格言。于是，在那一年四川成都举行的第二届巴金学术研讨会上，老人发表了一篇公开信，反驳那些文坛上的鬼魅们："我提倡讲真话，并非自我吹嘘我在传播真理。正相反，我想说明过去我也讲过假话欺骗读者，欠下还不清的债。"老人真的火了，他愤怒地说下去："因为病，我的确服老了……以后我很难发表作品了。但是我不甘心沉默。我最后还是要用行动来证明所写的和我所说的到底是真是假，说明我自己究竟是一个怎样的人。一句话，我要用行为来补写我用笔没有写出来的一切。"……那一年，巴金87岁，风烛残年中他依然一往无前。（陈思和：《巴金写完〈随想录〉以后》）

1993年巴金写了随笔《没有神》，他的简单结论一目了然："没有神，也就没有兽。大家都是人。"他对"人"、"兽"和"神"的空洞抽象的认识，又回到1934年在《〈神・鬼・人〉序》中抒发自己"离开从空虚中生长出来的神和鬼而存在"的幼稚园历程：做小孩子时，祷告神、相信神，害怕鬼；经过锻炼，不再崇拜神，也不再害怕鬼。"我认识了一个东西，相信着一个东西——我自己：人。"

实际上这样的认识未免有点流于肤浅吧。从社会心理学看来，既然存在不同的利益集团，就必定有人"装神弄鬼"，也就必须揭破一句顶一万句的"神谕鬼话"等等；从人格心理学看来，每个人，都有本我、自我、超我，因此每个人心中也都不同程度地有"兽（或魔鬼）"和"神（或天使）"。如此，公众知识分子的社会责任和历史使命，就不是简单的唠叨说教、长吁短叹，而必须落实为深刻具体的分析和社会实践的行动。

1996年巴金在为译文集末卷写的《代跋》中，再次自述："道德规范的最高目标就是奉献自己。一个人要想长久活下去，只有把生命奉献给社会，奉献给人民。道德不只是利他的，也是利己的；奉献不仅是为别人，也是为自己，生命的意义就在于奉献。我们每个人都需要生命开花，每棵树都需要雨露滋润，离开了社会，我们都会枯死。有了道德，人生才会开花。"这些再三重复的格言真话，难免使得读者感到老生常谈：冬雷震震、空谷足音。

巴金经历对个性的影响

巴金，原名李尧棠，字芾甘，1904年11月25日生于四川成都正通顺街，祖籍浙江嘉兴。巴金的原名源于《诗经·国风》中《召南·甘棠》的首句"蔽芾甘棠"。

1920年8月，考入成都外语专门学校。

1921年4月，以芾甘笔名发表第一篇文章《怎样建设真正自由平等的社会》。

1923年他为寻求新生活而毅然离开闭塞的四川来到十里洋场的上海，改变了自己的生存环境。1923年春，先到上海入读上海南洋中学，1923年夏考入南京国立东南大学附中，1925年毕业。

留法时留下无政府主义的烙印

年轻的巴金为找不到出路而苦恼，是两本无政府主义的小册子为他打开了心路，那就是他在1920年看到的俄罗斯克鲁泡特金的《告少年》和廖亢夫的戏剧《夜未央》。这两本书震撼了他的灵魂，使他在世界观形成的时期信仰了无政府主义。

长期以来，巴金精神的主旋律，是俄国革命党人和法国民主知识分子反抗王权、争取个性自由的思想传统。跟他同时代的文化人相比，巴金为人和为文都单纯得多。他勇于写作抒发激情，而怯于行动付诸实现。

1927年自费赴法国留学，1929年回国。在1928年10月，以巴金为笔名发表译著《托洛斯基的托尔斯泰论》，为此笔名最早见于报刊的文章。

"巴金"这一笔名，源自他在留学法国时认识的一位巴姓的同学巴恩波（一说是无政府主义创始人巴枯宁），以及这位同学自杀身亡时李芾甘所翻译的克鲁泡特金著作。李芾甘把这二人的名字各取一字，成为了他的笔名。

1934年11月赴日本留学，1935年8月，巴金从日本回国担任文化生活出版社总编辑，找到了以笔为武器同旧制度斗争的文化岗位。

此后巴金连续出版了三部曲《家·春·秋》、《雾·雨·电》、《憩园》、《海底梦》等小说。

从 1936 年起，巴金就以作家身份兼营出版社，直到 1956 年公私合营才收摊，实际上他干了 20 年的出版商。巴金先当文化生活出版社的总编辑、总经理，新中国成立后，又联合了他的两个弟弟，开办平明出版社。

经过长期恋爱，1943 年巴金与曾是他的读者的萧珊结婚，建立了令他依恋的美满家庭。

从丧失自我到寻找自我

1957 年 7 月，巴金和靳以主办大型文学刊物《收获》，并担任主编。

1960 年 8 月，巴金当选中国文联副主席。

1966 年 8 月，受上海作家协会"造反派"批判，开始强迫劳动的生活，关进牛棚；被《人民日报》署名文章点名批评。

1977 年起任中国作家协会主席直到逝世，达 28 年之久。

1978 至 1986 年，巴金陆续写出了 5 本《随想录》。接着，人民文学出版社从 1986 年起出版《巴金全集》14 卷。

读过《随想录》的人们都说巴金是当代中国活得最痛苦的老人，这个社会正在逐渐走向开放，人人都有权利追求事业成功，财富增长，名利双收，出国自由，生活享受以及心情的欢悦，只要能追求的似乎都是合理的，人人都轻松自如。但唯独巴金，还在一字一句地写他的忏悔录。他沉浸在噩梦的恐怖之中，把自己作为箭垛，一鞭一条血痕地解剖自己、指责自己，提醒人们不要忘记 20 年前的民族劫难。这种对世人的爱心与对自己的苛刻情绪近似宗教，可是在所谓"后现代型"的社会里，却变得多么的不合时宜。（陈思和：《巴金写完〈随想录〉以后》）

1983 年起巴金连续五次当选全国政协副主席，达 22 年之久，是中华人民共和国成立以来唯一的超过百岁且在任上去世的"国家领导人"。

90 年代以后巴金患有帕金森氏症、慢性气管炎、高血压、恶性间皮细胞瘤等多种疾病，曾表示要求安乐死；1999 年，因呼吸道感染发高热并出现急性呼吸衰竭，病情反复，从此失去知觉（脑死亡）未能出医院。2002年8月，巴金的胞弟李济生写道："几年来，巴金重病卧床，既不能言，更不能写，忍受着无比的苦痛。牺牲自己为他人活着，身不由己！"

2005年10月17日，形同植物人的巴金终于在上海市华东医院停止呼吸。心脏死亡晚于脑死亡6年。

巴金晚年提议建立中国现代文学馆和"文化大革命"博物馆，但后者至今都未实现。

巴金的知识结构

巴金自幼在家里延师读书。但是他诞生的第二年（1905）满清政府停止科举制度，开始兴办新式学堂，所以他的"旧学"底子并不太牢靠。

1912年中华民国成立时巴金8岁，此后他基本上按照中华书局新编的小学课本，学习语文、算术、自然知识等。

1919年五四运动中，巴金通过阅读新报刊，接受民主主义和无政府主义思潮。

1920—1923年，巴金16—19岁，在成都外语专门学校（四川大学前身之一）攻读英语。

1923年赴上海，不久到南京东南大学附中读书，1925年夏毕业。

1927年赴法国巴黎，1928年冬回国。

他的外文根底深厚，掌握英语、法语、世界语。他翻译过许多外文书籍。

巴金一生酷爱读书，他的许多文史知识是自学成才的。

巴金理想型的16种个性特质

用因素分析法，可以得出巴金的16种个性根源特质的测试结果：

乐群性（－）、聪慧性（＋）、稳定性（＋－）、恃强性（－）、兴奋性（－＋）、有恒性（＋）、敢为性（＋）、敏感性（－）、怀疑性（－＋）、幻想性（－）、世故性（＋－）、忧虑性（－）、求新性（＋）、独立性（＋）、自律性（＋）、紧张性（－）。

巴金不善交际，但赤诚、惯于幽居独处、不太喜欢热闹；他聪明、富有才识、抽象思考能力强；他平时情绪稳定、态度温和、不易冲动；他不武断，不好斗，而是温情、谦逊、随和；他热情、但又沉静、审慎；他自觉、负责任、讲道德、不敷衍、遵守规则；他胆大心细、敢作敢当、但不冒险，易退缩、犹豫畏却；他敏感、抱幻想、感情用事，但也着重实际、理智、能自我克制；他警觉、但决不刚愎自用，他善于接受、容纳别人的正确意见；他不狂放，而是现实、脚踏实地、合乎常规；他并不世故、精明能干，但坦率、朴实、天真；他自信、安详、沉着、满足；他求新、思想自由、爱批评、不守旧；他自立、当机立断、自有主张，不随大流；他严于待己、受约束、不任性、不松懈、重视细节；他一般很少紧迫感、不困扰，无拘束、镇定、放松自如。

巴金的个性因素（特质），可以概括为下表——

巴金理想型的个性因素表

A. 乐群性　　　（－）外向、爱社交——内向、不善交际（＋）

B. 聪慧性　　　（＋）聪明、理智——迟钝、欠理智（－）

C. 稳定性　　　（＋）沉着、情绪稳定——易激怒、情绪不稳（－）

E. 恃强性　　　（－）争强好胜——温顺、随和（＋）

F. 兴奋性　　　（－）活泼、热情洋溢——严肃、冷静（＋）

G. 有恒性　　　（＋）道德观念强——玩世不恭、漠视规则（－）

H. 敢为性　　　（＋－）胆大、冒险——退缩、犹豫（＋－）

I. 敏感性　　　（　）感觉敏锐——不敏感（－）

L. 怀疑性　　　（＋）怀疑、警觉——轻信、麻痹（－）

M. 幻想性　　　（＋－）富于幻想、心不在焉——现实、脚踏实地（－）

N. 世故性　　　（-）世故、老练——坦率、朴实（+）
O. 忧虑性　　　（+）忧虑、不安——无忧无虑、满足（-）
Q1. 求新性　　　（+）求新、思想自由——守旧、保守传统（-）
Q2. 独立性　　　（+）独立自主、有主见——服从、依赖群体（-+）
Q3. 自律性　　　（+）自律、受约束——任性、无拘束（-）
Q4. 紧张性　　　（-）紧张、紧迫感——放松、镇定（+）

五因素模型检测巴金的人格结构

（E）倾向性（-+）

（A）随和性（+）

（C）认真性（+）

（N）情绪性（-+）

（O）开放性（+）

第三型：干练的稳健型务实者张元济
（1867—1959）

张元济是我国20世纪上半叶最大出版集团——商务印书馆的主持者，担任董事长30多年，极有威望，被公认为"中国出版第一人"。他是清末参与维新变法的翰林，民国支持新文化运动的出版家。他是唯一见过光绪、孙中山、袁世凯、蒋介石、毛泽东"中国五位第一号人物"的书业元老。

张元济的个性基本上属于稳健型（实干型）。

张元济给人们的稳健型务实印象

张元济（1867.10.25—1959.08.14）不愧是商务印书馆的稳健务实风格的典型代表。

论者曰："没有张元济就没有商务印书馆；没有商务印书馆，就没有中国近现代的出版业。在张元济及同仁努力下，商务印书馆成为中国近现代文化出版业的缩影和标尺。"

张元济以"扶助教育为己任"，并非以滔滔不绝的豪言壮语来扶助，而是以源源不断的稳健务实来扶助。

1919年五四新文化运动初期，在胡适之、林纾等人为"白话文与文言文谁优谁劣"争辩得不可开交之时，张元济主持下的商务印书馆未加一句评论，就出版了大量的白话文课本，他用实际的行动为争论划上了句号。时至今日，商务印书馆的白话教材的启蒙价值已经毋庸置疑，其开辟的教材风格也成为多年以后无数人怀念的范本。

1928年，张元济为《四部丛刊》专程赴日访书。在一个半月的时间里，他饱览了东京、京都等地图书馆的汉籍收藏，每天不停地阅选古书。虽然那时他已是年逾六旬的花甲老人，但他就像见到了自己最珍爱的东西，每天都要做笔记直到深夜。每到一处，都商借拍摄，带回上海影印出版。访书的直接成果是带回了46种罕见古籍的摄影底片，其中就包括被日本静嘉堂文库收购走的皕宋楼藏书。直到今天，一个读书人要想看到那么多的宋元明善本，也只能是张元济的《四部丛刊》。

古籍流传世间已久，在岁月的侵蚀下，往往残破、墨迹不清，这就需要修校，用心地把不清楚的字迹描清楚，专业人士称为描润，但这只是校勘古籍最初步的工作。它还需要用不同的版本对照甄别，断其是非。张元济不辞劳苦，亲自对每一册古书，做着初修、精修、复校、总校的工作。他终日伏案，每天的工作量是100页，每一页都校勘到准确无误为止。直到今天，看过张元济校勘影印件的人，都叹为观止。

张元济主持的另一项大工程，就是《百衲本二十四史》的影印。"百衲"二字，取自于古代和尚所穿的破烂补缀起来的衣服。许多宋代版本的书传下来都有缺卷，需要配其他的宋本，还要配页，所以称之为"百衲本"。

印书馆同仁回忆说："当初张元济制订了商务所有的出书计划，出什么书？怎样出书？成了他一生的事业。影印古籍，他要选最好的版本；推介西学，他要找最好的翻译者；出版新书，他要用最好的设备、最好的纸张。甚至对书的排版样式也要一再叮咛：书的版框四周空白要宽展一些，否则紧皱眉头，令人一见烦恼。还有许许多多的事务，包括书稿他亲自看，有些书他亲自编，外面的联系他亲自出马，甚至买纸张，买印刷机，收古书，他都事必躬亲。"

著名的版本目录学家傅增湘是张元济的知己，张元济在给他的信中曾写到："吾辈生当斯世，他事无可为，惟保存吾国数千年之文明不致因时势而失坠，此为应尽之责。"他们两人的通信现存30万字，内容主要就是看到什么书、什么价、怎么买，就是什么书怎么印、怎么出版等等。

1948年张元济当选中央研究院首届院士时，获得如此评价："主持商务印书馆数十年，辑印《四部丛刊》等书，校印古本史籍，于学术上有重大贡献。"

据《涉园主人》记载：当年29岁的黄裳给已经84岁的泰斗张元济写信，向他寻找马叙伦的《读书小记》；因素未谋面，黄裳的请求又显得冒昧，他还要求张先生把商务印书馆印行的《古今小说》删去的字句补足。出乎意料的是才过了一周，黄裳就收到张元济的回信，并把那本《读书小记》也寄来了，信中说那是最后一本，还是从福州调过来的。年轻的黄裳除了感激外，就是惊异加惊喜："惊异于以商务印书馆那么庞大的机构，张元济竟然能够调度敏捷自如，惊喜于张元济真让秘书把那些删节的地方令秘书用小楷抄写后，一并邮寄来"。黄裳65岁时对于此事记忆犹新，念念不忘。

张元济稳健型务实个性特点

张元济的个性属于干练的稳健型务实主义，表现出坚忍不拔的人格，以身作则弘扬民族气节，具体说来，有如下特点——

（一）注重实干，不尚空谈；

（二）稳健谨慎，善结人缘；

（三）创新意识——敢为时代先；

（四）重义轻利、义利兼顾；

（五）强调民族气节的人格教育；

（六）追求新知，崇尚读书；

（七）迎合新潮，崇尚革新；

（八）勤俭节约，崇尚俭朴。

下面根据历史资料和已经发表的回忆录、访谈录，摘引一些实例，加以论证。

（一）注重实干，不尚空谈

清末维新变法惨遭镇压而失败后，张元济反思了举办北京通艺学堂与南洋公学特班的英才教育实践。

戊戌六君子临刑时，张元济看到"通艺学生竟面有喜色者"。当时他真惊诧，现在却明白了："念念在育才，则所操者狭而所及者浅"，要做到"无良无贱，无智无愚，无长无少，无城无乡，无不在教育之列"，"必重普通而不言专门，则必先初级而不可亟高等"。

张元济更反思了百日维新，当时晓得自强救国要"民智大开"的人很多，但更多的是不着边际的慷慨激昂豪言壮语，所缺少的是脚踏实地的实际行动。他已明白：清谈误国，并看清了自己该走哪条路：实干、实干、再实干！

（二）稳健谨慎，善结人缘

当初张元济在朝廷各方面关系处理得都不错。光绪帝召见的第二天，他的上司、总理衙门大臣李鸿章就以微妙的方式向他"打招呼"。当时管学大臣孙家鼐举荐他当京师大学堂总办，可他藉口极力辞退。他同维新派关系也面对实际、稳健谨慎。办《时务报》的汪康年与他是通信密切的至友，他不断向汪康年提供办报所需的京师内幕消息，代为发行刊物。他曾劝康有为出京办学或回籍韬晦，待时机成熟再行变法。他还着力调解过汪康年与梁启超之间的矛盾，甚至在政变的第三天写信给汪康年，建议他尽早结束《昌言报》，并勉励他不要气馁，"自来变法莫不如是，惟望新党勿为所摇夺耳"。可供张元济选择的路还是很多的。他可以投奔康梁，继续从事政治斗争；或者肯熬，有耐性，同样仕途未绝。因为他朝中有人，又有优势，才32岁，年富力强可以等待，所需要的只是时间。

张元济对于商务印书馆的关系也是如此。最初的商务印书馆只是一个手工作坊式的印刷工场，由排字工人夏瑞芳创办。张元济放弃了在南洋公学显赫的地位，到一个弄堂小厂里，跟一个小业主合作，这样的转变，时人多有猜测和不解。直到半个世纪后，因中风卧床数年的张元济写诗告别商务同仁："昌明教育平生愿，故向书林努力来，此是良田好耕植，有秋收获仗群才。"

（三）创新意识——敢为时代先

清朝末年，张元济和志趣相投者常在陶然亭聚会，主张改革。他们结成"健社"，在此基础上集资创办"通艺学堂"为年轻京官讲授新学，设立洋文、舆算，及兵、商、农、矿等科，在京城卓有声誉。

初创于1897年的商务印书馆，起初只不过是个小小印刷作坊而已，但是张元济却怀抱"以扶助教育为己任"的社会责任感，带着它不断创新。1904年，中国第一部小学教科书《最新教科书》在商务出版，接着又编印了高小、中学教科书，是现代教育史上一大创新。同时，张元济致力引进西学、介绍名著，以严复翻译的《天演论》、林纾翻译的《茶花女》影响尤为深远。1915年，我国第一部新式辞书《辞源》问世，开创了出版现代工具书的先河。此外，商务还创刊了十多种影响广泛的新刊物，如《东方杂志》、《小说月报》、《教育杂志》、《妇女杂志》、《学生杂志》等。

1919年新文化运动兴起之时，领导商务印书馆的张元济提出了"喜新厌旧主义"。他说："弟生平宗旨，以喜新厌旧为事，故不欲厕身于政界。自与粹翁（指夏粹芳——笔者）相遇，以为得行其志，故甘为公司效劳。弟敢言，公司今日所以能（有）此成绩者，其一部分未始非鄙人喜新厌旧之主义所致。"张元济执行了"商务大换血"计划，主张用新人办新事，首先从改造刊物开始。1920年，张元济任用茅盾主持《小说月报》。他起草了《改革宣言》，阐明不仅译述西洋名家小说，更要创造中国的新文艺。革新后的《小说月报》一改过去刊载男女情爱、闲适生活的格调，倡导"为人生的文学"，迅速成为新文化运动中最有影响的刊物之一。老舍、巴金、丁玲都是通过《小说月报》走上文坛的。

张元济以开明开放、兼容并包、海纳百川的胸怀和学术情趣，广集人才。据《商务印书馆大事记》记载：1920年到1922年间，在张元济主持下陆续进馆的就有陈布雷、谢六逸、郑振铎、周予同、李石岑、王云五、竺可桢、任鸿隽、陶孟和、顾颉刚等，他们当中很多人后来成为文艺科技领域的骨干。商务印书馆也因此和五四时期蔡元培主持下的北京大学一样，成为"各方知识分子汇集的中心"。

（四）重义轻利、义利兼顾

张元济坚持重义轻利、义利兼顾，有所为有所不为的编辑原则，实际是追求一种大利：既注重图书的学术价值和文化品位，又与市场紧密联系，实现文化追求与商业利益的结合。因此，市场竞争不应成为有些编辑舍弃文化价值的借口。在漫长的半个世纪里，张元济一直注意：保持商务印书馆的股票不落入有政治色彩很浓的人的手里，许多政治力量想控制商务馆始终没能如意。

张元济在动荡的时代里，辑校《四部丛刊》，钩沉、整理进而维系着中华文化的命脉。另一方面，传统文化却因为国家日益衰落而被人丢弃、破坏而沦丧。因此张元济的工作就更需要眼光、胸怀和毅力。但商务毕竟是企业，搜集、编校古籍毕竟需要巨大的成本，所以张元济的做法难免遭人反对。有股东在报上发表文章，指责张元济收购古籍是"徇一人之嗜好"。文弱儒雅的张元济拍案而起："此事决不使公司于营业上有损！"

张元济这样一个嗜书如命的文人竟同样善于管理和经营，《四部丛刊》初编出版以后，光这套书就赚了100多万。经营上的成功，为后来《百衲本二十四史》的影印，提供了很大的保障。"百衲"二字取自于古代和尚所穿的破烂补缀起来的衣服。许多宋代版本的书传下来都有缺卷，需要配其他的宋本，还要配页，所以称之为"百衲本"。

顾廷龙先生曾感叹："这么浩大的工程，都是用手写，那些校勘记，那些批注，所耗费的精力工夫无法估量，这整整十年当中张元济就是每天不间断地在做这样一件工作！"

文字与钞票、"书香与铜臭"，一直是中国知识分子的心病，"既叫好，又叫座"，很大程度上不能两全。既能赚到大钱，又不出一本滥书；既是商业机构，又是文化重镇——符合这一标准的典范，就是张元济领导下的商务印书馆。

（五）强调民族气节的人格教育

1937年初，日本侵华形势日趋严重。东北沦陷，华北告急，国难当头、民族危亡的情形下，张元济先生忧患愤慨。但他不忘教育并特别强调人格教育。他认为人格就是潜藏于历史底层的民族生命力之所在，就是摆脱和超越民族灾难的精神原动力。为宣扬中华民族故有的人格，激发人们的爱国热情，他从《左传》、《战国策》、《史记》上摘引有关义士事迹的原文，配上白话译文，每篇末尾加有评价，揭示人物的品格，引起读者思考和省悟，编成《中华民族的人格》一书。5月，由商务印书馆出版。

他在《编书的本意》中写道："我现在举出这十几位，并不是什么演义弹词里妆点出来的，都是出在最有名的人人必读的书本里。他们的境遇不同，地位不同，举动也不同，但是都能够表现出一种至高无上的人格……这些人都生在两千多年以前，可见得我中华民族本来的人格，是很高尚的。只要谨守着我们先民的榜样，保全着我们固有的精神，我中华民族不怕没有复兴的一日！"

在国家民族存亡的危难时刻，张元济先生出版了《中华民族的人格》一书，用意显而易见，他希冀我中华民族故有的人格能深入每个人的心中，通过这样的人格教育来唤醒一般民众！此书出版后深受欢迎，起到了积极影响。两个月后又印行了第二版，之后出了桂林版、长沙版、重庆版，1947年2月发行了第六版。1937年6月因救国而身陷囹圄的韬奋读此书后，即写信给张元济："拜读大著《中华民族的人格》，实获我心。韬等始终坚持、生死不渝者，正为先生谆谆训诲者也。此书在国难危迫如今日，尤弥足珍贵……"。当时上海各报也常用此书来唤醒民众，弘扬民族气节。因此，日本占领区禁售此书。当日军投降后的第二日，张元济先生在一册《中华民族的人格》的扉页上用毛笔写下了"一二·八后日寇禁售此书，其用意可想而知。愿我国人，无忘此耻。张元济识。民国三十四年（1945

年）九月联军在东京湾受降后二日。"

1937年的形势，全民抗战开始，华北大批学生向南流亡，使张元济产生了强烈的感触，他针对人格堕落、教育危机，发表了《我国现在和将来教育的职责》，对几十年来的新教育进行了反思，认识到决不能只注重新知识的培养却忽视了"人格的扶植"。他讲："近几十年来，设学堂，讲究新学。如今国内的大学有了几十处，造就许多新人才，做成了许多新事业，国家受了不少的益处。"指出："在社会上迷漫着一种骄奢、淫佚、贪污、诈伪、鄙贱、颓惰、寡廉鲜耻的风气，使我国家糟到这样的田地，不能不说也是它的结果。回想四十年前，我们在那里提倡新教育的主张，到今朝，良心上也受着很严重的谴责。怎样的主张？就是只注重新知识，将人格的扶植，德性的涵养，都放在脑后……"他又想起民国八年（1919年）时参观了清华大学看到的奢侈排场和今年（1937年）到南京看到中央大学那宫殿式房屋，感叹："人们物质的享用太过。久而久之。目的只有金钱，其他什么都可以不管。唉！这种纨绔的教育，傀儡的教育，真是亡国的教育。现在一两个月的炮声可以把我们震醒了。"

（六）追求新知、崇尚读书

张元济晚年写的一副对联是："数百年旧家无非积德，第一件好事还是读书"。百年中国，许多人都在寻找富强中国的道路，而张元济选择了以出版来推动教育，为中华民族的文明"续命"。嗜书、寻书、藏书、编书、出书，成就了他的一生。

当年戊戌变法，光绪皇帝要读西方新学的书，开列书单下交总理衙门购买，朝中竟无人能通晓；而张元济却能把它们收罗齐全。这些呈送光绪皇帝的书，大部分是张元济自己的收藏。因为书上有印章，张元济的名字便给光绪留下了很深的印象。光绪皇帝在下诏戊戌变法的第五天就召见张元济。他进言的是兴办新式学堂、培养各种人才和注重翻译，崇尚读书。

张元济自家的住宅里，图书则更是无所不在。在大客厅、小客厅、小书房、楼梯厅，楼上自己的工作室、卧室里，无处不是图书。似乎无书就不成其为家了。文化的熏陶需要一种气氛，张元济以他渊博的学识，自然而然地在家里营造起一种文化氛围。

（七）迎合新潮、崇尚革新

张元济是清朝的翰林，但是他崇尚革新，吸收西方的先进文化，摈弃陈规陋习，这在一般旧时代知识分子中是罕见的。他的用餐方式也从一个侧面可见一斑。他主张改良我国民众过去喜爱操办大桌酒席、铺张浪费的共餐方式，和客套虚浮的敬酒习俗，而接受西餐的适量分食的卫生方式。

（八）勤俭节约、崇尚俭朴

张元济始终保持了创业的艰苦砥砺精神。他没有嗜好，不仅杜绝鸦片，而且不吸烟、不酗酒。他在乘坐火车轮船的旅途中也致力于辑校古籍。

尽管商务馆每年印书要用30万令白纸、营业额上千万，但他除社交信件外，几十年如一日地用纸边或背后空白的废纸写信拟稿，一个信封用几次。"在商言商"，他使自己与商务印书馆馆都保持了独立的商务精神与商务品格。

张元济崇尚俭朴，经常教育晚辈勤俭节约。虽说那时家里有花园洋房，但无丝毫奢侈浪费之恶习。勤俭持家之风贯穿在家庭生活的每一个方面。从最小处说，绳子、纸片都是不允许浪费的。张元济的书桌里有一个抽屉专门用来放绳子，凡是有包装物品用过的绳子，都绕起来放入抽屉以便重复利用。

极司非而路的老宅是一所非常大的房子。但是里面没有豪华的装修，陈设中给人们印象最深的是两种东西：到处是书籍和出土文物。

张元济经历对个性的影响

张元济字筱斋，号菊生。1867年10月25日生于广东，原籍浙江海盐。他幼年入家塾读书，从秀才、举人到贡士、进士。1892年6月，光绪皇帝在太和殿召见新科进士，授张元济等为翰林院庶吉士。25岁的张元济完成了科举制度下的所有考试，可谓少年得志。张元济是和蔡元培同年的翰林，他当时就认为中国处在列强包围中，必须要普及教育。1896年和陈昭常等人创办教授西学的通艺学堂，扩大京官对新学的知识。戊戌变法时由光绪帝破格召见，曾任总理各国事务衙门章京。政变后被革职。

1898年的戊戌百日维新，是晚清王朝自救的努力，但失败了。参加、支持和同情戊戌变法的，被杀的被杀，革职的革职。翰林院里，张謇去办实业，蔡元培回老家教书，原本等着坐牢杀头的张元济，因李鸿章相助而幸免。李鸿章将他推荐给盛宣怀，于是他来到了盛宣怀创办的南洋公学，冬任南洋公学（今上海交通大学）管理译书院事务兼总校，注意译书的选题，从著重译兵书改为译社科书籍。后任南洋公学总理，创办了南洋公学特班，这个"特班"，按盛宣怀的说法，就是为中国的将来培养"大才"。特班只有一届学生，出了邵力子、李叔同、谢无量等人。

主持商务印书馆

1901年，以"辅助教育为己任"，投资商务印书馆，并主持该馆编译工作。1902年7月后辞去南洋公学的职务。1903年任商务印书馆编译所长。

1904年，《最新初等小学国文教科书》出版，被全国各地的学堂广泛采用。商务印书馆的发行所挤满了争购的人群。教科书在晚清的发行总量占到了全国的五分之四，最新国文教科书曾翻印过30几次，印刷总量达到一亿册，成为那个时代教科书的范本。其他出版机构争相效仿，再不能粗制滥造而牟利。书肆风气，为之一变。

在张元济的擘划下，商务编写了从小学、中学到大学的全套教科书，组织翻译出版大批外国学术和文学名著，同时出版发行了《东方杂志》、《小说月报》、《教育杂志》等刊物。

到1910年，商务已是晚清仅有的15家资产超过百万银元的大企业之一。

1916年张元济任商务印书馆经理，1920—1926年改任监理。1926年任董事长直到逝世。

他主持商务印书馆期间，组织了大规模的编译所和涵芬楼（后扩建为东方图书馆）藏书，开创了私营出版社设专职专业编辑和图书资料以保证出版物质量。从1915年开始筹备，1919—1937年动用国内外50余家公私藏书影印出版《四部丛刊》、《续古逸丛书》、《百衲本二十四史》3种丛书共610种近2万卷。他选书注重实用、母本讲究善本，以及传真版石印的组织，开创了古籍丛书翻刻、影印的新阶段。

1932年1月29日，日军针对性的轰炸商务印书馆。造成这个几乎垄断中国教育出版，占全国出版量52%的出版巨头损失1630万元，80%以上资产被毁。同时被毁的还有商务印书馆所属的东方图书馆珍藏的45万册图书，其中有很大部分是古籍善本和孤本。时年65岁的张元济深受打击："连日勘视总厂，可谓百不存一，东方图书馆竟片纸不存，最为痛心。"

他精于版本目录之学，又密于检察，所著《涵芬楼烬余书录》、《宝礼堂宋本书录》、《涉园序跋集录》集近代目录体例之长，又检录綦详，已成为现在古籍鉴定援引例证之一。此外，还著有《中华民族的人格》、《校史随笔》、《张元济日记》、《张元济书札》、《张元济傅增湘论书尺牍》。

他自觉地把商务印书馆与中国教育现代化连接起来。张元济把希望寄托于"开启民智"。

他在写给盛宣怀的信里说，中国四万万人口，当初只有四十万人受过教育，这教育不过就是学八股文，对于应有的现代知识几乎都没有学到。这样下去我们的国家要亡。

张元济当了商务印书馆编译所的所长，他还聘请了一批扶助教育和文化建设的有识之士，如蔡元培、高梦旦、杜亚泉、夏曾佑等。

《四部丛刊》和《二十四史》的功臣

在张元济整理影印的各种古籍丛书中，用力最勤、费神最多的当属《四部丛刊》和《百衲本二十四史》。这两部大书在文化上的影响也最大，至今仍是海内外古籍工作者常备的基本文献。

《四部丛刊》从1915年开始酝酿，到1922年初编出版，费时7年，是中国现代出版史上没有先例的浩大工程。前后印了初编，续编，三编，近500部书，汇集了中外的宋元明善本及一些精抄本。从定书目、选底本、文字校勘，到工程预估、印刷纸张，张元济都亲历亲为。而其中最大困难就是对版本的搜集挑选，为此张元济几乎访遍了当时中国有名的藏书家。这段经历，张元济称之为："求之坊肆，丐之藏家，近走两京，远弛域外。"（注：域外指日本）

在《四部丛刊》出版之前，中国最著名的古籍丛书是《四库全书》，但那部诞生于乾隆朝，以全国之力而成的大书，无论选目还是抄写质量，都颇受后来学者的诟病。而以张元济一人之力，成就于百年中国苦难岁月的《四部丛刊》，无论在选目的精当，还是在校勘和影印的质量方面，都远远超过前者。

当《百衲本二十四史》的编校一切就绪，甚至影印所需的样张都已完成时，战争来临了。1932年的"一·二八"淞沪战争中，一场浩劫将他大半生的心血化为灰烬，张元济遭受了人生中无以复加的严酷打击。

在上海档案馆现存的一本影像资料中，记录了1932年商务印书馆总厂及附属的东方图书馆被毁后的景象。那天早上8点多钟，日军的飞机轰炸了商务印书馆。第一枚炸弹就落在油墨仓库里边，瞬间燃烧起来，那些被溶解了的铅字像水一样在地上流淌。宝山路的总管理处、编译所、四个印刷厂、仓库、尚公小学等全部中弹起火被焚毁。随后，日本浪人又潜入东方图书馆纵火，浓烟遮蔽上海半空，纸灰飘飞十里之外，火熄灭后，纸灰没膝，五层大楼成了空壳，商务印书馆80%的资产被毁。最令人痛惜的是东方图书馆的46万册藏书，包括善本古籍3700多种，35000多册，悉数被毁，价值连城的善本孤本图书从此绝迹人寰。

望着漫天飘舞的纸灰，张元济涕泪长流。他唯有自责，因为他太爱书了。他对夫人说："这是我的罪过！如果我不将这些书搜罗起来，不是集中保存，仍然让它散存在全国各地，岂不可以逃过这场浩劫！"但一切都无法挽回，他仰天长叹："廿年心血成铢寸，一霎书林换劫灰。"这是中华民族历史上无可挽回的、永远令人痛心的悲剧。

当年商务被毁前后的种种迹象表明，商务的被毁是历史抹不去的侵略者的暴行，而且是侵略者早已有的预谋。日寇曾经放言：我炸了你一条街，明天就可以修复，但是我炸毁了商务印书馆，你就永远也恢复不了。

就在东方图书馆被焚毁的当天，66岁的张元济立即重返商务印书馆，主持商务复兴的工作。他又开始了每天早上八点上班，下午六点下班，晚上回家校勘古书的生活。张元济对向他表示慰问的胡适说："如果商务从此澌灭，未免太为日本人所轻。"他说："平地尚可为山，元济一息尚存，仍当力图恢复。"他每天的工作是如此的迫切，他似乎忘却了自己的年龄。张元济又从头开始校勘《百衲本二十四史》，他仿佛在与时间赛跑，他要赶在灾难再一次来临之前。任何人、任何时候看见他，他都在伏案忙碌。他的视力为此受到损害，医生嘱咐他再不能长时间用眼，但他还是坚持，只是用一点眼药水，支撑着。他白天到商务工作，晚上回家校勘《百衲本二十四史》，就如同他退休之前那样，直到商务重新开业。经过四年多的夜以继日，1936年，《百衲本二十四史》终于出版了。这时，张元济已整整70岁。他对好友顾廷龙说："能于文化销沉之际，得网罗仅存之本，为古人续命，这是多么幸运啊！"

为读书育人呕心沥血

1937年初，战争已是山雨欲来。这时，一本小册子在国人中流传开来。小册子很薄，不到5万字，记述了中国古代14个"杀身成仁、舍生取义"的侠义故事，取名为《中华民族的人格》，编写者就是张元济。

在日本帝国主义步步紧逼的时候，张元济看到，过去有过一些交往的人，有的落水了，有的当汉奸了，比如商务印书馆第一任董事长郑孝胥，跑到伪满洲国当总理去了。置身如此世态和时运，张元济异常沉痛地关切着民族的去路，他觉得应该要提倡我们中华民族应有的人格。

他曾对中国自晚清以来的新教育有一种痛切的反省，他认为，新教育之所以没有起到真正的效果，就是大家只注意到知识的"新"，而没有注意到人格的养成。新教育培养出来的人，如果在人格上是东倒西歪的话，就不是一种成功的教育。这也许是他在国难日益深重的时刻，编写《中华民族的人格》更为深刻的原因。他为此书题词："孔子曰杀身成仁。所谓仁者，即人格也，生命可掷而人格不可失。"

八年抗战，张元济蛰居上海。他主持着没有撤离的商务董事会，拒绝在汪伪政权下注册，拒绝与日伪任何形式的合作，甚至停止了股东年会。因为生活艰难，这位古稀老人只能靠卖字维持生活。但即使卖字，他也绝不给汉奸写一个字。

张元济的孙辈张珑回忆说："珍珠港事件后，日军占领了租界，也想弄出一些社会上有威望的人来替他撑面子，有一次来了两个日本人要见我祖父，祖父就写了个条子'两国交战，不便接待'，让我父亲下楼去交给日本人。"平日他就在家里，出门越来越少，几乎处于一种隐居的状态。

虽然隐居一隅，但张元济依然关注着时局的发展，关注着那因战乱而流散的中华文明的断简残篇。他与叶景葵、陈陶遗等人一起发起成立了合众图书馆，在沦陷的上海，为散佚的古籍文献搭起了一个家。张元济还给远在北京的顾廷龙写信，邀请他来主持图书馆的工作。

当时创办合众图书馆，可说是空无一人、空无一物。没有现成的馆址，1939年开始创办，直到1941年才把长乐路富民路的房子慢慢盖起来。张元济和叶景葵都是倾其所有，不仅把两个人所有的藏书都拿出来，口袋里只要有钱也都倾囊而出。

就这样，张元济又办起了一个图书馆。他在战祸相连，文物图书大量散亡之际，收藏、保存古籍善本，发展成为上海最具规模的图书馆。到1949年，合众图书馆已有藏书22万册。上海解放后，张元济捐出了全部藏书，成为今天的上海图书馆中最重要的珍藏。

新中国成立时，张元济已是82岁的耄耋老人。1949年底，他中风了，半个身子不能动，只能背靠在墙上，半卧着。他让家人制作了一张小桌，放在床上，靠着这个小桌，张元济依然继续着他的编校工作。就在这张小桌上，张元济用放大镜，一个字一个字地完成了他人生最后的一本书——《涵芬楼烬余书录》。这件事他整整牵挂了20年。

当年东方图书馆被毁，所幸有574种善本因存放在当时租界的银行保险柜里得以保存。张元济深恐这批幸存的书再出意外，开始对这批图书编目。

在病榻上，他完成了《涵芬楼烬余书录》的编校，了却了牵挂20载的夙愿；他为新发现的宋代刻本《金石录》做了鉴定，并题写跋文；在弥留之际，他还惦记着古书《册府元龟》的影印出版……

"数百年旧家无非积德，第一件好事还是读书。"这是张元济晚年所写的一副对联。一个文明古国绵延至今，就是因为有这样的传统，就是因为有张元济这样的人。（以上内容，包括从互联网下载众多资料中整理，原出处未及一一标明。请见谅。）

1959年8月14日张元济于上海去世，享年九十二岁。

张元济的知识结构

幼年入家塾读书，从秀才、举人到贡士、进士。熟读《十三经》。
1892年为翰林院庶吉士。

张元济稳健型的16种个性特质

用因素分析法，可以得出张元济的16种个性根源特质的测试结果：

乐群性（＋）、聪慧性（＋）、稳定性（＋）、恃强性（－）、兴奋性（－＋）、有恒性（＋）、敢为性（＋）、敏感性（－）、怀疑性（－＋）、幻想性（－）、世故性（＋－）、忧虑性（－）、求新性（＋）、独立性（＋）、自律性（＋）、紧张性（－）。

张元济善于交际、赤诚、乐群，他不惯孤独、喜欢热闹；他聪明、富有才识、抽象思考能力强；他平时情绪稳定、态度温和、不易冲动；他好胜心强、但不武断，不好斗，而是温情、谦逊、随和；他热情、但又沉静、审慎；他自觉、负责任、讲道德、不敷衍、遵守规则；他胆大心细、敢作敢当、但不冒险，不退缩、不犹豫畏却；他敏感、但不抱幻想、不感情用事，而是着重实际、理智、能自我克制；他警觉、但决不刚愎自用，他善于接受、容纳别人的正确意见；他不狂放，而是现实、脚踏实地、合乎常规、他老练、世故、精明能干，但又坦率、朴实、天真；他自信、安详、沉着、满足；他求新、思想自由、爱批评、不守旧；他自立、当机立断、自有主张，不随大流；他严于待己、受约束、不任性、不松懈、重视细节；他一般很少紧迫感、不困扰，无拘束、镇定、放松自如。

张元济的个性因素（特质），可以概括为下表——

张元济的稳健型（实干型）个性因素表

  A. 乐群性　　　　（＋）外向、爱社交——内向、不善交际（－）
  B. 聪慧性　　　　（＋）聪明、理智——迟钝、欠理智（　）
  C. 稳定性　　　　（＋）沉着、情绪稳定——易激怒、情绪不稳（－）
  E. 恃强性　　　　（－＋）争强好胜——温顺、随和（＋）
  F. 兴奋性　　　　（－＋）活泼、热情洋溢——严肃、冷静（＋）
  G. 有恒性　　　　（＋）道德观念强——玩世不恭、漠视规则（－）
  H. 敢为性　　　　（＋－）胆大、冒险——退缩、犹豫（－＋）
  I. 敏感性　　　　（＋）感觉敏锐——不敏感（－）
  L. 怀疑性　　　　（＋）怀疑、警觉——轻信、麻痹（－）
  M. 幻想性　　　　（－）富于幻想、心不在焉——现实、脚踏实地（＋）
  N. 世故性　　　　（＋－）世故、老练——坦率、朴实（＋－）
  O. 忧虑性　　　　（－）忧虑、不安——无忧无虑、满足（＋）
  Q1. 求新性　　　（＋）求新、思想自由——守旧、保守传统（－）
  Q2. 独立性　　　（＋）独立自主、有主见——服从、依赖群体（－）
  Q3. 自律性　　　（＋）自律、受约束——任性、无拘束（－）

Q4. 紧张性　　　（-）紧张、紧迫感——放松、镇定（+）

五因素模型检测张元济的人格结构

（E）倾向性（+）
（A）随和性（+）
（C）认真性（+）
（N）情绪性（-+）
（O）开放性（+）

【附录】张元济填干部履历表

下文摘自张元济在1952年填写的一份"干部履历表"。
（1）"文化程度"。填写了一句："稍能做普通旧式诗文。"
（2）"有何著作及发明"，张元济填写道："发明何敢言？仅仅写成几本小书而已。"
（3）"有何重要的社会关系"。

张元济填写第一个"重要的社会关系"是"安徽人胡适"。胡适在1952年，已遭受公开点名批判。许多知识分子为肃清胡适思想的影响，纷纷在大会小会上作检讨，和胡适划清界线。但张元济反而褒奖胡适："初见其文字勇于提倡白话文，居亲丧不为习俗所诱。余颇重其为人。在上海居同里，衡宇相望，时相过从。后入京任北京大学校长，音书不断。解放前将去美，勖以研究学术，异日回国，仍可有所匡助。"

第四型：自我情绪型的浪漫者吴宓
（1894—1978）

吴宓（雨僧）是学贯中西的大学者，专攻西洋文史，而又反对国内的白话文运动。讲授英国文学成果出众，培育了许多优秀的英语人才。

吴宓的个性属于自我情绪型的浪漫者。一生特立独行而又多愁善感，他觉得很多人没有体会到人生真正的美丽与趣味。吴宓对自身有强烈的哀愁，他经常想保持自己本性，避免做作的行为，但并不容易。他的心灵往往被象征性的事物吸引。他对某个（具体的）女子的爱恋，实质上爱的是自己心目中的幻影，而并不是具体的现实的人。所以，吴宓觉得别人很难了解他的感受。他时常保持礼貌、品味，因为对他而言，周围的气氛、礼尚往来与寻求知音，非常重要。吴宓认为人生如戏，自己正在舞台上表演。不愿意承认自己是平凡人。想到失去、死亡、痛苦，难免会陷入深思中。吴宓经常觉得难以用一般的方式表现自己的感情。在欲火膨胀的时候，不知会有何等感受。对于人际关系的不理想，比他人更感到困惑。有时会觉得自己是悲剧的主角。曾被他人指责"自以为是"。内心思绪起伏剧烈，时而高扬，时而低迷，如此的极端相互交替。吴宓表现自己真感情时，对于别人的批评，可以置若罔闻。

吴宓给人们的浪漫者印象

吴宓（1894.8.20—1978.1.17）为人处世，特立独行。凡与他相识的人，普遍认为他本性浪漫、天真、善良、特重友谊、乐于助人。特别是他与清华同学吴芳吉和亦师亦友的陈寅恪的忠实、真挚而坚贞的情谊，更为人所乐道。但是吴宓的思想与行动又复杂多变，充满矛盾。

温源宁认为：吴宓"立论上是人文主义者，但是性癖上却是彻头彻尾的一个浪漫者"。季羡林在《回忆吴宓先生》一书序文中说："雨僧先生是一个奇特的人，身上也有不少的矛盾。"

吴宓在清华学校时，校长周诒春就发现他并不擅长待人接物，倒适合用笔记录自己纷繁的情绪和层出不穷的思考。

吴宓是一个诗人气质很浓的人，在清华上课时，主讲英国浪漫诗人和希腊罗马古典文学，"雨僧先生讲课时也洋溢着热情，有时眉飞色舞，""雨僧先生讲授英诗，提倡背诵。特别是有名的篇章或诗行，他都鼓励学生尽量读熟背诵。"（王岷源：《忆念吴雨僧先生》）因此他的课对二十多岁的青年学生很有吸引力。

吴宓在东南大学教学有方，声誉鹊起。1923年的《清华周刊》曾有文章专述"东南大学学风之美，师饱学而尽职，生好读而勤业"，又述及吴宓授课：预先写大纲于黑板，待到开讲，则不看书本、笔记，滔滔不绝，井井有条。文章最后大发感慨云："吴先生亦是清华毕业游美同学，而母校未能罗致其来此，宁非憾事者！"

吴宓精通多种外国语，学贯中西，又没有一般教授的学究味，所以在西南联大时很受学生欢迎。一时兴起，他还会在课堂上朗诵自己的诗作，甚至他写给毛彦文的情诗，课堂气氛是相当活泼轻松的。他的上课风格也很特别，很有些欧美之风，"先生讲课从不照本宣科，而常是漫谈性质的，只指定些参考书，要我们自己阅读，提出看法，并多写读书报告。课上先生有时讲些文人轶事，风趣横生，使我们忍俊不禁。"（茅于美：《怀念吴宓导师》）

吴宓是一个双重性格的人，这一点许多人都有同感："……先生不善料理家务琐事。但他给我们修改文章时，总常用毛笔蘸红墨水书写，字迹工整。涂改一字，必涂很四方满格，免被误认。他那种治学的严谨与生活的

散漫形成了鲜明的对比。"（茅于美：《怀念吴宓导师》）

"西南联大外文系里有五位老师给我的印象最深……那就是吴宓、叶公超、柳无忌、吴达元和燕卜荪这五位先生。其中吴宓先生可说是最有意思、最可爱、最可敬、最生动、最富于感染力和潜移默化力量，也是内心最充满矛盾、最痛苦的一位了。吴先生外表似是古典派，心里面却是个浪漫派；他有时是阿波罗式的，有时是狄俄尼索斯式的；他有时是哈姆雷特型的，有时却是堂吉诃德型的；或者是两种类型、两种风格的有机结合。"（赵瑞蕻：《我是吴宓教授，给我开灯》）

在西南联大时，虽然生活贫困，但吴宓却始终保持着绅士风度，这体现在两个方面，一个是个人衣着，一个是对女士的态度。当时朱自清身着云南当地赶马人穿的毡披风，可吴宓始终西装革履，很注意仪表。"记得在西南联大，无论在长沙、南岳还是蒙自、昆明，吴先生都是西服革履，脸上的络腮胡刮得光光的。"（刘兆吉：《我所知道的吴宓先生》）

对女士的照顾也一如既往："遇有车马疾驰而来，他就非常敏捷地用手杖横着一拦，唤着苏生和我，叫我们走在街道里边，自己却绅士派地挺身而立，站在路边不动。等车马走过才继续行走。他这种行动不禁令人想起中世纪的骑士行径。"（茅于美《怀念吴宓导师》）这一切使得吴宓十分可爱。

吴宓在外形上并没有什么特别吸引人之处。对他比较熟悉的清华教授温源宁曾对他有生动的描写："世上只有一个吴雨生，叫你一见不能忘……但是雨生的脸倒是一种天生禀赋，恢奇的像一副讽刺画。脑袋形似一颗炸弹，而一样的有爆发性，面是瘦黄，胡须几有随时蔓延全局之势，但是每晨刮得整整齐齐，面容险峻，颧骨高起，两颊瘦削，一对眼睛亮晶晶的像两粒炙光的煤炭——这些都装在一个太长的脖子上及一副像支铜棍那样结实的身材上。"但就是这样一位大名鼎鼎的教授，却是一个爱情至上主义者。"他立论上是人文主义者，雅典主义者，但是性癖上却是彻头彻尾的一个浪漫者。"（温源宁：《吴宓》）

钱锺书对他的评论更是入木三分，说"像他这种人，是伟人，也是傻瓜……最终，他只是一个矛盾的自我，一位'精神错位'的悲剧英雄。

在他的内心世界中，两个自我仿佛黑夜中的敌手，冲撞着，撕扯着；吴宓先生的心灵似乎又处在一种缺乏秩序的混沌状态——每一种差异在他脑海里都成为对立。他不能享受道德与植物般平静的乐趣，而这些是自然赐予傻瓜、笨伯与孩子的礼物……隐藏于他心理之后的是一种新旧之间的文化冲突"。

季羡林说：吴宓是个不同流合污、特立独行的畸人，是个"真正的人"。

吴宓学贯中西，保守与浪漫，新派和旧派居然会在他身上相反相成地存在着，又不断冲突着，交替地表现出来。总而言之，吴宓是一个充满了矛盾的人。

吴宓自我情绪的浪漫者个性特点

吴宓带有复杂矛盾的、自我情绪的浪漫个性，具体说来有如下特点——

（一）禀性浪漫、奇特而充满矛盾；

（二）酷爱读书，求知欲旺盛；

（三）喜臧否人物而又胸无城府；

（四）坦诚率真，十分怜才；

（五）教书育人，一丝不苟；

（六）言不阿贵，行不偎荣；

（七）以风流才子自诩；

（八）自我批判即信仰之转移；

（九）不苟言笑，但为人宽厚；

（十）内心善良，乐于助人；

（十一）真学识、真性情。

下面根据历史资料和已经发表的回忆录、访谈录，摘引一些实例，加以论证。

(一) 禀性浪漫、奇特而充满矛盾

知情者指出：由于吴宓一方面信仰孔子、释迦牟尼、苏格拉底和耶稣基督，一方面又深受西方浪漫文学，特别是19世纪英国浪漫诗人的影响，他的一生又充满了奇特和矛盾。

他的学生钱锺书在《吴宓先生及其诗》中说："吴宓从来就是一位喜欢不惜笔墨、吐尽肝胆的自传体作家。他不断地鞭挞自己，当众洗脏衣服，对读者推心置腹，展示那颗血淋淋的心。然而，观众未必领他的情，大都报以讥笑。所以，他实际上又是一位'玩火'的人。像他这种人，是伟人，也是傻瓜。吴宓先生很勇敢，却勇敢得不合时宜。他向所谓'新文化运动'宣战，多么具有堂吉诃德跃马横剑冲向风车的味道呀！而命运对他实在太不济了。最终，他只是一个矛盾的自我，一位'精神错位'的悲剧英雄。在他的内心世界中，两个自我仿佛黑夜中的敌手，冲撞着，撕扯着。"

季羡林先生在为《回忆吴宓先生》一书写的序中说："雨僧先生是一个奇特的人，身上也有不少的矛盾。他古貌古心，同其他教授不一样，所以奇特。他言行一致，表里如一，同其他教授不一样，所以奇特。别人写白话文，写新诗；他偏写古文，写旧诗，所以奇特。他反对白话文，但又十分推崇用白话写成的《红楼梦》，所以矛盾。他看似严肃、古板，但又颇有一些恋爱的浪漫史，所以矛盾。他能同青年学生来往，但又凛然、俨然，所以矛盾。"

其实，吴宓一生的奇特和矛盾，还不只这些。比如他非常反对说谎，但他投考清华学校时年已17，超过了规定的最高年龄15岁，他就瞒了两岁。比如他有时很谦虚，认为自己不够资格任清华研究院院长，只能做个相当于"执行秘书"的主任，但在筹办及出版《学衡》杂志时，却不顾同人的反对，硬是自任总编辑，并大言不惭地称《学衡》非社员之私物，"乃天下中国之公器"，"乃理想中最完美高尚之杂志"。比如他一生不知恋爱多少次，朋友、学生访谈时，约定除学问爱情外，其他一切免谈，但又写诗云："奉劝世人莫恋爱，此事无利有百害。"比如他平时外表严肃，彬彬有礼，但在昆明时看到有家牛肉店取名"潇湘馆"，他却认为亵渎了林黛玉，提着手杖去乱砸该店招牌，像蛮横的国民党伤兵一样。又比如他力主真诚坦率，曾当着胡适的面说想杀他。

他的奇特行为，也真叫人长见识。比如一般人宣传自己的著作，即使不夸张，也不会自损。1935年他在《大公报》上为《吴宓诗集》做广告时却称："作者自谓其诗极庸劣，无价值，但为个人数十年生活之写照，身世经历及思想感情之变迁……所作之诗极少删汰，亦未修改。"

在新旧观念交替之际，有很多性格自相矛盾的文化人，言与行难以统一。如果说胡适是一个反传统的传统主义者，那么吴宓就是一个反西化的西方主义者，这也反映了近代某些知识分子的一种两难心态。

（二）酷爱读书，求知欲旺盛

吴宓幼时，读书刻苦，每餐必由家人送至书房。一晚，家人送饼一只，油泼辣椒一碟，吴宓读书入神，误用饼子蘸墨大啖，连曰："香，香，香。"

吴宓有即颂成章，过目不忘之才。1955年回安吴老家，于迎祥宫碑前小站片刻，只将碑文口诵一遍，即能一字不漏默写而出。

一生求知不倦，学贯中西。中国世界古代史研究会会长、南开大学王敦书先生（曾任中国世界古代史研究会会长）曾在南开图书馆找到一本介绍德国学者斯宾格勒学说的英文书《文明还是诸文明》，原是吴宓的藏书，书中有几处吴先生的批注。王先生读了后"深深佩服吴宓学贯中西、精通文史的渊博学识和敏锐眼光"（王敦书：《贻书堂文集》，中华书局2003年版，第687页）。

吴宓青年时期在美国哈佛大学师从巴比妥（今译白壁德），深受其"新人文主义"思想影响，提倡社会的道德与规范，注重人的责任。当吴宓、梅光迪等人学成归国后，很快在中国文化领域形成了一种文化保守主义倾向。

（三）喜臧否人物而又胸无城府

纵观《吴宓日记》，吴宓先生有一种基本性情便是喜臧否人物而又胸无城府。正因如此，他的记录足可烛照其所处环境之真实形态。对于毛子水这位最终和胡适共生死的"胡党"，吴宓先生在日记中就有过不同的评价，开始，他认为毛子水和自己非同道，而在同处云南蒙自乡间的患难岁月里，他们朝夕相处，吴宓竟张罗着为毛子水找老婆。1938年10月12日至16日记："子水之最可取者，为其贾宝玉式之性情，在此世中实不多见。"

吴宓先生易于感触而又胸无城府，使得他在"日记"中评价过的人物竟致有异日而殊样之感。对于他最初的挚友吴芳吉、刘朴，乃至晚辈周光午、胡徵也是如此，对他寄予厚望的高足贺麟、钱锺书是如此，对他的老师辈亦复如此。1911年4月6日，吴宓初入清华学堂，谈及姚芒文先生："惟国文教员姚，腐败非常，胸中毫无宿学。每次上课，善于设法敷衍钟点。种种动作，令人发噱。"吴宓当时竟想以此为材料："编为一述实小说……则其中可笑之事如此类者，足令执卷者喷饭也。"过了12天，吴宓又写道："余前谓国文教员姚，腐败非常，不能无误。姚亦有可取处，盖其人喜为新异之议论，其评文亦如是，比之迂腐殊有间也。唯英文教员钟，确系腐败"。读书至此，难免莞尔。

吴宓先生的心态反应就像一卷十分敏感的胶片，遇光即曝，留下的，都是他印象中的真实，却未必是本质的真实，倘不综观其全人，体察其大要，迳以其一二语据断，则"三刀两面""出尔反尔"之讥实难免也。倘有人言及吴宓先生性格之复杂一面，便遽断为有沽清名，似为卫道，实显无知，已属可悯，吴宓的复杂改变不了吴宓的可爱，还是议论姚芒文，到1911年9月30日，日记则感慨良多"上学期姚重光先生为余辈授国文，其学问如何精博，其议论如何明通，其于文之道实真有所得，讲授至详且醒。"（摘自李廷华：《文人圈内的幽微心境》）

（四）坦诚率真，十分怜才

季羡林说：吴宓坦诚率真，十分怜才。学生有一技之长，他决不淹没，对同事更是不懂得什么叫嫉妒。他在美国时，邂逅结识了陈寅恪先生。他立即驰书国内，说："合中西新旧各种学问而统论之，吾必以寅恪为全中国最博学之人。"也许就是由于这个缘故,他在清华作为西洋文学系的教授而一度兼国学研究员的主任。

他的学生钱锺书推崇吴宓是一位好老师,他拥有的欧洲文学史的知识足使年轻学子受益匪浅。吴宓对钱锺书虽有一时门户之见,但终出于爱才之心,又与陈寅恪先生一起,为西南联大续聘钱为外文系教授大费心力。

30中叶,清华外文系培养了一批著名学者作家,如钱锺书、曹禺、张骏祥、季羡林等。

鉴于吴宓的突出成就,1942年8月,国民政府教育部聘他为英国文学部聘教授,与陈寅恪(历史)、汤用彤(哲学)同时获得"部聘教授"殊荣,后又被聘为教育部学术审议委员会审议委员。这是对吴宓学术成就的一种肯定。能与他所景仰的陈、汤二人一起获此殊荣,吴宓感到十分光荣,所以虽然有人建议他拒绝这一荣誉,他还是接受了。

(五)教书育人,一丝不苟

吴宓教授从走上讲台那一天开始,备课认真就很有名。到清华之前,吴宓教授曾在南京东南大学任教三年,讲授《欧洲文学史》等课程,一时声誉鹊起。

1923年,《清华周刊》有文章专述"东南大学学风之美,师饱学而尽职,生好读而勤业"。其中述及吴宓授课:"预先写大纲于黑板,待到开讲,则不看书本、笔记,滔滔不绝,井井有条。"

多年以后,学生回忆他的教课,无不充满崇敬之情。李赋宁《怀念恩师吴宓教授》一文说:"先生讲课,内容充实,条理清楚,从无一句废话。先生对教学极端认真负责,每堂课必早到教室十分钟,擦好黑板,做好上课的准备。"

虽然吴宓作风很民主,诗人气质很浓,但治学却十分严谨。"吴宓先生在西南联大讲授'欧洲文学史'时,除继续采用翟孟生这部教科书外,主要根据他自己多年的研究和独到的见解,把这门功课讲得非常生动有趣,娓娓道来,十分吸引学生,每堂课都济济一堂,挤满了本系的和外系的同学。这是当时文学院最'叫座'的课程之一。每次上课书里都夹着许多写得密密麻麻的纸条。吴宓先生记忆惊人，许多文学史大事，甚至作家生卒年代他都脱口而出，毫无差错。吴先生还为翟孟生的《欧洲文学简史》作了许多补充，并修订了某些谬误的地方。他每次上课总带着这本厚书，里面夹了很多写得密密麻麻的端端正正的纸条，或者把纸条贴在空白的地方。每次上课铃声一响，他就走进来了，非常准时。有时，同学未到齐，他早已捧着一包书站在教室门口。他开始讲课时，总是笑眯眯的，先看看同学，有时也点点名。上课主要用英语，有时也说中文，清清楚楚，自然得很，容易理解。"（赵瑞蕻：《我是吴宓教授，给我开灯》）

温源宁《吴宓先生》一文说："作为老师，除了缺乏感染力之处，吴先生可说是十全十美。他严守时刻，像一座钟，讲课勤勤恳恳，像个苦力。别人有所引证，总是打开书本念原文，他呢，不管引文多么长，老是背诵。无论讲解什么问题，他跟练兵中士一样，讲得有条有理，第一点这样，第二点那样。枯燥，容或有之，但绝非不得要领。有些老师无所不谈，却不发任何议论，吴先生则直抒己见，言之有物；也可能说错了，然而，至少并非虚夸。他概不模棱两可，总是斩钉截铁。换句话说，他不怕直言对自己有什么牵累。在事实根据方面，尤其是见于各种百科全书和参考书的事实，他是无可指摘的，只在解释和鉴赏的问题上你还可以跟他争论。"

弟子李赋宁也有类似的回忆："先生写汉字，从不写简笔字，字体总是正楷，端庄方正，一丝不苟。这种严谨的学风熏陶了我，使我终生受益匪浅。先生讲课内容充实，条理清楚，从无一句废话。先生对教学极端认真负责，每堂课必早到教室十分钟，擦好黑板，做好上课的准备。先生上课从不缺课，也从不早退。先生每问必答，热情、严肃对待学生的问题，耐心解答，循循善诱，启发学生自己解答问题。先生批改学生的作业更是细心、认真，圈点学生写得好句子和精彩的地方，并写出具体的评语，帮助学生改正错误，不断进步。"（李赋宁：《怀念恩师吴宓教授》）

吴宓教授这种认真负责的作风不仅表现在自己备课上。刘兆吉《我所知道的吴宓先生》提及一件发生在昆明的小事。有一次，"一位青年教师丢了上课用的教科书，问吴宓先生是否有此书想借用一下，没想到引起了吴先生的严厉批评："教师怎能丢失 textbook（教科书）呢！一定要找到，上课前必须找到！"晚上宿舍已熄灯睡觉了，听到后楼敲门声，听到吴先生高声问："textbook 找到没有？"……这件小事反映了吴先生对教育事业的认真负责，而且终生不渝。"

吴宓教授在清华讲《中西诗比较》，写过一个教学说明："本学程选取中西文古今诗及论诗之文若干篇，诵读讲论，比较参证。教师将以其平昔读诗作诗所得之经验及方法，贡献于学生。且教师采取及融贯之功夫，区区一得，亦愿述说，共资讨论，以期造成真确之理想及精美之赏鉴，而解决文学人生切要之问题。本学程不究诗学历史，不事文学考据，惟望每一学生皆好读诗，又喜作诗，终成为完美深厚之人而已。"

当年他讲西方文学课和世界历史课，认真严肃，有时候也用英文讲，议论时有警策之处。

（六）言不阿贵，行不偎荣

季羡林说：雨僧先生是一个特立独行、不愿同流合污的奇人，是一个真正的人。

"文革"时，吴宓是"货真价实的资产阶级学术权威"，受到残酷批斗和监禁劳改，但他依然不思"悔改"，蹲身牛棚，犹大写其"姚文元在江青的卵翼下"，"我罪实质，是认为中国文化极有价值，应当保存并发扬光大。"一类文字。

于是，批斗升级，劳改加重，帽子再加一顶"现行反革命"。在批斗中，老人被架上高台示众，头晕眼花，直打哆嗦，但还被西南师大中文系的红卫兵推倒在地，致左腿骨折。后来又双目失明。其时，识时务者说："吴宓的反革命帽子是自己争下的。"

到"文革"后期，中国传统文化受到彻底的破坏，而吴宓敢于在"批林批孔"运动中喊出"头可断，孔不可批"，表现出他自由的思想，独立的人格。

（七）以风流才子自诩

吴宓一生偏嗜《红楼梦》，是中国红学的开拓者之一。他在西南联大时组织了"石社"，专门研究《红楼梦》。该社的入社规定非常有趣，社员入社时每人要交一篇读"红"心得；如能用自传体裁，把自己比作《红楼梦》中的一个人物，就会格外得到吴宓的赏识，吴宓自己就以"怡红公子"自诩。

吴宓多愁善感，自作多情。曾当着他苦恋的毛彦文的面，谈他与其他女子的交游。吴宓狂热地追求毛彦文，但当毛催促他立刻到上海相会时，吴宓仍在清华忙着编书，坐失时机，全心投入编集自己心爱的情诗，却误了约会。当毛彦文心仪于他，准备谈婚论嫁时，吴宓却生出了一丝隐忧，既想和毛彦文成为夫妻，又担心婚后会不和谐，两种截然不同的情绪自相冲突，让吴宓患得患失，彷徨不已。

1931年3月，吴宓赴巴黎进行学术交流。他一反以前温情脉脉的样子，将电报拍到美国，措辞强硬地令毛彦文放弃学业，迅速赶往欧洲，与之完婚，否则各自分手。

有人指出，他动辄向毛彦文发出最后通牒，用语非常无理。与此同时，据传说他还写信回国，向一位叫"贤"的女人示爱，同时又与一位金发女郎打得火热。在报复友人劝他促使他与已离婚妻子陈心一复婚时，却"于静夜在室中焚香祷神，咒诅其人速死"。

吴宓留给后人的是一个严谨的学术大师印象，但他的婚恋却如同一枚坚涩的青果。有人说他乃是一个"好色之徒"，话虽偏激，却折射出了他在婚恋上不安分的一面。

钱锺书曾经评论：吴宓写诗好像为在感情上求解脱，诗集中情诗占了最多的篇幅，其目的好像不是为了"没脑筋的轻浮少女"（scatter-brained flappers），就是为了"过气的风骚妇人"（superannuated coquettes）。"风骚妇人"一语真正刺痛了吴宓，钱锺书见到《吴宓日记》后为之歉然，并公开告罪，但青年钱锺书真是他老师的知心人，洞察细微。

吴宓无论在言在行都是"永不悔改"的浪漫者，并将其浪漫行径记录在诗集里。他肆无忌惮地追求爱情，然而"他失去了乐园，并没有得到夏娃"；他实在无法驱除那挥之不去的浪漫恶魔。吴宓的悲剧与苦恼，是源自灵魂深处的剧痛。

为此，陈寅恪看得颇为透彻，说吴宓本性浪漫，不过为旧礼教道德所"拘系"，感情不得抒发，积久而濒于破裂，因此"犹壶水受热而沸腾，揭盖以出汽，比之任壶炸裂，殊为胜过。"

（八）自我批判即信仰之转移

《吴宓日记·续编》中对自我批判深深畏惧，常发出"生不如死"的悲苦之音。

1952年思想改造运动中，吴宓为求过关，求领导小组的人为他的检查稿大纲把关，认识到检查其实是一种"科场应试之文"，其中，学理和逻辑、事业与道德、于国于党的真实关心与建言，都是不重要的，重要的是态度和立场，是对自己的错误的认识与改悔的决心。

日记中多处提到文化专制之威，胜于民族征服者。清代还有一部明史，还传下来顾、黄、王的著作（按，其实王船山书是后来曾国藩时代出的），《四库》虽销毁却仍能保存文献。由阶级独裁造成中国数千年之文化沦亡。《吴宓日记·续编》多次反复提到数千年文明古国之中华，已经成为一种信仰、一派学说之牺牲品，使后人只知有某不知有国，厄运不知伊于胡底。

吴宓记载了他直言改造思想是"信仰之转移"，而大家认为他亵渎了什么什么主义。忠诚坦白地向党交心，顺着意识形态的思路认真改造自己，其中大量记载了历次运动如何交心、如何自我批评与帮助别人的过程甚至细节。《吴宓日记》中记王恩洋："王先生极称毛主席之丰功伟绩，谓其救亡兴国戡乱施治之大业，正吾侪儒生所想望者，而彼于一二年中竟成之。""至于儒道、佛教并遭摧抑、吾侪所经营之学院及杂志，皆不能续办。斯固损失，然而真理唯一，大道永存。兹共产党竟得成功，其所率由之道，亦必即是吾侪平日所笃信者，名异而实同故也。"

吴宓还具体描述了思想改造运动中，身心所受的摧残："近半年来宓未作诗，少读书，惟碌碌于上列十事，开会、听讲、撰公文、填表格，故身劳而心苦，至乃每日无时休息，每夕不外出散步，朋友书信断绝不复，诗不作，更不亲圣贤典籍、古典名著，于是志愈摧、气愈塞、情愈枯、智愈晦、神愈昏、思愈滞，而身愈瘦、肢愈弱、目愈眩、发愈白、容愈蹙、胆愈怯，尚不足为重轻者矣！"古典名著成为对抗文化专制淫威、安顿身心的唯一良药，吴宓为我们留下一幅知识人灵魂与身体的挣扎图。

（九）不苟言笑，但为人宽厚

吴宓平日表情严肃，不苟言笑，但心怀坦荡，为人宽厚。1955年，他从安吴回西安，在三原搭乘火车，一列车员倒开水时，不慎将吴宓的手烫伤了，慌忙中未及赔礼，吴宓却站起来，毫不介意地说："无妨无妨，请勿耽误公干。"

服务员离去，同行数人，均感诧异。询之于吴宓，他说："昔英相丘吉尔去议会发表演讲，下车之时，夫人手被车门夹伤，血流不止。邱氏瞥见，神情慌急，但夫人却一脸镇静连说'无事'，待邱演讲完毕，夫人方以实情告之。"

吴宓意在告诉人们，凡事不可以小误大，以私误公。

吴宓一贯克己守公，从不占人丝毫。1944年，他去宝鸡访友，购得三等车票。上车无座位，只好站过道。其时，恰遇妹夫王俊生，该王持有免费乘车证，遂将他带至二等车厢，找一空座．吴宓不知情，待查票时，列车员说："三等车票，不能坐二等车厢。"王俊生即出示证件，说明身份关系，查票员亦谦笑允准，但吴宓却异常生气，愤然返回三等车厢，依旧站于过道，直到宝鸡。

（十）内心善良，乐于助人

1977年，吴戴"反革命"帽子住在老家安吴，犹似老农，棉衣鹑结，衣食难继。一日，偶与妹闲谈，知乡间中学未开英语，问其缘由，答曰：

无外语教师。吴遂急切言曰："那他们何不找我？我在美国呆过多年，我可以给他们讲课。"盖吴此时双目失明，全身瘫痪，行将就木之人，拳拳之心实可感人。

吴宓心善，乐于助人，因此也常受人之骗。他戴的进口手表，被两个无赖以仅值六元的小闹钟哄骗而去。又有张姓之人对吴言说，吴一学生因病就医，急需二百元住院费，吴不疑，即刻凑钱交付。嗣后，此张又来，言称那学生开刀治疗，又急需费用若干，吴此时手头已空，正筹思之际，此骗子以为吴有疑虑，便拿出一封"求援信"，高声朗读，恰逢保姆进来，惊见客人正念白纸一张。（盖此时吴患眼疾，视物不清）。于是保姆唤人，将骗子扭送公安机关。吴对此不胜感慨，又对保姆的精明称赞不已。

（十一）真学识、真性情

吴宓1978年临终前的呓语："给我水喝，我是吴宓教授！给我饭吃，我是吴宓教授！"在一个做学问的人的眼里，教授是一个了不得的头衔。在知识不曾贬值的日子里，教授货真价实，代表应得的荣誉和地位。教授的意义，是我们今天许多俗人无法理解的。可见，"文革"中的不幸遭遇给老人的创伤是多么至深！"教授"两字，在吴宓心中是多么的崇高！吴宓有着真学识、真性情，却自比为古希腊悲剧的英雄，而他的命运，恰恰中了他的谶语。

吴宓经历对个性的影响

吴宓，1894年（清光绪二十年）出生于晚清儒臣的富裕之家。陕西省泾阳县人，字雨僧、雨生。17岁以前，饱读儒家经典。吴宓的父亲和嗣父都曾经就学于三原宏道学堂，是刘古愚的学生，吴宓因此而称呼刘古愚为"太老师"。

现实与理想的矛盾

1911年进清华学校之初，适逢辛亥革命，起初他思想很不通，后因时代潮流和广大同学裹挟，才暂时改而拥护革命。不过，儒学在他思想中已深深扎根。

吴宓的嗣父吴仲旗虽然一度做过"靖国军总司令"于右任的秘书长，但本质上不是一个革命家。吴宓在《自编年谱》里曾说仲旗公在吸引女人方面本事最大，在甘肃任凉州都统时期吃了一回官司，几乎把性命丢掉，原因竟然是他在与同僚一起逛花街柳巷时独得妓女们的亲媚，惹起同僚醋心齐燃，合伙设计谋把他送进了班房。当时吴宓在清华学校读书，为营救嗣父，不得不奔走权门，看够了其间丑恶。

将来到美国留学去究竟准备学什么？1914年吴宓日记中曾这样记述："而尤为痛心者，则爹尝言'英文学好，易谋饭碗。洋行之买办，大人物之翻译，得钱皆不赀，且最好先入美国籍，使中国亡，则可保一家之安乐。"吴宓那年只有20岁，虽然性格比较懦弱，毕竟血管里流的是青春之血，他在这段日记后面写道："余书此语，余手几僵"。觉得"万事皆无趣味，每欲自轻生，惟念及他日对于斯世及生民有重大之责任，遂复勉自振"。

刚进入苍茫人海的，吴宓的思想就充满了现实与理想之间的矛盾，此后无论遭遇什么事情，吴宓都要被自己的情绪再三反复折磨。

在吴宓去美国之前，清华学校校长周诒春就劝告他，以后就攻读文史，写一辈子文章，做一辈子学问罢。

新文化与守旧的矛盾

1917年23岁的吴宓赴美国留学，早岁负笈清华，留学哈佛，攻读新闻学，1918年改读西洋文学。与陈寅恪、汤用彤并称为"哈佛三杰"（一说"哈佛三杰"为陈寅恪、俞大维、汤用彤）。在美国，他的几位好朋友都不像吴宓这样自己折腾自己。留美十年间，吴宓对19世纪英国文学尤其是浪漫诗人作品的研究下过相当的功夫，获得哈佛大学比较文学硕士学位，有过不少论述。

1917年1月《新青年》2卷5号发表了胡适的《文学改良刍议》一文。新文化运动揭幕后，吴宓就很反感。留美期间，他对五四运动时期的"打孔家店"深恶痛绝，并与少数友人梅光迪、柳诒徵等计划回国来唱对台戏。他不独反对当时的学生运动，连男女同校这一新鲜事物也不能容忍。

1921年6月吴宓学成回国时，他为了到东南大学与梅光迪等人筹办《学衡》杂志与《新青年》对抗，竟拒绝了北京高等师范学校月薪300银元的主任教授职务，而就任东南大学文学院教授，月薪160银元，讲授世界文学史等课程，并且常以希腊罗马文化，基督教文化、印度佛学整理及中国儒家学说这四大传统作比较印证。

1922年创办《学衡》杂志，吴宓在东南大学与梅光迪、柳诒徵一起主编，11年间共出版79期，于新旧文化取径独异，持论固有深获西欧北美之说，未尝尽去先儒旧义，故分庭抗议，别成一派。这一时期他撰写了《中国之新与旧》、《论新文化运动》等论文，采古典主义，抨击新体自由诗，主张维持中国文化遗产的应有价值尝以中国的白壁德自任。此后著有《吴宓诗文集》、《空轩诗话》等专著。

吴宓离开东南大学后到东北大学、清华大学外文系任教授，1927年6月，他在王国维灵前行跪拜礼。同年9月22日，他在《大公报》发表的《孔子之价值及孔教的精义》一文中说："（孔子）常为吾国人之仪型师表，尊若神明，自天子以至庶人，立言行事，悉以遵依孔子、模仿孔子为职志。又借隆盛之礼节，以著其敬仰之诚心。庙宇遍于全国，祭祀绵及百代，加赠封号，比于王者；入塾跪拜，与祖同尊。"但他却不承认这一事实：自鸦片战争以来，儒学在与西方现代文化的斗争中，屡战屡败，致使中华民族几难自立于世界民族之林。以儒学立国的清王朝崩溃了，尊孔的袁世凯和北洋军阀覆灭了，提倡读经的蒋介石政权也日益腐化堕落。

吴宓、梅光迪等人以《学衡》杂志为核心，与胡适、陈独秀等人所领导的新文化运动相对抗。在吴宓早年的日记中，提及上述二人时均直呼其名，即便是朋友，若与胡适等人有相同主张则一概视其党羽。双方矛盾之尖锐令人难以想象，以至于后来吴宓到了清华，在一次宴会上，胡适戏问吴宓："《学衡》有何新阴谋？"吴宓竟答曰："欲杀胡适耳！"

1929年9月钱锺书考入其父钱基博曾执教的清华大学外文系，成为吴宓的得意门生，师生间常有诗词赠答与唱和，然而1937年因钱锺书一篇书评，师生关系曾紧张了多年。

婚姻与恋爱的矛盾

吴宓的婚恋也颇值得深入分析。吴宓在美时经同学陈列勋介绍，与其妹陈心一订婚，陈心一性格贤良，又曾在女校就读。吴宓作为"新人文主义"门徒，按常理注重责任，应与妻子白头偕老。然而风云突变。吴宓同学朱君毅与其表妹毛彦文相恋近十年，终因移情别恋而弃毛彦文而去。说来毛彦文还曾有恩于吴宓，毛与陈心一为校友，当年朱君毅为吴宓婚事曾托毛彦文打探陈心一消息。吴宓起初是从朱君毅时常给他读毛彦文所做的诗文而感钦佩，再到对毛彦文被朱君抛弃而生同情，终于被毛彦文的才貌折服，越过了"朋友妻（含未婚妻）不可欺"的留美学人传统。

为追求毛彦文，吴宓不畏千里迢迢，三下江南仅为能与其共处片刻；为追求毛彦文，吴宓不顾亲友劝阻甚至撕破脸面，决然与发妻陈心一离婚；为追求毛彦文，吴宓抛弃了"新人文主义"而替彦文主编的刊物撰写白话文；为追求毛彦文，吴宓安排彦文留学、两人在英国相会；为追求毛彦文，可说吴宓走上了"离宓之精神远矣"的不归路。

在《吴宓日记》中，随处可见他对海伦（毛彦文的号）的爱恋，甚至记录了他与友人为追得毛彦文而筹划的方案数种。

即便毛彦文嫁给了大她三十岁的前国务总理熊希龄，在熊希龄去世之后吴宓马上与朋友商讨娶毛彦文之事。吴宓诗云："吴宓苦爱毛彦文，三洲人士共惊闻。离婚不畏圣贤讥，金钱名誉何足云。"

从顺境到厄运

1937年"七·七"卢沟桥事变后，抗战全面爆发，清华奉命南迁。11月7日，吴宓与毛子水等清华师生离开北京，经天津、青岛、汉口、长沙，于1938年3月抵达昆明西南联大。在西南联大外文系，主要讲授世界文学史、欧洲文学史、古代希腊、罗马文学史、新人文主义、文学与人生、翻译课、中西诗之比较等。吴宓同时还给研究生上课，主要课程有：雪莱研究、西方文学批评、比较文学等。

吴宓于1941年被教育部聘为首批部聘教授。1943—1944年吴宓代理西南联大外文系主任，1944年秋到成都燕京大学任教，1945年9月改任四川大学外文系教授，1946年2月吴宓推辞了浙江大学、河南大学要他出任文学院院长之聘约，到武昌武汉大学任外文系主任，1947年1月起主编《武汉日报·文学副刊》一年，其间清华大学梅贻琦和陈福田一再要他回清华而不得。

1949年广州岭南大学校长陈序经以文学院院长之位邀他南下，且其好友陈寅恪亦在岭南，他不去；教育部长杭立武邀他去台湾大学任文学院长，女儿要他去清华大学，而他都未理会；即于4月底到重庆相辉学院任外语教授，兼任梁漱溟主持的北碚勉仁学院文学教授，入四川定居了。

1950年4月两院相继撤销，吴宓到新成立的四川教育学院，9月又随校并入西南师范学院历史系（后到中文系）任教。结果是虎落平阳，晚景不佳。

1966—1976年"文革"期间，吴宓成为西南师范学院批斗的大罪人，以种种罪名蹲入牛棚，到平梁劳改，受尽苦难。76岁的老人干不动重活，还被架上高台示众，头晕眼花直打哆嗦，被推下来跌断左腿。之后又遭断水断饭之折磨。腿伤稍好，即令打扫厕所。

1971年病重，右目失明，左目白内障严重，就只好让他回重庆养病。1977年吴宓已生活完全不能自理，只好让其胞妹吴须曼领回陕西老家，终于使他得到兄妹的照顾和温馨，延至1978年1月17日病逝老家，终年84岁。1981年1月17日，吴宓的骨灰，由吴须曼送至安吴堡，葬在白雪笼罩的嵯峨山下。

吴宓的知识结构

17岁以前饱读儒家经典。1911年进清华学校。

1917年的吴宓23岁赴美国留学，在哈佛大学攻读新闻学，1918年改读西洋文学。获得哈佛大学比较文学硕士学位。1921年6月学成回国。

吴宓浪漫者的16种个性特质

用因素分析法，可以得出吴宓的16种个性根源特质的测试结果：

乐群性（＋）、聪慧性（＋）、稳定性（－）、恃强性（－）、兴奋性（－＋）、有恒性（＋）、敢为性（＋）、敏感性（－）、怀疑性（－＋）、幻想性（－）、世故性（＋－）、忧虑性（－）、求新性（＋）、独立性（＋）、自律性（＋）、紧张性（－）。

吴宓善于交际、赤诚、乐群，他不惯孤独、喜欢热闹；他聪明、富有才识、抽象思考能力强；他情绪不稳定、易冲动；他好胜心强、武断，好斗，但是也温情、谦逊、随和；他热情、但又沉静、审慎；他自觉、胆大心细、敢作敢当、但不冒险，犹豫畏却；他敏感、但抱幻想、感情用事，难以自我克制；他警觉、但刚愎自用，他不善于接受、容纳别人的正确意见；他狂放，又脚踏实地；他不世故、又坦率、朴实、天真；他自信、但不沉着；他求思想自由、爱批评、但又守旧；他自有主张，不随大流；他严于待己、不松懈、但不拘小节；他一般很少紧迫感、又不能放松自如。总之，吴宓是一个矛盾的集合体。

吴宓的个性因素（特质），可以概括为下表——

吴宓的浪漫型个性因素表

A. 乐群性　　　（＋）外向、爱社交——内向、不善交际（－）

B. 聪慧性　　　（＋）聪明、理智——迟钝、欠理智（－）

C. 稳定性　　　（－）沉着、情绪稳定——易激怒、情绪不稳（＋）

E. 恃强性　　　（＋－）争强好胜——温顺、随和（＋－）

F. 兴奋性　　　（＋－）活泼、热情洋溢——严肃、冷静（＋）

G. 有恒性　　　（＋－）道德观念强——玩世不恭、漠视规则（＋－）

H. 敢为性	（＋－）	胆大、冒险——退缩、犹豫（＋－）
I. 敏感性	（＋）	感觉敏锐——不敏感（－）
L. 怀疑性	（－）	怀疑、警觉——轻信、麻痹（＋）
M. 幻想性	（＋）	富于幻想、心不在焉——现实、脚踏实地（－）
N. 世故性	（－）	世故、老练——坦率、朴实（＋）
O. 忧虑性	（＋）	忧虑、不安——无忧无虑、满足（－）
Q1. 求新性	（＋－）	求新、思想自由——守旧、保守传统（＋－）
Q2. 独立性	（＋）	独立自主、有主见——服从、依赖群体（－）
Q3. 自律性	（＋－）	自律、受约束——任性、无拘束（＋－）
Q4. 紧张性	（＋－）	紧张、紧迫感——放松、镇定（＋－）

五因素模型检测吴宓的人格结构

（E）倾向性（＋）

（A）随和性（＋－）

（C）认真性（＋）

（N）情绪性（－＋）

（O）开放性（＋－）

第五型：钻研型的思考者陈垣（1880—1971）

陈垣是中国宗教史研究的大师，在国际学术界享有盛誉。历任辅仁大学、北京师范大学校长，曾被毛泽东赞为中国的"国宝"。

陈垣的个性属于钻研思考型或学术型。

陈垣给人们的钻研型思考者印象

陈垣（1880.11.12—1971.6.21）与王国维齐名，得到国内外学术界高度评价。1933年4月15日，伯希和离开北京时，对前来送行的陈垣、胡适等人说："中国近代之世界学者，惟王国维及陈先生两人……不幸国维死矣，鲁殿灵光，长受士人之爱护者，独吾陈君也。伯氏在平四月，遍见故国遗老及当代胜流，而少所许可，乃心悦诚服，矢口不移，必以执事（指陈垣）为首屈一指。"

据梁宗岱说，他在一次聚集了旧都名流学者和欧美人士的欢迎伯希和宴会上担任口译，席上有人问伯希和："当今中国的历史学界，你以为谁是最高的权威？"伯希和不假思索地回答："我以为应推陈垣先生。"

日本学者桑原骘藏评介陈垣《元西域人华化考》说："陈垣氏为现在支那史学者中，尤为有价值之学者也。支那虽有如柯劭之老大家，及许多之史学者，然能如陈垣氏之足惹吾人注意者，殆未之见也。"

陈寅恪在序文中评论说："近二十年来，国人内感民族文化之衰颓，外感世界思潮之激荡，其论史之作，渐能脱除清代经师之旧染，有以合于今日史学之真谛，而新会陈援庵先生之书尤为中外学人所推服。"又说："盖先生之精思博识，吾国学者，自钱晓徵以来，未之有也。"

傅斯年说："幸中国遗训不绝，经典犹在，静庵（王国维）先生驰誉海东于前，先生（陈垣）鹰扬河朔于后。"

黄侃、朱希祖、尹言武等"偶谈及当世史学钜子，近百年来横绝一世者，实为门下一人（指陈垣），闻者无异辞。"

严耕望曾把陈垣与陈寅恪、吕思勉、钱穆并列为他所亲仰风采的前辈史学四大家，"风格各异，而造诣均深"。

黄现璠回忆说："解放前，日本学者，特别是名牌大学如东京、京都、帝大教授……对于陈垣先生推崇备至。"

孙楷第和余嘉锡、王重民等人议论时贤，"以为今之享大名者名虽偶同，而所以名者在大家径庭，多为名浮于实的一时之俊"，"而鲜实浮于名的百代之英，后者惟陈垣足以当之。"

陈垣钻研思考者个性特点

陈垣作为自学成才的大学者，几十年沉静在古书堆里，自行其是、自得其乐、自成一家。主要经历就是读书、教学、研究、著述，他的钻研思考者个性表现在：

（一）经济独立自主、学术独立思考；

（二）勤学工夫自成一家；

（三）博览群书"三分类"法；

（四）从事教学74年极端负责；

（五）收藏字画作为教材和谈话资料；

（六）循循善诱教书育人。

下面根据历史资料和已经发表的回忆录、访谈录，摘引一些实例，加以论证。

（一）经济独立自主、学术独立思考

历来治学者选购典籍，特别是罕见的文献史料和善本书，需要一定的经济实力。陈垣从小就有富裕家庭作为后盾，长大以后注重提高收入，作为学术研究的保障。

陈垣喜泛览，好购书，并得到父亲的支持。自云："余少不喜八股，而好泛览。长老许之者，夸为能读大书，其非之者则诃为好读杂书，余不顾也。幸先君子不加督责，且购书无吝，故能纵其所欲。"当时的读书人，读书多为考取功名，读的多是科举应试的八股文。陈垣不受局限，"不顾"别人的非议，海阔天空，驰骋书林，幸亏他有个"购书无吝"、比较开明的好父亲。

（二）勤学工夫自成一家

陈垣没有受过正规的史学教育，全靠自己的勤奋，著作丰富，成就斐然。在中国宗教史、元史、中西交通史及历史文献学等领域的研究作出了开创性的贡献，成为世界闻名的史学大师。20世纪20年代，在中国国际地位还很低的时期，他就被中外学者公认为世界级学者之一，与王国维齐名。20世纪30年代以后，又与陈寅恪并称为"史学二陈"。他的许多著作，成为史学领域的经典，有些被翻译为英、日文，在美国、德国、日本出版。

1922年胡适曾断言："南方史学勤苦而太信古，北方史学能疑古而学问太简陋，将来中国的新史学须有北方的疑古精神和南方的勤学工夫。能够融南北之长而去其短者，首推王国维与陈垣。"

《元西域人华化考》公开发表之后，在中外学术界引起巨大的轰动。蔡元培称此书为"石破天惊"之作。

（三）博览群书"三分类"法

著名历史学家陈垣读书，有个"三分类"的方法。

少年时的陈垣，有次偶然得到了清代学者张之洞写的《书目答问》一书。打开一看，发现这本书开列了历史上许多著名的典籍，并作了鉴别，为读者介绍了学习的门径。陈垣十分高兴，连忙按照书目购买了大量书籍。有人问他："你买了这么多书能念得完吗？"陈垣回答道："书并不都是要仔细念的。有的是供浏览翻阅的，有的是供参考备查的，有的是需要熟读记诵的。有的书要必求甚解，有的则可以不求甚解嘛！"原来，陈垣根据书的内容和用途，把要读的书分成了三类：即一般浏览、仔细浏览和熟读记诵。有的一两天就翻过去了，有的要读上个把星期，有的则需翻来覆去地背诵。

这种"三分类"法，使陈垣读书避免了"一刀切"、平均投入精力的毛病。他读的书比一般人多，精读的书比一般人深。直到老年，一些历代的名篇他仍然能够背诵出来，90岁时，还能把骆宾王的《讨武曌檄》从头到尾背得一字不差。许多基本史料，他不用翻检原文即能引用，给治学和研究工作带来了很大的方便。

陈垣博览群书，记忆力超众。早年在辅仁大学任教时，其他教员都把他当活字典使用。有人比喻说："他如知道某处地下有伏流，刨开三尺，定然能有鱼跳出来。"

（四）从事教学74年极端负责

陈垣一生从事教学74年，教过私塾、小学、中学、大学。他任辅仁大学校长46年，为祖国培养了大批栋梁之才，桃李满天下。他对教学极端负责，有先进的教育理念，创立了不少新课程，沿用至今。

陈垣讲课时，先将《二十五史》从头讲起，把有关的事件一一交代清楚，尤其注意纠正前人的谬误所在。有的同学回忆陈先生，说："在他眼里，前人的错误不知怎么那么多，就像他是一架显微镜，没有一点纤尘逃得过他的眼睛。不，他竟是一架特制的显微镜，专挑错误，他嘴巴和笔头相当厉害，对于错误的学者批评得一点也不留情。"

陈垣某次讲述《史记·刺客列传》，在谈到荆轲刺秦王时，自己像是荆轲似的，在 2 尺见方的讲台上"逐秦王"，绕着讲台，转了两个圈子；在讲到荆轲被秦王砍断了腿，靠着铜柱向秦王扔出匕首时，他举手作势，也脱手扔掉了自己手中的粉笔。

（五）收藏字画作为教材和谈话资料

陈垣的客厅、书房以及住室内，总挂些名人字画，最多的是清代学者的字，有时也挂些古代学者字迹的拓片。客厅案头或沙发前的小桌上，也总有些字画卷册或书籍。这些都是宾主谈话的资料，也是陈垣对后学的教材。他用 30 银元买了一开章学诚的手札。在 20 世纪 30 年代，清代学者手札墨迹，这是很高的价钱了。陈垣将它挂在那里，备一家学者的手迹。而有心的后学如启功，就知道老师又在办"劣书"展了。

陈垣收藏书画及清代学人手稿甚富，在辅仁大学公开展览，并印有目录一册。书画中远如明人陈白沙（献章），近如清末陈兰甫（澧），皆岭南名家。抗战胜利后，陈垣已 10 余年未购入书画，年底忽有人携来全祖望字条，爱不忍释，以 20 万元购之。抗战 8 年，陈垣坚持不与敌伪合作，潜心著述，以全祖望等明末遗民爱国情操相砥砺，并笺注《鲒埼亭集》。所以陈垣致友人信中说："亦所谓还心愿也。"

陈垣善行书，如启功先生所言："一笔似米芾又似董其昌的小行书，永远那么匀称，绝不潦草。"每下笔时，都提防着别人收藏装裱似的。在名人字画上题跋，看上去行云流水，潇洒自然。其实都是精打细算过的，行款位置，都安排恰当合适才肯下笔。陈垣写信，喜用花笺，给人写扇面，好写自己作的小条笔记、小考证。先数好扇骨行格，再算好文词字数，哪行长，哪行短，写到最后，不多不少，加上年月款识、印章，天衣无缝。

（六）循循善诱教书育人

陈垣的门生启功说："老校长教导我的样子，我现在蘸着眼泪也能画出来。"

启功流泪写下了《夫子循循然善诱人》一文，回忆初入辅仁大学教大一国文时陈垣先生对他的耳提面命：

1. 一个人站在讲台上要有一个样子，和学生的脸是对立的，但感情不可对立。

2. 万不可有偏爱、偏恶，万不可讥诮学生，以鼓励夸奖为主。

3. 淘气或成绩不好的，都要尽力找他们一小点好处，加以夸奖。

4. 不要发脾气。站在讲台上即是师表，要取得学生的佩服，教一课书要把这一课的各方面都预备到，设想学生会问什么。

5. 研究几个月的结果，有时还不够一堂课讲的。

6. 批改作文，不要多改，多改了不如你替他作一篇，要改关键处。

7. 要有教课日记。自己和学生有哪些优缺点都记下来，包括作文中的问题，记下以备比较。

8. 评点作文时，好的在堂上表扬；不好的，堂下个别谈。

9. 要懂得疏通课堂空气。常到学生座位间走走，远处看看板书如何，近处瞧瞧学生笔记，学生是否掌握了你讲的内容。

陈垣经历对个性的影响

陈垣1880年11月12日生于广东新会县棠下镇石头乡，一个比较富裕的商人家庭。

但他自少轻商重学，刻苦攻读，专心著述，作育英才，终成大器。这是与他经济上独立自主、学术独立思考分不开的。

陈垣5岁便随父亲自新会到广州，6岁入私塾，10岁开始出馆（即吃、住皆在书馆）。这对一个幼年小孩来说是不容易的，他的不倚赖他人的独立性格由此开始养成。

12岁，他在老师的书架上见到张之洞所撰《书目答问》，大开眼界，始知在八股、经书之外，尚有新天地。"书中列举很多书名，下面注着这书有多少卷，是谁所作，什么刻本好。我一看，觉得这是个门路，就渐渐学

会按着目录买自己需要的书看。"(陈垣:《谈谈我的一些读书经验》)

他的自主治学、独立思维,在科举考试中碰了钉子。

1897年(丁酉清光绪二十三年)17岁时,他赴北京参加顺天府试,未中。陈垣回忆:"丁酉赴北闱,首场冉求之艺,文之以礼。题本偏全。放笔直书,以为必售。出闱以目示同县伍叔葆先生,先生笑颔之。发榜下第,出京时重阳已过,朔风凛冽,伍叔葆先生远送至京榆路起点之马家铺。临别,珍重语之曰:'文不就范,十科不能售也。'虽感其厚意,然颇以为耻。"

陈垣不受局限,科举落第,别人好意规劝,认为写文章不受框框约束,纵使考10次也会失败的。陈垣感激人家的好意,但觉得如果只为考试中举而循规蹈矩、不能抒发自己的真情,实在可耻。

1901年(辛丑清光绪二十七年),陈垣入开封参加顺天府乡试,又未考中。

陈垣回忆:"这次考试曾有一广东同乡甄某请代考,因自己作文较快,便应允了。考试时,自己作两篇文章,给甄某一篇。公榜结果,自己未中,而同乡甄某得中第62名顺天府举人。获得甄某酬金3000银元,将历年从家中支出的钱全部还清。父亲很不高兴,但也无可奈何。自己未中,究其原因,是自己的文章思想奇特,不合当时口味,越用心越南辕北辙。代别人作文,不下功夫,作普通文章,反而中了。"

从此,陈垣在经济上完全独立,再不用依靠家庭。是年,他21岁。

1905年在广州创办《时事画报》,鼓吹革命思想。1907年考取博济医学堂。

辛亥革命成功后,于1913年陈垣33岁时当选众议员。

1919年在北京缸瓦市教堂受洗加入基督新教,1921年陈垣41岁时出任中华民国教育部次长。后因发觉政治腐败,脱离官职,留居北京,专门从事历史研究和教育工作。

陈垣以《元也里可温考》一文成名,在宗教史、校勘学、考古学方面均有相当的成就。

陈垣与辅仁大学创始人英华先生私交甚笃。

1926 年陈垣陈垣 46 岁时开始担任辅仁大学校长，此后一直连任数十年之久。

1952 年辅仁大学并校后，续任北京师范大学校长。又被委任为中国科学院历史研究二所所长。（据《陈寅恪先生编年事辑》记载：中国科学院院长郭沫若函请陈寅恪任科学院哲学社会科学历史研究所第二所长，注明陈寅恪辞谢未就，荐陈垣代己）。

1959 年加入中国共产党。但在"文化大革命"中被软禁，1971 年 6 月 21 日在北京家中去世。

著作有《南宋初河北新道教考》、《通鉴胡注表微》等。

陈垣的学生有：姚丛吾、黄现璠、郑天挺、方国瑜、蔡尚思、邓广铭、单士元、柴德赓、白寿彝、牟润逊、赵光贤、陈述、启功、史念海、周祖谟、刘乃和、史树青（按出生年排序）等。

陈垣的知识结构

陈垣 6 岁入私塾，10 岁开始出馆（即吃、住皆在书馆）。

自少轻商重学，刻苦攻读。未中科举，曾考入广州博济医学堂。

陈垣没有受过正规的现代教育，他的学问主要依靠勤奋钻研，自学成才。

陈垣钻研思考者的 16 种个性特质

用因素分析法，可以得出陈垣的 16 种个性根源特质的测试结果：

乐群性（＋）、聪慧性（＋）、稳定性（＋）、恃强性（－）、兴奋性（－＋）、有恒性（＋）、敢为性（＋）、敏感性（－）、怀疑性（－＋）、幻想性（－）、世故性（＋－）、忧虑性（－）、求新性（＋）、独立性（＋）、自律性（＋）、紧张性（－）。

陈垣善于交际、赤诚、乐群，他不惯孤独、喜欢热闹；他聪明、富有才识、抽象思考能力强；他平时情绪稳定、态度温和、不易冲动；他好胜心强、但不武断，不好斗，而是温情、谦逊、随和；他热情、但又沉静、审慎；他自觉、负责任、讲道德、不敷衍、遵守规则；他胆大心细、敢作敢当、但不冒险、不退缩、不犹豫畏却；他敏感、但不抱幻想、不感情用事，而是着重实际、理智、能自我克制；他警觉、但决不刚愎自用，他善于接受、容纳别人的正确意见；他不狂放，而是现实、脚踏实地、合乎常规；他老练、世故、精明能干，但又坦率、朴实、天真；他自信、安详、沉着、满足；他求新、思想自由、爱批评、不守旧；他自立、当机立断、自有主张，不随大流；他严于待己、受约束、不任性、不松懈、重视细节；他一般很少紧迫感、不困扰、无拘束、镇定、放松自如。

陈垣的个性因素（特质），可以概括为下表——

陈垣钻研型的个性因素表

A. 乐群性　　　　（＋）外向、爱社交——内向、不善交际（－）

B. 聪慧性　　　　（＋）聪明、理智——迟钝、欠理智（－）

C. （情绪）稳定性（＋）沉着、情绪稳定——易激怒、情绪不稳（－）

E. 恃强性　　　　（－＋）争强好胜——温顺、随和（＋）

F. 兴奋性　　　　（－）活泼、热情洋溢——严肃、冷静（＋）

G. 有恒性　　　　（＋）道德观念强——玩世不恭、漠视规则（－）

H. 敢为性　　　　（＋）胆大、冒险——退缩、犹豫（－）

I. 敏感性　　　　（＋）感觉敏锐——不敏感（－）

L. 怀疑性　　　　（＋）怀疑、警觉——轻信、麻痹（－）

M. 幻想性　　　　（－）富于幻想、心不在焉——现实、脚踏实地（＋）

N. 世故性　　　　（＋－）世故、老练——坦率、朴实（－）

O. 忧虑性　　　　（－）忧虑、不安——无忧无虑、满足（＋）

Q1. 求新性　　　 （＋）求新、思想自由——守旧、保守传统（＋）

Q2. 独立性　　　　（＋）独立自主、有主见——服从、依赖群体（－.＋）
Q3. 自律性　　　　（＋）自律、受约束——任性、无拘束（－）
Q4. 紧张性　　　　（－）紧张、紧迫感——放松、镇定（＋）

五因素模型检测陈垣的人格结构

（E）倾向性（－＋）

（A）随和性（＋）

（C）认真性（＋）

（N）情绪性（＋）

（O）开放性（＋－）

第六型：反省的质疑者严复（1854—1921）

严复是清末很有影响的启蒙思想家、翻译家和教育家，是中国近代史上向西方国家寻找真理的"先进的中国人"之一，也是由皇权专制下的士大夫向现代知识分子转变的过渡型人物。

严复的个性属于反省的质疑者（疑问型）。

严复给人们反省的质疑者（疑问型）印象

严复（1854.1.8—1921.10.27）学识渊博，颇具才子意气，陈宝琛称赞他"器识闳通，天资高朗"。但是他恃才傲物，有点不通人情世故。文笔犀利，言词尖刻，而且"好为偏往独自之论"，阐发卓尔超群的高见。

在严复留学英国期间，郭嵩焘对严复的才华寄予厚望的同时，也看到严复年轻气盛的个性，曾告诫说："又陵才分吾甚爱之，而气性太涉狂易。"为此提醒他："今负气太盛者，其终必无成，即古人亦皆然也"。

接替郭嵩焘任英法公使的曾纪泽也斥责严复为"狂傲矜张"。

李鸿章曾经赏识他的才智，但是"患其激烈，不之近也"。

孙中山评论严复道："君为思想家。"

严复质疑型个性特点

严复的个性基本上属于质疑型（思想型）。

一百多年前的严复就尖锐指出了"华风之弊，始于作伪，终于无耻"的无奈现实；而四百多年以前，李贽就猛烈抨击过讲假话、行假事、做假人、满场是假、无所不假的病态社会。

严复对这"作伪与无耻"提出质疑。

（一）清高，倔强，不善阿谀奉承；

（二）习惯坐而论道，缺乏实践能力；

（三）意志薄弱，寻求自慰；

（四）执著于渐变，教育救国；

（五）注重方法论，提倡归纳法；

（六）在新知旧法之间摇摆；

（七）新旧矛盾，前后矛盾。

下面根据历史资料和已经发表的回忆录、访谈录，摘引一些实例，加以论证。

（一）清高，倔强，不善阿谀奉承

严复才高志远、不落俗套，不善于阿谀奉承，这在客观上也影响了他的仕途。

同乡老友陈宝琛称赞他，将他推荐给洋务派大臣李鸿章。调任严复为北洋学堂教习。"李鸿章尝示意其执称弟子，而先生勿屑也"。严复没有崇拜李鸿章，更没有赞成李鸿章的"中体西用"的政治主张。尽管严复努力工作，展示了自己的才华，至光绪十五年（1889年）李鸿章才将他从任职9年的天津水师学堂总教习晋升为会办（副校长），第二年晋升为总办（校长）。严复没有再对李鸿章趋奉，李鸿章对严复的"提拔"也仅此为止。

严复目睹当时清政府的黑暗统治和李鸿章洋务派任人唯亲、培植党羽、片面学习西方文化，感到非常悲愤忧虑。他经常对人说，"不三十年藩属且尽，缳我如老悖牛耳！"用不了30年，中国要像老牛一样让外国人牵着鼻子走！李鸿章闻知以后："患其激烈，不之近也"。

1893年中法战争发生，在中国军队打胜仗的情况下，李鸿章却与法国水师总兵福禄诺订立了"简明条款",激起国人愤怒上书,要求严惩李鸿章的妥协行为,李鸿章"疑忌"严复参与所为,严复亦"愤而自疏"。

由于得不到上司的器重,政治仕途不畅,提调补缺无望,严复感叹:"四十不官拥皋比,男儿怀抱谁人知?"严复还曾多次参加科举考试,以期"一举成名"。然而,这位才华横溢的留学生,从1885年至1894年,连续4次参加乡试,因无法适应清朝陈腐的科举考试,一次次名落孙山。他终于抛弃通过科举实现救国图强的幻想。

(二) 习惯坐而论道,缺乏行动能力

严复生平习惯于纸笔口舌,坐而论道,缺乏社会实践的能力,甚至在具体的政治责任面前带有某种恐惧,所以他一生都在痛苦地抱怨没有被"重用",无职无权。人们或许能感到,他在政治领域之所以没有成功,一个重要的原因是不去积极主动地寻找机会,以及他基本上不愿意搏击政治风云。

严复没有能够走上政治舞台,是他的不幸,也是他的大幸,他在思想界的影响足以让后人对他产生深深的敬仰。他的性格是富于才情,敏于文思,善于动口议论、动笔译述,但是不擅长实际行动。但也正是这种矛盾的性格成就了他在思想史上的重要地位。

(三) 意志懦弱,寻求自慰

严复他一再流露出"怀才不遇"的思想,非超然物外之辈。他在晚年自比为献"和氏璧"的卞和,颇有感慨地坦言:"平生献玉常遭刖"。

严复最亲密的学生熊纯如对严复有过这样的评价:严复在西学方面,为康有为、梁启超等人所不及,但在"勇德"方面,严复则远不如康、梁等人。

由于怀才不遇,长期不能够实现自己的理想,而意志薄弱,为寻求自慰、排遣忧愁,严复长期嗜赌、吸毒。

严复在任职水师学堂期间便嗜好赌博,遭受挫折以后更以搓麻将排遣

闷气。他在通信中说:"又陵(严复)博大胜,已到手者已万金,水师学堂总办大可不做矣。"(《汪康年师友书札二》第10页)直到严复老死,在他日记中的"博戏"记载屡见不鲜。

他又自我麻醉,以至于嗜鸦片如性命。这跟他软弱的性格密不可分。他长期吸毒,晚年自述:"以年老之人,鸦片不复吸食,筋肉酸楚,殆不可任,夜间非服睡药尚不能睡。嗟夫,可谓苦已!恨早不知此物为害真相,致有此患,若早知之,虽曰仙丹,吾不近也。"从鸦片战争前后起,对鸦片之害已说得够多了。严氏与其说不知而上当,毋宁说是因软弱而经受不起诱惑。

(四)执著于渐变,教育救国

孙文(中山)在当时认为,中国之进步,唯有全民革命一途,他希望能够与精英分子合作,同其志。19世纪末年,当蜚声海内外的大翻译家严复到伦敦逗留时,孙文正在北美,他风尘仆仆地赶到伦敦,劝说严复支持革命。但严复表示:"中国民品之劣,民智之卑,即有改革,害之除于甲者,将见于乙,泯于丙者,将发于丁,为今之计,唯急从教育上着手,庶几逐渐更新乎!"孙文因此回答了那句有名的话:"俟河之清,人寿几何?君为思想家,鄙人乃执行家也。"(余世存:《严复的偏激》)

严复并没有因为政治遭遇冷落、仕进不畅而销声匿迹,恰恰相反,他终于抛弃个人仕进的念头,在甲午战争后,更加奋力探索救国救民的真理,首先传播《天演论》(《演化论》),引进西方思想文化,唤醒国人保种自强、变法图存,追寻自己崇高的人生价值,从而成为近代中国杰出的启蒙思想家、翻译家和教育家。

严复一向反对顽固保守、力主变法。他不仅著文阐述维新的必要性、迫切性,而且翻译了英国生物学家赫胥黎的《天演论》,以"物竞天择、适者生存"作为救亡图存的理论依据,产生了巨大影响。戊戌变法后,他致力于翻译西方资产阶级哲学社会学说及自然科学著作。严复信奉达尔文和斯宾塞的演化论,这是他政治思想的理论基础,也是他教育思想的理论基础。严复在《原强》中提出，一个国家的强弱存亡决定于三个基本条件："一曰血气体力之强，二曰聪明智慧之强，三曰德性义仁之强。"他主张通过智、体、德三方面教育增强国威。"是以今日要政统于三端：一曰鼓民力，二曰开民智，三曰新民德"。所谓鼓民力，就是全国人民要有健康的体魄，要禁绝鸦片和禁止缠足恶习；所谓开民智，主要是以西学代替科举；所谓新民德，主要是废除专制统治，实行君主立宪，倡导"尊民"。严复主张"除而不骤、惟不可期之以骤。"具体办法就是"教育救国论"。

严复疾呼必须实行变法，否则必然亡国。而变法最当先的是废除八股。严复历数八股的危害：夫八股非自能害国也，害在使天下无人才，其使天下无人才奈何？曰有大害三："其一曰锢智慧"、"其二曰坏心术"、"其三曰滋游手"。

严复主张多办学校，他曾论述西洋各国重视教育，对"民不读书，罪其父母"的强行义务教育表示赞赏。因为中国民之愚智悬殊，自然不能胜过人家。基于这种思想，严复积极办学。他亲自总理北洋水师学堂长达20年，还帮助办天津俄文馆、北京通艺学堂等。

（五）注重方法论，提倡归纳法

科学方法问题是严复西学观中的一个重要方面，他曾翻译《穆勒名学》（形式逻辑），并积极进行对"名学"的宣传介绍。

他认为归纳法和演绎法是建立科学的两种重要手段。我国几千年来，从模糊概念出发、牵强附会的"演绎"甚多，而从分析大量真相出发、实事求是的"归纳"绝少，这也是中国"学术之所以多诬，而国计民生之所以病也"的一个原因。严复更重视归纳法，主张要"亲为观察调查"，反对"所求而多论者，皆在文字楮素（纸墨）之间而不知求诸事实"。他曾用赫胥黎的话说："读书得智，是第二手事。唯能以宇宙为我简编，各物为我文字者，斯真学耳"。

（六）在新知旧法之间摇摆

严复一生的性命在新知旧法之间动摇不定：他年轻时不相信政府的改

革,中法战争后更不相信洋务派的"新政"设施能够"富国自强",对洋务运动非常不满。

到清政府快要覆亡时,为了笼络社会名人,1909年,清廷赐给严复文科进士出身;1910年,海军部特授他协都统,又征为资政院议员;1911年,授海军一等参谋官。与清廷的关系密切起来后,他对革命就持否定态度。

辛亥革命前的几年间,进士、海军协都统、学部审定名词馆总纂、资政院议员、海军一等参谋官等头衔接踵而至,他的个人欲求大体都已满足。朝野都视之为"硕学通儒",踌躇满志。

社会正在急剧转型,清政府面临何去何从的严峻选择。偏偏在这个历史发展的关键时刻,严复成了为现状辩护的"政府党"。(严复:《与汪康年书》十,见《严复集》第四册,第3279页)

清政府失去了推动它前进的强大压力,卒至陷入灭顶之灾。而严复失掉的则是作为知识分子标志的灵魂——永不休止的批判精神。

辛亥革命以后,他怀念清王朝,常常发表言论,诋毁革命,认为中国人的"识度不适于共和";顺理成章地,他参加了杨度等人组织的"筹安会",鼓吹复辟帝制,为袁世凯做皇帝开辟道路。因此,革命党人对严复的评价是:"只晓得自私自利,只享权利不尽义务。"章太炎对严复有过这样的评价:在政治上视汉人为猥贱,于革命、立宪非其所措意;在中国文史知识上是仅得句读而未领其要;在译介西学上是以与中学偶合为真为喜。

严复与袁世凯之间的关系非常复杂:一方面严复对袁世凯的品性才识颇为不满,另一方面又希望借助袁世凯实现报效祖国之志;一方面严复必须考虑维持一家三十余口在京城体面生活的薪水问题,另一方面又要尽可能保持自己的价值观念及知识者的自尊。

这决定了严复一方面与袁世凯有一定的私人交情,同时又注意保持距离。(参照皮后锋著《严复大传》,福建人民出版社2003年版)

(七) 新旧矛盾，前后矛盾

严复在《原强》中提出，国家的强弱存亡决定于三个基本条件："一曰血气体力之强，二曰聪明智慧之强，三曰德性义仁之强。"他主张通过体、智、德三方面教育增强国威。"是以今日要政统于三端：一曰鼓民力，二曰开民智，三曰新民德"。所谓鼓民力，就是全国人民要有健康的体魄，要禁绝鸦片和禁止缠足恶习；所谓开民智，主要是以西学代替科举；所谓新民德，主要是废除专制统治，实行君主立宪，倡导"尊民"。

严复大声疾呼必须实行变法，否则必然亡国。而变法最当先的是废除八股。严复历数八股的危害：夫八股非自能害国也，害在使天下无人才，其使天下无人才奈何？曰有大害三："其一曰锢智慧"，"其二曰坏心术"，"其三曰滋游手"。

但是他自己却在1885至1893年间，四次参加科举"乡试"和再三忍受落榜之辱。身为北洋水师学堂总教习和会办（副校长）、总办（校长）的严复，竟不惜花钱买来一个"监生"资格。他对皇权专制和宗法制度下的台阁和清流一往情深，视为毕生追求。他耿耿于怀的是未能循科举"正途"出身，虽在1909年获"赐文科进士出身"的"荐赏"，仍愿以年近花甲之身，再度收拾考篮赶考。

甚至废科举后依然情愫未变，令人惊异地表白："无何八股亡，大耻末由濯。晚虽蒙荐赏，何异遭呼蹙。所以平生谈，于此尤刻轹。内实抒宿愤，外示昌新学。""却愿复制科……垂老飞冲天！"（严复：《太夷继作有'被劓'诸语见靳，乃为复之》，见《严复集》第一册，第368页）

严复也不善于处理好自己的家庭内部关系，无可奈何地周旋于妻、妾、儿、女的矛盾冲突之间。

在生活道德方面，严复大声疾呼必须禁绝鸦片，但是他自己却在意志消沉时就禁不住吸食鸦片烟。李鸿章得知便劝告他："汝如此人才，吃烟岂不可惜！此后当仰体吾意，想出法子革去。"但是严复并没有"革去"此不良嗜好，反而通常是一日三遍，而且抽得十分讲究，要专门从上海购买上好的烟膏,他的书信中就有许多嘱其妻从上海购买烟膏的记录。

他长期吸鸦片一直持续到晚年,死前一年才痛悔,但已无力自拔,1919年写道:"以年老之人,鸦片不复吸食,筋肉酸楚,殆不可任,夜间非服药不能睡。嗟夫,可谓苦已!恨早不知此物为害真相,致有此患,若早知之,虽曰仙丹,吾不近也。寄语一切世间男女少壮人,鸦片切不可近。世间如有魔鬼,则此物是耳。若吾言之,可作一本书也。"(严复:《与熊纯如书》,《严复集》第三册,704页)

严复经历对个性的影响

严复原名宗光,字又陵,1853年生于福建侯官(今闽侯),一个医生家庭。后改名复,字几道。

严复从小就受系统的儒学教育。少年时期,因为谋生的需要,被迫放弃科举的正途,1866年考入福州船厂附设的马江学堂(船政学堂),接受了西方科学教育,学习英文及近代自然科学知识,五年后以优等成绩毕业。

1877年被派往英国学习海军。先入朴茨毛斯大学,后转到格林尼治海军学院。留学期间,严复对英国的社会政治发生兴趣,涉猎了大量资产阶级政治学术理论,尤为赞赏达尔文的演化论观点。1879年毕业回国,到福州船厂船政学任教习,次年调任天津北洋水师学堂(不是总教习或教务长),后升为总办(校长)。又曾任京师大学堂译局总办。严复积极倡导西学启蒙,完成了《天演论》的译述。

他的译著既区别于赫胥黎的原著,又不同于斯宾塞的普遍进化观。在《天演论》中,严复以"物竞天择"、"适者生存"的生物进化理论阐发其救亡图存的观点,提倡鼓民力、开民智、新民德、自强自立、号召救亡图存。译文简练,首倡"信、达、雅"的译文标准。

严复主办《国闻报》影响很大,"与天交胜"在当时的知识界广为流传。他的著名译著还有亚当·斯密的《原富》、斯宾塞的《群学肄》、孟德斯鸠的《法意》等，他第一次把西方的古典经济学、政治学理论以及自然科学和哲学理论较为系统地引入中国，启蒙与教育了一代国人。

辛亥革命后，京师大学堂改名为北京大学。1912 年严复受袁世凯命担任北大校长之职，这也说明严复在思想界和学术界的令人信服的显赫地位。此时严复的中西文化比较观走向成熟，开始进入自身反省阶段，趋向对传统文化的复归。

他担忧中国丧失本民族的"国种特性"会"如鱼之离水而处空，如蹩跛者之挟拐以行，如短于精神者之恃鸦片为发越，此谓之失其本性，"而"失其本性未能有久存者也。"出于这样一种对中华民族前途与命运的更深一层的忧虑，严复曾经试图将北京大学的文科与经学合而为一，完全用来治旧学，"用以保持吾国四五千载圣圣相传之纲纪彝伦道德文章于不坠。"

严复还曾担任过上海复旦公学校长、安庆高等师范学堂校长，清朝学部名辞馆总编辑等职。

1921 年 10 月 27 日去世，终年 68 岁。著作有《严几道诗文钞》等。著译编为《侯官严氏丛刑》、《严译名著丛刊》。

严复的知识结构

从小受系统的儒学教育。少年时期，被迫放弃科举的正途，考入马江学堂（船政学堂），接受西方科学教育。1877 年到 1879 年，被公派到英国留学，先入朴茨毛斯大学，后转到格林尼治海军学院。回国后，积极倡导西学的启蒙教育，完成《天演论》等译述工作。

严复质疑型的 16 种个性特质

用因素分析法，可以得出严复的 16 种个性根源特质的测试结果：
乐群性（－）、聪慧性（＋）、稳定性（－）、恃强性（－）、兴奋性（－＋）、有恒性（＋）、敢为性（＋－）、敏感性（－）、怀疑性（－

+)、幻想性（-）、世故性（+-）、忧虑性（-）、求新性（+）、独立性（+）、自律性（+）、紧张性（-）。

严复不善于交际、不喜欢热闹、不大合群；他聪明、富有才识、抽象思考能力强；他平时情绪并不稳定、易冲动；他好胜心强、但不好斗，也不温情、不谦逊、不随和；他热情、但又沉静、审慎；他自觉、负责任、讲道德、不敷衍、遵守规则；他胆大心细、敢作敢当、但不冒险，有时退缩、犹豫畏却；他敏感、但抱幻想、感情用事，也着重实际、理智、能自我克制；他警觉、但有时刚愎自用，他不善于接受、容纳别人的正确意见；他狂放、而现实、脚踏实地；他世故、精明能干，但又坦率、朴实、天真；他自信、沉着；他求新、思想自由、爱批评、不守旧；他自立、自有主张，不随大流；他受约束、但任性、松懈、不拘小节；他常有紧迫感、困扰，拘束、难以镇定和放松自如。

严复的个性因素（特质），可以概括为下表——

严复的质疑型个性因素表

A. 乐群性　　　（-）外向、爱社交——内向、不善交际（+）

B. 聪慧性　　　（+）聪明、理智——迟钝、欠理智（-）

C. 稳定性　　　（-）沉着、情绪稳定——易激怒、情绪不稳（+）

E. 恃强性　　　（+）争强好胜——温顺、随和（-）

F. 兴奋性　　　（-）活泼、热情洋溢——严肃、冷静（+-）

G. 有恒性　　　（+）道德观念强——玩世不恭、漠视规则（-+）

H. 敢为性　　　（-）胆大、冒险——退缩、犹豫（+）

I. 敏感性　　　（+）感觉敏锐——不敏感（-）

L. 怀疑性　　　（+）怀疑、警觉——轻信、麻痹（+-）

M. 幻想性　　　（-）富于幻想、心不在焉——现实、脚踏实地（+-）

N. 世故性　　　（+-）世故、老练——坦率、朴实（+-）

O. 忧虑性　　　（+）忧虑、不安——无忧无虑、满足（-）

Q1. 求新性　　　（+）求新、思想自由——守旧、保守传统（+-）
Q2. 独立性　　　（+）独立自主、有主见——服从、依赖群体（-）
Q3. 自律性　　　（+）自律、受约束——任性、无拘束（-）
Q4. 紧张性　　　（+）紧张、紧迫感——放松、镇定（-）

五因素模型检测严复的人格结构

（E）倾向性（-）
（A）随和性（-+）
（C）认真性（+）
（N）情绪性（-+）
（O）开放性（+）

第七型：直率激进的乐天者钱玄同
（1887—1939）

钱玄同是五四新文化运动的倡导者之一，北京大学教授，《新青年》杂志的编委，著名文学理论家、文字学家。章太炎的嫡传弟子，胡适、陈独秀、鲁迅、周作人、刘半农等人的朋友。他与陈独秀、胡适、刘半农一道，并称为《新青年》的四大台柱。

他的个性基本上属于直率型激进乐天者。

喜欢新鲜感，追上潮流，不喜承受压力，怕负面情绪。

钱玄同的生活风格是：爱讲自己经验，喜欢制造开心，人生有太多开心的事情等着他。乐观、精力充沛、迷人、好动、贪新鲜、"最紧要玩得开心"就是他的生活哲学！很不喜欢被束缚、被控制。他活力是玩的活力，跟成就型有所不同，做事欠缺耐性，不耐烦之余，很易冲动行事，做事鲜有周详计划，想做就去做，沉迷在兴趣里面。

钱玄同给人们的直率型乐天者印象

钱玄同（1887.9.12—1939.1.17）与鲁迅是留学日本的老同学老朋友，都是章太炎的门生。鲁迅在听讲时给钱玄同起了个"爬来爬去"的绰号，简称"爬翁"，钱玄同也给鲁迅起了个"猫头鹰"的绰号，由此可见两人关系之亲近。

五四时期两人交往甚密，不仅一起吃饭喝酒聊天，还经常互通书信。钱玄同在事业上也帮助过鲁迅。鲁迅的《狂人日记》就是在他不断催促下完成的。

刚过"而立之年"的钱玄同四处奔波。他身材不高，戴着近视眼镜；夏天穿件竹布长衫，腋下夹一个黑皮包。他走到哪里，哪里就响起高谈阔论的声音。他之所以四处奔波，是为了约稿，或跟友人讨论新文化运动中面临的种种问题。

据沈尹默回忆：当年鲁钱两人在一起高谈阔论，常常占据了说话的中心，别人只有洗耳恭听的份儿，没有插嘴的余地。

在五四文学革命的先驱者中，钱玄同可谓一员冲锋陷阵的骁将。钱玄同的出场，使陈独秀、胡适在寂寞中深受鼓舞。陈独秀对钱玄同的"崇论宏议"表示"钦佩莫名"；胡适因得到钱玄同的赏识而"受宠若惊"，并认为钱玄同的出阵"实在使我们声势一振"。

刘半农是钱玄同的知心好友。刘半农曾说："余与玄同相识于民国六年，缔交至今仅十七年耳，而每相见必打闹，每打电话必打闹，每写信必打闹，甚至作为文章亦打闹，虽总角时同窗共砚之友，无此顽皮也。友交至此，信是人生一乐。"（《双凤凰砖斋小品文·无题》）两挚友的风趣玩笑，令人神往。刘半农的性格活跃，属于开朗型；钱玄同跟他的性格相似相投。钱玄同早期言行给人们激进、偏激的印象是表象，到中年以后他转向稳重，然而"直率"的本性则是一贯的。

郭沫若对钱玄同在古史研究方面的一些观点非常赞赏，说："这些见解与鄙见不期而同，但都是先我而发的。"（《中国古代社会研究》）

1939年钱玄同逝世后，《文献》发表乐颜《悼钱玄同先生》一文说："五四时代文化运动中，钱玄同的斗争精神的表现几在任何一位同时代的斗士之上"，"在中国学术思想史上是现代转变期的代表人物。"又说："平津沦陷以后，北方文化界处于暴日的铁蹄之下，居境非常悲惨；但钱先生保持着高洁的节操，虽和钱稻孙有叔侄之亲，和周作人等有友好之谊，仍然不受包围，不被污辱，这种难能可贵的民族精神的表现，也是使得我们感动兴奋的。壮年以斗士领导青年，中年以学者努力学术，晚年以义士保持名节，钱先生总算是对得起自己，对得起国家民族的一位完人了。"

钱玄同直率型（激进型）个性特点

钱玄同个性十分鲜明，在当年北大与新青年同人中，他与挚友刘半农是"擅场双簧的一对活宝"。他的直率型、激进型个性特点表现在：

（一）直率爽朗，早年偏激

（二）幼承家教，旧学根底深厚

（三）满腹诗书而思想超前

（四）论学无门户之见

（五）述而不作，亦庄亦谐

（六）冲破旧礼教而严于律己

下面根据历史资料和已经发表的回忆录、访谈录，摘引一些实例，加以论证。

（一）直率爽朗，早年偏激

为人正直，爽朗，往往不惜偏激，出语惊人，"打通后壁说话，竖起脊梁做人"就是他的处世原则。

跟五四时期其他文化人相比，钱玄同的突出之处在于激进的姿态和直率的个性。言《新青年》必言钱玄同；言文学革命，必言钱玄同。他冲锋在前，写出了许多扫荡禁区开风气的文章，尤为重要的是，钱玄同将"桐城谬种"和"选学妖孽"确定为文学革命的对象，击中了当时模仿桐城派古文或《文选》所选骈文的旧派文人的要害。鲁迅对此评价道，"桐城谬种"和"选学妖孽"这八个字"形容惬当，所以这名目的流传也较为永久"。

钱玄同率先明确抨击"选学妖孽、桐城谬种"，并与刘半农合作"双簧信"，给旧文学以沉重打击。他率先提倡"左行横移"的书写方式，提倡应用标点符号、阿拉伯数字以及公元纪元，这一切在当时都很具建设性。

但他的一些偏激言论很令人诧异。五四期间激进者大有人在，而钱玄同格外引人注目。他喜欢直截了当公开己见，十分事情往往说到十二分的话，并且经常"今日之我与昨日之我战"。这种率真的个性，正是钱玄同的特色。

林语堂回忆说："钱玄同是《新青年》杂志的编辑之一。他倾全力提倡中文的拼音和中国文字的简化。在他反对儒家的一切思想，而且对一切都采取极端的看法这方面，我觉得他是个精神病患者。我认为在提倡社会改革上，应当采取中庸之道；但是在争论'把线装书都扔到厕所中去'，一般人听了确是胆战心惊，因此自然在宣传上颇有力量。钱玄同两眼近视，常常脸红，据我的记忆，他一直住在孔德学校，和太太分居。"（林语堂：《八十自述》第十章）

钱玄同语多偏激。最激烈之时，他曾认为中年以上的人趋于固执和专制，因此愤言："人到四十就该死，不死也该枪毙。"胡适听了，开玩笑说："好！等你到了四十岁，我将送你一首诗，叫做手枪。"鲁迅写诗讽喻道："做法不自毙，悠然过四十，何当肥猪头，抵当辩证法。"鲁迅又说钱玄同"好空谈而不做实事，他的骂詈，也是空谈，恐怕连他自己也不相信他自己的话。"

1927年9月12日，钱玄同正值四十周岁生日。好友胡适、刘半农等人仍然记得他当年的激愤之言，果真写就讣告、挽联和挽诗以及悼念文章，计划在《语丝》上出一期"钱玄同先生成仁专号"，当然这是开玩笑罢了，专号最终没有编成。

他自己也承认偏激，他的主张常涉极端。但是这种"偏激精神"往往包含着合理的内核，核心是反专制、反传统。在"搬动一张桌子要流血的旧中国"，在向躯壳和灵魂均已硬化的顽固派斗争中，非得异常、反常的举动就很难摧毁敌垒。只有打破常规，才能实现飞跃。

钱玄同与陈独秀、胡适、刘半农都是早起《新青年》的编委，出力甚多。

（二）幼承家教，旧学根底深厚

钱玄同曾对儿子讲过，他幼年时，父亲对自己要求很严格，3岁时就站在书架旁读父亲写的一条条《尔雅》，到晚上，常常是读到两腿僵直不能走路，只好由仆人抱回到睡房里去。并且说自己身体不好，就是当初这样念书站坏的。他回顾父亲的教育，印象最深的是"余自毁齿以来，先子常以许书（按：指《说文解字》）、太史公书（按：指《史记》）等命检架上塾中"。钱玄同在他父亲的严格管教下，4岁发蒙，能背诵《尔雅》，5岁开始读《诗经》，6岁能看《桃花扇》，8岁读《说文解字》，到11岁时，已在家塾读毕五经，对《史记》、《汉书》也已熟读。曾当众不漏一字地背出《史记》里的篇章，故有"神童"之誉。13岁从塾师读《春秋左传》、《春秋公羊传》；14岁开始读段玉裁、王筠、严可均等研究《说文解字》的专著；15岁读庄存与、孔广森、刘逢禄等研究《春秋》的著作。大体说来，钱玄同到15岁时，已基本接受完毕中国传统的古典教育。（参看周维强：《钱玄同这样的先生》，浙江在线新闻）

（三）满腹诗书而思想超前

钱玄同是从旧学起家却思想相当超前的人物。他写出了许多扫荡禁区开风气的文章，尤为重要的是，钱玄同将"桐城谬种"和"选学妖孽"确定为文学革命的对象，击中了当时模仿桐城派古文或《文选》所选骈文的旧派文人的要害。

五四以后，钱玄同退回书斋，思想依然活跃在学术的前沿，在历史学、音韵学、语言学、经学诸领域都有建树。他是得章太炎亲传的经学和小学名家，是中国现代音韵学的奠基者之一；他是白话语体的积极倡导者，是第一批简体汉字的起草人之一，是汉语罗马字拼音方案的拟定人，是汉字横排和自左至右书写形式的发起人之一，是最早的白话国语教科书的创编者，并极力推行过使用世界语和汉字字母化的理论。这些在当时看来近乎"空想"的理论、学说和设计，现在已经成为人们不可须臾或缺的语言工具和手段了。（杨耕：《解读钱玄同》）

（四）论学无门户之见

钱玄同说："我所做的事是关于国语与国音的，我所研究的学问是'经学'与'小学',我反对的是遗老,遗少,旧戏,读经,新旧各种'八股',他们所谓'正体字',辫子,小脚……二十年来如一日,即今后亦可预先断定,还是如此。"

他自号"疑古玄同",对过去的大师,常持坚决否定态度。作为古文派大师章太炎的入室弟子,钱玄同受老师影响,有非常高的古文经学造诣,然而他后来也拜今文经学大师崔适为师,并自称"乃始专宗今文"。实事求是地说,对于古文和今文,钱玄同都是背离师门的逆徒。他认为:"今文学家说古文经过刘歆伪造,说得是对的;古文学家说今文不符合孔子的意思,也是对的。因此,现代学人要做的事情,就是用古文学家的观点来批评今文学家,用今文学家的观点批评古文学家,从相互指责中,把各自的假面目戳破。"

(五)述而不作,亦庄亦谐

钱玄同交谈时庄谐杂出,尤娴于近代秘闻轶事。"述而不作",深入思考,提供观点,鼓励别人写作,自己很少动手,甚至授课都不写讲义,只做图表。

鲁迅曾在私人通信中说:"疑古玄同,据我看来,和他的令兄(引者注:指钱玄同的长兄钱恂,曾任湖北留日学生监督)一样性质,好空谈而不做实事,是一个极能取巧的人,他的骂詈,也是空谈,恐怕连他自己也不相信他自己的话,世间竟有倾耳而听者,因其是昏虫之故也。"(1930年2月22日致章廷谦)

终钱玄同一生,似乎所重视的是最终取得什么结果,他自己宁肯只起一点催化作用。对他来说更大意义在于发现。他诚然是"空谈",但"倾耳而听者"未必不因此而"做实事",而且鲁迅自己的《狂人日记》就是经由他催生而成。说来现代文学史和思想史上若干重要篇章都离不开钱玄同的"空谈"或催化。

鲁迅与钱玄同交恶,多半出于钱氏所谓"迁怒";有一次近乎冲突,如《两地书·一二六》所载:"途次往孔德学校,去看旧书,遇金立因(按指钱玄同），胖滑有加，唠叨如故，时光可惜，默不与谈……"钱氏写《我对于周豫才君之追忆与略评》，有番表白很中肯："我想，'胖滑有加'似乎不能算作罪名，他所讨厌的大概是唠叨如故吧。但这实在算不了什么事，他既要讨厌，就让他讨厌吧。"

钱玄同的幽默是有名的，就在课堂上也爱开玩笑。

1936年，钱玄同在北师大中文系讲授音韵学，讲到"开口呼"与"合口呼""齐齿呼"的区别，他举例说——

北京有一位京韵大鼓女艺人，形象俊美，引人注目。她因事故，掉了两颗门牙，应邀赴宴陪酒时，坐在宾客中很不自在，避免开口，万不得已，有人问话才回答。她一概用"合口呼"，避免"开口呼"与"齐齿呼"，这样就可以遮丑了。请听如此对话："贵姓啊？""吾姓鲁。""多大年纪啦？""十五。""属什吗？""属虎。""家住哪儿？""都督府。""做什么营生？""鼓与舞。""喜爱什么？""读书。"以上的答话，尾音都是用"合口呼"，可以不开口不露齿。

等到这位女艺人门牙修好了，再与人交谈时，为显露整齐的门牙，她改用"齐齿呼"，于是对答又改成了："贵姓啊？""敝姓李。""多大年纪啦？""十七。""属什吗？""属鸡。""家住哪里？""京西。""做什么营生？""唱戏。""喜爱什么？""下棋。"

过一年再与人交谈时，为炫耀唇红齿白满口清香，她又全部改用"开口呼"，于是对答又改成了："贵姓啊？""姓花。""多大年纪啦？""十八。""属什吗？""我属马。""家住哪儿？""宣化。""做什么营生？""吹喇叭。""喜爱什么？""养花。"

（六）冲破旧礼教而严于律己

钱玄同出身于清末一个旧官吏家庭，所受封建礼教颇多颇严。他对三纲五常等旧礼教最痛恨，反对也最坚决，激烈的言论很多，是一个敢于向旧礼教宣战的先锋大将。但是，他自己却是一个极守礼法的人。

钱玄同出生时，父亲钱振常已62岁，哥哥钱恂已34岁，父兄对他管教甚严。他少年时父母双亡，一直跟随兄嫂生活，"长兄如父"，凡事必禀命于兄长。兄钱恂，号念劬，清末曾任中国驻日本、英、法、德、俄、荷兰、意大利等国使馆参赞及公使。钱恂夫人单士厘字受兹，浙江萧山人，是我国最早迈出闺门、走向世界的知识妇女之一，比秋瑾、何香凝出国都还早。钱恂比玄同大三十四岁，单士厘在《清闺秀艺文略》跋语中称玄同为"玄同小郎"，玄同和侄儿稻孙的年岁差不多。

钱玄同对兄嫂十分尊敬，每到阴历年必携妻、儿一起到哥哥家拜祖先。钱玄同到晚年，已80高龄的嫂子编著关于清代闺媛诗文，他亲自去复印、校对，并为此书编了一个依《广韵》排列姓名的索引。他对于跟自己年龄相差无几的侄子们也十分友爱。

钱玄同反对包办婚姻，主张自由恋爱。但他与由长兄钱恂包办的妻子徐贞关系非常和谐。妻子身体不好，他关心体贴，照顾周到。旧社会文人嫖娼、纳妾都是平常事，钱玄同从不嫖娼，说"如此便对学生不起。"有人以他妻子身体不好为由劝他纳妾，他严词拒绝，说："《新青年》主张一夫一妻，岂有自己打自己嘴巴之理。"他还说："三纲像三条麻绳，缠在我们的头上，祖缠父，父缠子，子缠孙，一代代缠下去，缠了两千年。新文化运动起，大呼解放，解放这头上缠的三条麻绳。我们以后绝对不许再把这三条麻绳缠在孩子们头上！可是我们自己头上的麻绳不要解下来，至少新文化运动者不要解下来，再至少我自己就永远不会解下来。为什么呢？我若解了下来，反对新文化维持旧礼教的人，就要说我们之所以大呼解放，为的是自私自利，如果借着提倡新文化来自私自利，新文化还有什么信用？还有什么效力？还有什么价值？所以我自己拼着牺牲，只救青年，只救孩子！"

他大力支持长子钱秉雄自由恋爱，多次表示做父母的绝对不干涉。1937年7月15日，他亲自发请柬邀请亲朋好友百余人到中山公园今雨轩，为其长子举行订婚仪式。他即兴发表了热情洋溢的讲话，称赞自由恋爱是进步，并再次大声呼吁："反对包办式的婚姻！"后来，他又请黎锦熙等挚友为长子的《订婚纪念册》签名留念。

钱玄同在思想上勇于冲破旧礼教的揭绊，而行为上则严于律己，看似矛盾，实则是言行高尚的统一。黎锦熙就曾说："钱先生自己一生在纲常名教中，可真算得一个'完人'。"又说："他一生安身立命之处，还是'最大多数的最大幸福'之'功利主义'，墨家的人生观。"

钱玄同经历对个性的影响

钱玄同，原名师黄，字德潜；辛亥革命前曾改名夏，"五四"运动以前改名玄同。原籍浙江吴兴（今湖州市），1887年9月12日生。

父钱振常，清光绪间举人，曾官吏部主事，晚年为绍兴、扬州书院山长；又在苏州工作。年62岁，始生玄同。玄同从幼生活在苏州。

钱玄同于1906年（清光绪末年）赴日本留学，入早稻田大学师范科。在日本拜见章太炎（炳麟）于《民报》社，章太炎介绍他加入同盟会，同时听章太炎讲文学音韵学。结识许多章门弟子，后来都成了著名学者。1910年（宣统年间）归国，任浙江嘉兴中等学校国文教员。辛亥革命后，钱玄同先在杭州教育专署任科员、视学。

《新青年》的支柱之一

1913年到北京，任国立北京高等师范学校及附属中学国文、经学教员。后来，又长期在国立北京大学兼课。1917年加入"中华民国"国语研究会为会员，后又兼任教育部国语统一筹备会常驻干事，致力国语运动。北京高等师范系今北京师范大学的前身。

钱玄同从1913年到北京高等师范执教，连续在北京师范大学任专任教授二十余年。他讲授的课程，以音韵学为主，还有"说文研究""经学史略"、"周至唐及清代思想概要""先秦古书真伪略说"等。并长期任国文系主任。

1917年，他向陈独秀主办的《新青年》杂志投稿，倡导文学革命，成为"五四"新文化运动的揭幕人之一，成为鼓吹新文化，攻击封建主义，提倡民主、科学的勇士。他提出"选学妖孽、桐城谬种"的口号，明确了新文学革命的对象。他在一篇《论应用之文亟宜改良》的《写作大纲》中提出改革大纲十三事，如用"国语"作文；规定语法之词序；小学课本、新闻纸旁注注音字母；文章加标点符号；用阿拉伯号码和算式书写数目字；用公元纪年；书写方式改左行直下为右行横迤等，都是有关文化教育方面重大改革的首倡。

1918年至1919年的《新青年》杂志，钱玄同是轮流编辑之一。在这期间，他曾动员鲁迅给《新青年》写文章，《狂人日记》就是钱玄同催促他写出的头一篇作品。

1920年化名王敬轩发表《致新青年诸君子》一文，与刘半农演双簧信，鼓吹文学革命。

国语运动、文字改革的前驱

钱玄同所著的《文字学音篇》是我国高等学校最早的音韵学教科书。数十年来，影响颇大，迄今仍为音韵学家所称引。当代许多音韵学家如罗常培、魏建功、白涤洲、赵荫棠、王静如、丁声树等或是他的学生，或受过他的教益。钱玄同对于"经学"创见甚多。他有两句名言："考古务求其真，致用务求其适。"他发表在《古史辨》上讨论上古历史和儒家经书的文章，独见很多，影响很大。

郭沫若对钱玄同在古史研究方面的一些观点非常赞赏，说："这些见解与鄙见不期而同，但都是先我而发的。"（《中国古代社会研究》）

钱玄同在国语运动、文字改革方面有突出的贡献。他把文字音韵学精深的学术研究应用到国语统一、文字改革的实际工作中来。他既是国语运动的理论家，又是语言文字工作的实干者。他早年积极宣传汉语改用拼音文字，曾采用国际音标制定汉语拼音字母。后来他和赵元任、黎锦熙等数人共同制定"国语罗马字拼音法式"。

1935年他抱病坚持起草了《第一批简字表》。可以说。建国以后文字改革的三大任务简化汉字，推广普通话，制定和推行《汉语拼音方案》，钱玄同早在半个世纪以前就做过很多坚实的奠基工作,他称得上是文字改革工作的前驱。钱玄同反对文化专制,也反对帝国主义的侵略。1925年"五卅惨案"发生后,他写过一篇《关于反抗帝国主义》的文章,他把反帝和反专制两项战斗任务结合起来考虑,主张一面积极反抗帝国主义的政治经济侵略,一面用民主、科学思想和现代的文化知识"唤醒国人",使国人爱护自己的国家。他也说过"欧化",说中国根本改革之路在"欧化",他对"欧化"的解释是"全世界之现代文化,非欧洲人所私有,不过欧洲人闻道较早,比我们先走了几步。"

誓死不做敌伪的顺民

"九·一八"事变后,他痛恨日本帝国主义。1933年,日寇侵入华北,他曾把眷属送到上海去住,自己也想离开华北到南方去。当年他写信给黎锦熙、罗常培说,自己"既无执干戈以卫社稷之能力",只能以教书"骗钱糊口,无聊极矣!可耻极矣!"可见他精神的痛苦。

1937年卢沟桥事变,北平沦陷,北平师范大学西迁陕西。钱玄同因病未能随校赴陕,也未能南下,只得留守北平,1938年春,他恢复了旧名"钱夏",表示"夏"而非"夷",不做敌伪的顺民。他常间接寄语随北平师大迁至城固的好友黎锦熙等,说"玄同绝不污伪命"。

1939年1月14日,钱玄同还到孔德学校处理李大钊的遗留图书《九通》,把它卖给当时的北京女师大,帮助解决李大钊的子女生活窘迫问题。1月17日,钱玄同忽然右脑部溢血,在德国医院逝世。

钱玄同的知识结构

4岁发蒙,能背诵《尔雅》,5岁开始读《诗经》,6岁能看《桃花扇》,8岁读《说文解字》,到11岁时,已在家塾读毕五经,对《史记》、《汉书》也已熟读。曾当众不漏一字地背出《史记》里的篇章,故有"神童"之誉。13岁从塾师读《春秋左传》、《春秋公羊传》;14岁开始读段玉裁、王筠、严可均等研究《说文解字》的专著；15 岁读庄存与、孔广森、刘逢禄等研究《春秋》的著作。到 15 岁时，已基本受毕中国传统的古典教育。

1906 年赴日本留学，曾从章太炎习国学，开始致力于文字学、音韵学、训诂及《说文解字》研究。

钱玄同直率型（激进型）的 16 种个性特质

用因素分析法，可以得出钱玄同的 16 种个性根源特质的测试结果：

乐群性（＋）、聪慧性（＋）、稳定性（＋）、恃强性（－＋）、兴奋性（－＋）、有恒性（＋）、敢为性（＋）、敏感性（－）、怀疑性（－＋）、幻想性（－）、世故性（＋－）、忧虑性（－）、求新性（＋）、独立性（＋）、自律性（＋）、紧张性（－）。

钱玄同善于交际、赤诚、乐群，他不惯孤独、喜欢热闹；他聪明、富有才识、抽象思考能力强；他平时情绪稳定、态度温和、不易冲动；他好胜心强、但不武断，不好斗，而是温情、谦逊、随和；他热情、但又沉静、审慎；他自觉、负责任、讲道德、不敷衍、遵守规则；他胆大心细、敢作敢当、但不冒险，不退缩、不犹豫畏却；他敏感、但不抱幻想、不感情用事，而是着重实际、理智、能自我克制；他警觉、但决不刚愎自用，他善于接受、容纳别人的正确意见；他不狂放，而是现实、脚踏实地、合乎常规；他老练、世故、精明能干，但又坦率、朴实、天真；他自信、安详、沉着、满足；他求新、思想自由、爱批评、不守旧；他自立、当机立断、自有主张，不随大流；他严于待己、受约束、不任性、不松懈、重视细节；他一般很少紧迫感、不困扰、无拘束、镇定、放松自如。

钱玄同的个性因素（特质），可以概括为下表——

钱玄同的直率型（激进型）个性因素表

A. 乐群性　　　（＋）外向、爱社交——内向、不善交际（－）

B. 聪慧性　　　　（＋）聪明、理智——迟钝、欠理智（－）

C. 稳定性　　　　（＋－）沉着、情绪稳定——易激怒、情绪不稳（－）

E. 恃强性　　　　（－＋）争强好胜——温顺、随和（－）

F. 兴奋性　　　　（＋）活泼、热情洋溢——严肃、冷静（－）

G. 有恒性　　　　（＋）道德观念强——玩世不恭、漠视规则（＋）

H. 敢为性　　　　（＋）胆大、冒险——退缩、犹豫（－）

I. 敏感性　　　　（＋）感觉敏锐——不敏感（－）

L. 怀疑性　　　　（＋）怀疑、警觉——轻信、麻痹（－）

M. 幻想性　　　　（－）富于幻想、心不在焉——现实、脚踏实地（＋）

N. 世故性　　　　（＋）世故、老练——坦率、朴实（＋）

O. 忧虑性　　　　（－）忧虑、不安——无忧无虑、满足（＋）

Q1. 求新性　　　（＋）求新、思想自由——守旧、保守传统（－＋）

Q2. 独立性　　　（＋）独立自主、有主见——服从、依赖群体（－）

Q3. 自律性　　　（＋）自律、受约束——任性、无拘束（－）

Q4. 紧张性　　　（－）紧张、紧迫感——放松、镇定（＋）

五因素模型检测钱玄同的人格结构

（E）倾向性（＋）

（A）随和性（＋）

（C）认真性（＋）

（N）情绪性（－＋）

（O）开放性（＋）

第八型：魄力型的权威者马寅初（1882—1982）

马寅初是中国现代史上最具传奇色彩的人物之一，是我国著名的经济学家、人口学家和教育家。他一生跨越两个世纪，历经三个时代。在20世纪40年代曾被国民党政府软禁5年，在50—70年代又被诬为"向党向社会主义进攻"软禁20年，而终于活到百岁亲眼看见彻底平反——亲眼看见自己所坚持的真理得到最后胜利。

马寅初的个性属于魄力型的权威者。

马寅初给人们的魄力型（坚韧型）印象

马寅初（1882.6.24—1982.5.10）童年时候想读书，而父亲马棣生认为他聪明伶俐，应该学管账记账，继承马家的"酒坊"家业，学做生意。马寅初经常挨父亲训斥、毒打、罚跪，可是他坚持"跪下也要去念书"，"打死我也不做生意"。马棣生于是劈头盖脸将马寅初一通暴揍。秉性倔强的马寅初说："念不了书还不如死了算了！"推开父亲就向河边跑去，一头扎进河里，以死相抗争。厉害的严父终于拗不过儿子。

马寅初是浙江嵊县人，嵊县人有名的性子是"亦柔亦刚"。以柔美见长的越剧发源于此，此地又多出绿林好汉，故有"绍兴多师爷、嵊县多强盗"之说。20世纪40年代初，马寅初批评国民党腐败政治。蒋介石气急败坏，骂马寅初是"嵊县强盗"，马寅初立即回应："吾乃是嵊县强道"，意思说我手中掌握强大的道理。

20世纪50—60年代马寅初因写《新人口论》而受批斗。全国围攻之时，马寅初的牛脾气又起来了，说："我对我的理论有相当把握，不能不坚持，学术的尊严不能不维护！我虽年近八十，明知寡不敌众，自单身匹马，出来应战，直至战死为止，决不向专以压服不以理说服的那种批判者们投降。我个人被批判是小事，没什么，不过我想的是国家和民族的大事，我相信几十年以后，事实会说明我是对的。"

在政治高压下，当时身为全国人大常委的马寅初没有写过一个字的检讨，这在那个年月极为罕见。他说："检讨什么？我是为了国家民族的利益提出控制人口问题，如果只为个人着想，我完全可以什么都不管。"

马寅初的孙子马思泽记得，祖父会因为孙儿们淘气时屠戮蚂蚁而生气，却从没有为自己身处逆境、遭受批判和不公而动怒。在孙儿们的记忆中，每天他都在精神饱满地读书看报、运动锻炼，晚上他有时会写作到很晚，而周末，则照例带着孙儿们到公园或郊外去活动、爬山，没有一点颓唐的迹象，始终是开朗安详的阳光老人。

马寅初魄力型（坚韧型）个性特点

马寅初被称为现代中国的堂吉诃德，孤军奋战，绝不向恶势力投降。但他不同于那个中世纪末的"愁容骑士"，而是新世纪初的"欢容斗士"；他没有"以失败而告终"，而是在百岁高龄迎得了最后的笑声。马寅初的魄力型（坚韧型）个性，表现在：

（一）面向大众，为民请命；

（二）赤诚说话，清白做人；

（三）不畏强暴，抨击贪官污吏；

（四）形色张狂，不拘言辞；

（五）跟鲁迅性格不合；

（六）注重健康，心宽体胖；

（七）坚持学术尊严，决不投降。

下面根据历史资料和已经发表的回忆录、访谈录，摘引一些实例，加以论证。

（一）面向大众，为民请命

马寅初既有农民朴实的一面，又有知识分子刚毅的一面，天真中饱含大度，厚笃中不乏温和。超凡的智慧造就了他面向大众的广博，而丰富的阅历则赋予了他由内而外的慈祥。

1927年马寅初先生在杭州参加北大29周年校庆集会，讲演《北大之精神》说道："欲使人民养成国家观念，牺牲个人而尽力于公，此北大之使命，亦即吾人之使命也。诸君当与寅初共勉之"。"所谓北大主义者，即牺牲主义也。服务于国家社会，不顾一己之私利，勇敢直前，以达其至高之鹄的。"

20世纪40年代，由于仗义执言，马寅初受到过国民党当局的拘捕、关押和软禁，然而，马寅初不改初衷。郭沫若曾经称赞他："是个蒸不烂、煮不熟、捶不爆的响当当的一枚'铜豌豆'。"

马寅初当年在重庆讲学，大呼"杀孔宋以谢国人"，被蒋介石囚于鹅湖之顶。鹅湖乃八百年前南宋理学两大师朱熹、陆九渊论学之地，囚此一马，也算佳话。马寅初还曾激于义愤抬着棺材，准备杀身成仁，到南京国民党总统府去谏诤。

（二）赤诚说话，清白做人

"粉骨碎身不必怕，只留清白在人间！"这是马寅初留下的一幅书法。马寅初就是这样的性格，他曾说："一个人，言人之言者易，言人之所欲言者难，而言人之所不敢言者，就更难了。民国以来的监察院，也算是言官衙门了，可是却没有听见他们的声音。仔细一看，原来言官的嘴巴给堵住了，只顾了吃饭，就顾不上说话了。我就要言人之不能言。"马寅初不是言官，可是他那张嘴巴实在令人钦佩。因为不管吃饭不吃饭，他都一定要说话的!

重庆《新华日报》为马寅初六十岁辰送去的寿联是:"不屈不淫征气性,敢言敢怒见精神。"抗日战争爆发后,国民党政府推行专制独裁统治,面对一系列祸国殃民的政策,很多人敢怒而不敢言。时任重庆大学经济学教授的马寅初却毫不畏惧。

马寅初因积极投身民族救亡运动而入狱,在他囚禁期间,家人生活遇上了困难。有人奉教育部长朱家骅之命曾送上两千大洋,意欲让马先生"嘴软",但此举却遭到马夫人的婉拒:"谢谢。先生临走时嘱咐过我们要清白做人,我不能接收任何施舍。"

(三)不畏强暴,抨击贪官污吏

抗日战争期间,前方将士流血,后方百姓流汗,而"四大家族"却大发国难财。马寅初在一次立法院的会议上向四大家族发难:

"大量的事实和材料证明:中国的几户大贪污犯其误国之罪,远在奸商汉奸之上。吾人以数百万同胞之死伤,数百万财产之损失,希冀获得胜利以求民族之快复兴,决不愿以如是巨大牺牲来交换几个大财神,一个握财政之枢纽,一个执金融之牛耳,将吾人之经济命脉,操在手中。"

马寅初故意模仿蒋介石腔调,重复了蒋常说的一句:"此岂抗战之用意?"虽然马寅初自始至终没提蒋的名字,但对蒋的不满和讥讽已"尽在不言中"。

1940年,他在国民党政府陆军大学将官班做讲座,说:"现在是'下等人'出力,农民和劳动人民在前线浴血抗敌;'中等人'出钱,后方广大人民受到通货膨胀、物价上涨之害;'上等人'既不出钱,又不出力,还要囤积居奇,高抬物价,从中牟利,发国难财。更有甚者,还有一种所谓的'上上等人',他们依靠权势,利用国家机密从事外汇投机,大发超级国难财。这种猪狗不如的所谓'上上等人'就是孔祥熙、宋子文等人。"

马寅初的矛头直刺国民党最高当局,让重庆大学校长叶元龙非常害怕,他问马寅初:"委员长对您是很尊重的,您的演讲是不利于蒋委员长的,他并没有得罪你啊？"马寅初答："不错，他没得罪我，但他得罪了全国人民！"

此后，马寅初态度更为坚决，言辞更为激烈。一次，应黄炎培的要求在重庆市实验剧院演讲，他直接向蒋介石"开火"：

"有人说蒋委员长领导抗战，可以称民族英雄，但我认为他根本不够资格。因为他不能法办孔祥熙、宋子文，因为他包庇亲戚和家族，危害国家和民族。所以要说英雄，蒋介石也是一个英雄，不过并非'民族英雄'，而是'家族英雄'！"

在蒋介石的眼皮底下以如此辛辣的言辞抨击蒋，除了马寅初，恐无第二人。在常人看来，以如此"大不敬"的语言斥责蒋总裁，完全可能惹来杀身之祸，而此刻他也知道台下有密探，于是索性打开窗户说亮话：

"今天，我把儿女都带来了，让他们都来听我的演讲，知道我的主张究竟是什么。我的讲话，算是对他们留下的一份遗嘱……"

1940年12月，蒋介石命令手下秘密关押马寅初。即使在牢房里，马寅初仍寻找"演讲"的机会，他向看守他的特务、宪兵讲战时经济，讲四大家族的腐败。渐渐地，特务、看守们开始同情他，对他的监视越来越松。他可以在牢房里自由看书看报，还可以给家人写信。有位名叫陈风超的副官听了马寅初的谈话，深受教育，决定不为蒋介石卖命，找了个机会跑回老家浙江务农去了。40年后，陈风超还从浙江赶到北京看望马老，并对马老说："我之所以能有今天，完全是由于马老教育的结果。特来表示衷心的谢意。"

1944年冬，历经近5年囚禁、软禁的"政治犯"马寅初终于恢复了自由，但仍被实行"三不准"：不准任公职，不准演讲，不准发表文章。但这些限制岂能束缚马寅初？1944年12月22日，在朋友的邀请下，马寅初出席了"星期五聚餐会"。他一身中式便服，一出场就对惊愕的听众侃侃而谈："各位，前人（笔者注：指唐代刘禹锡）有诗说，'百亩庭中半是苔，桃花净尽菜花开。种桃道士归何处，前度刘郎今又来'。我说，政府伎俩施用尽，老马犹在今又来……"

国民党用了5年时间也没能封住马寅初的嘴。1945年3月，重庆伊斯兰青年教会请他去演讲，他一口答应，说："我曾作过许诺，只要我有空，青年们找我，我是随叫随到！"

那天演讲一开始，马寅初就很巧妙地切入正题："你们当中免不了有人要成为社会领袖，你们人人都有做大总统的机会。你们人人皆可以做什么'袖'，什么'长'！但是一旦成了什么'袖'，什么'长'，可千万要想着天下的老百姓，要使人民心悦诚服，大家拥护。不要使拥护你的人群，只限于少数的亲友！不要为自己私党，为几个亲戚朋友谋私利，让他们弄到几十万万、几百万万元到美国去享受。这样一个自私自利的领袖，中国并不需要！"

虽然没有点这个"自私自利的领袖"的名，但听众已心领神会。马寅初越说越激动："可有的人不这么想。他总以什么'抗战领袖'自居，说我想做汉高祖、明太祖，还有什么祖的。人们告诉他，那不行了！那是一百年、几百年前的事了，现在的世界潮流是和平与民主，你那套现在行不通了！他却说：'我就要这样做！'"——这末一句是蒋介石的口头禅，马寅初模仿他说出这句话，引得听众一阵大笑。

马寅初接着说："像这种人，一脑瓜壳的自我，一脑瓜壳的自私，外面的世界潮流一点也装不进去，拿他有什么好比的呢？只能说他是一个'真空管'，对了，真空管！就是你们在试验室里做实验用的真空管。真空管是肚子里空空的，没有东西，对外面的东西却又坚决地抗拒不让进来。"

"真空管"的比喻十分传神地刻画了蒋介石一意孤行的形象。此后，"真空管"一词在重庆流传开来，成了蒋介石的代名词。

1947年5月，南京中央大学举行校庆，南京学联邀马寅初演讲。中央大学就在国民党总统府附近，马寅初去演讲，等于在总统府眼皮底下造反。国民党特务送来装有子弹的恐吓信，很多亲友劝马寅初不要去南京，但他说："我不能让反动分子说，他们让我不出门，我就乖乖地待在家中。我就是要和他们对着干，不让我去，我偏去。"

在中央大学的礼堂，马寅初再次对蒋介石的独裁、专制痛加挞伐："大家知道，民主这个词，在欧美叫做'德谟克拉西'，我们就是要争取这个'德谟克拉西'。蒋介石也喊要实行民主，并且召开了国民党代表大会，制定了什么宪法，竭力标榜民主。但是他这个民主，与全国人民要求的民主背道而驰，因此，我们可以把他所实行的民主叫做'德谟克拉东'吧。"顺手拈来的一个"德谟克拉东"，辛辣又诙谐，引来全场一片笑声和掌声。

1947年暑期，南京中央大学邀请马寅初（上海中华工商专科学校经济系教授）在校庆活动上讲话，揭露国民党发动内战。国民党特务机关获悉后，威胁要杀死他。演讲那天，马寅初写好遗书，身穿蓝布长衫，大义凛然地登上讲台。他一开头就说："站在下面的特务先生们，你们要开枪就开吧！我马寅初在此专门恭候。你们不动手，我就要发表演讲了！"全场掌声雷动，台下特务们则面面相觑。

（四）形色张狂，不拘言辞

马寅初先生是性情中人，他演讲起来挥动胳膊，热情洋溢。他爱与人称兄道弟套近乎，常说的口头语是"兄弟我"。据曾经听他讲课的学生回忆，马寅初讲课是很少翻课本、读讲义的，而讲得激动时，往往走下讲台，手舞足蹈，言词密集。

1951年马寅初担任北京大学校长时年过七旬，人称马老，但他讲起话来仍然自称"兄弟"，这是沿袭下来的一句谦词。他体格健壮，精神抖擞，异常活跃。在校园见到学生即能招呼攀谈，平易近人，也常在全校大会上作报告，兴之所至，无所不谈。

（另一版本：每逢全校开大会，马老总是笑容可掬，用他那浓浓的江浙腔，讲上几句"兄弟我，代表北京大学"之类欢迎词。然后，他便打开随身携带的小马札，打横坐在报告人的身边，同全校师生一起，认真听讲。）

马寅初是大学者，也是"领导干部"，但没有架子，一不像有的洋博士讲话动辄汉语外国语混杂运用，二不像大官儿搭起腔调摆资格。他作报告或讲课从来不看讲稿和讲义，讲起经典却如数家珍。或者低沉回忆，或者大声吼叫。一些坐在前排的学生开玩笑说："听马校长作报告或上课，前排要撑雨伞。"尽管这样，抢坐前排的人仍很多。

（另一版本：马寅初讲课很少翻讲义，讲得激动时，往往走下讲台，挥动胳膊，言词密集，如同阵雨。一些坐在前排的学生说："听马先生上课，须撑雨伞。"）

马寅初在公众场合也有糊涂的时候。有一次北京大学请李富春副总理作报告，他居然姗姗来迟，踏着规定时间的最后一秒钟到会。他慌忙主持会议："今天高教部请客，兄弟我吃了几杯老酒。"他又自称"兄弟"，北大师生已经习惯了。问题在于，他欢迎李富春副总理时，却称"李副总统"。第一次这样说，全场都笑了。没想到会议快结束他作总结时，还是称"李副总统"。全场又是大笑，众人笑他而不怪他——他真是喝多了！

梁捷在《马寅初和陈岱孙》一文中比较过马寅初陈岱孙二人的相同与不同之处。言及两人都是少年出国，专攻财政，均以研究美国财政问题而获得美国名牌大学博士学位，马寅初以《论纽约财政》取得哥伦比亚大学博士，陈岱孙以《麻省财政》获哈佛大学博士，两人归国后又都出任重要行政职务。其后马寅初在北京大学、陈岱孙在清华大学教书。两人又都熬过了"文革"，得享高龄，都被认为是北大教师的楷模，经济学研究的泰斗。

但马寅初形色张狂。陈岱孙禀性内敛，所以造成马寅初在行政上有作为，而陈岱孙则一手开创清华经济系，奈何抗战加"文革"使得学术脉络尽断。

（五）跟鲁迅性格不合

不知何故，鲁迅对于比自己年轻一岁的绍兴同乡马寅初很少好感。

1926年10月20日，正在厦门大学任国文系教授的鲁迅，在写给许广平的《两地书》中提到马寅初："这几天此地正在欢迎两位名人。一个是太虚和尚到南普陀来讲经……一个是马寅初博士到厦门来演说，所谓'北大同人'，正在发昏章第十一，排班欢迎。我固然是'北大同人'之一，也非不知银行之可以发财，然而于'铜子换毛钱，毛钱换大洋'演说，实在没有什么趣味。所以都不加入，一切由它去罢。"

鲁迅所谓的"铜子换毛钱，毛钱换大洋"，指的是马寅初发表在1924

年《晨报六周年纪念增刊》的《中国币制问题》，其中谈到了主币与辅币的换算问题。

到1928年1月28日，鲁迅又在自己主编的《语丝》周刊4卷7期化名"楮冠"发表《拟预言——一九二九年出现的琐事》，其中公开讽刺了马寅初："有博士讲'经济学精义'只用两句，云：'铜板换角子，角子换大洋。'全世界敬服。"

另据宋运郊在《回忆我们的老校长——马寅初先生》一文中回忆，1956年秋天，北大文科同学为了纪念鲁迅逝世20周年，建议邀请许广平到北大介绍鲁迅事迹。时任北大校长的马寅初虽然同意了这件事情，却"碍于情感方面的因素"没有出面接待许广平。

（六）注重健康，心宽体胖

马寅初注重饮食卫生，他出身酿酒家庭，却滴酒不沾。每天坚持热水泡冷水淋健身：先用热水擦热全身，然后用毛巾浸入冷水，拧干，再擦肢体，直到全身通红。有时他也只用冷水洗澡。

《胡适日记》1922年8月10日星期四载："饭后与马寅初同到公园，我自七月十四日游公园，至今四星期了。寅初身体很强，每夜必洗一个冷水浴。"马寅初洗冷水浴的习惯确有其事。他1906年获北洋政府官费留学美国，入耶鲁大学矿冶系，一年后改学经济学。在耶鲁大学，游泳是必修课，校方规定，即便各门功课都是优等，不会游泳者不能毕业。在耶鲁的冷水浴室，马寅初遇到一位鹤发童颜的医生，得知冷水浴是锻炼身体的极好方式，从此常年以冷水沐浴。

马寅初1942年就想来复旦大学，然而教育部不允。1949年后，马老来上海复旦大学演讲，已七十高龄，为了在复旦显摆一下，在讲台上做了个"鹞子翻身"的动作，精彩至极。他说他身体之所以健壮，是由于他年轻时在日本（原文如此）就开始洗冷水澡，终年不辍。后来他活了一百岁。（据杨宝煌：《夏坝忆旧》，来自《复旦杂忆》复旦大学出版社）

50年代毛泽东号召"三好"（身体好、学习好、工作好），作为北大校长的马寅初就向学生介绍自己"身体好"的经验,主要两条:一是淋浴,先是中温,然后逐渐加热,至皮肤不能忍受为止,再逐渐降温,至凉水为止。水温变化,利于毛细血管开合,从而促进健康。二是爬山,每天下午四时驱车至颐和园(离北大不远)万寿山下,由山脚爬至佛香阁。他有时还爬香山主峰鬼见愁。这经验他介绍不止一次,所以当年北大的师生都能清楚地记得。

马寅初还要把这经验发表在学报上,主编翦伯赞以为北大学报是要同世界著名大学交流的,这介绍经验的文章学术性不太够。翦伯赞先生敢于顶撞校长,马老也不以官大强加于人,都是前辈风范。但马老总还有点悻悻然,他又在大会上提到此事:"毛主席说实践是检验真理的标准,我这是实践中总结出来的,怎么不是学问,他翦先生年龄比我小,一到校务委员会(翦为历史系主任)上就打瞌睡,不锻炼身体之过!"七十老翁言如赤子,天真之态可掬。

马寅初任北大校长不久,毛泽东约他去谈,见面便说:"马校长,我听说有一天你喝酒后帽子掉地下了,腰却弯不下去,你就将帽子一边走一边踢。你求人家给你捡起来,有这事吗?"马寅初忍不住大笑:"主席,你是笑我肚子大吗?新中国成立后,我倒是觉得肚子太小了,知识不够用哩!"

(七)坚持学术尊严,决不投降

20世纪50—60年代,他在解释自己不顾非议仍然坚持发表对中国人口问题的见解时说:"我为什么要这样讲呢?这完全是因为人口问题对我们的国家和民族确实太重要了,我既然认识到了这一问题的极端重要性,就一定要坚持到底,直到最后胜利。否则,作为一个经济学家和人民代表,我就没有尽到自己对祖国和人民应尽的责任。"

耄耋之年,马寅初在报上写文章说:

"我虽年近八十,明知寡不敌众,自当单身匹马出来应战,直至战死为止,决不向以力压服、不以理说服的那种批判者们投降。因为我对我的理论有相当的把握,不能不坚持,学术的尊严,不能不维护"。

马寅初经历对个性的影响

马寅初1882年6月24日出生在浙江省绍兴一个酿酒作坊主家庭,排行在五。不久,父亲将酿酒坊和家搬至水质更好的嵊县浦口镇。父亲希望他继承家业,只允许他读私塾,马寅初则向往新学堂,父子间经常发生冲突。

马寅初小时非常聪明顽皮,起初跟着兄长在嵊州浦口镇上的私塾念书,每日读书练字十分单调,马寅初对此深恶痛绝,于是他撕毁了课本而背着家人和伙伴们玩起了"掷骰子"、"推牌九"一类赌博游戏了,被父亲发现后狠狠打了一顿。后父亲听说泉岗村有位俞桂轩先生在邻村设帐授徒,俞先生的学问人品俱佳,以学识渊博教学严格而闻名乡里。于是父亲让马寅初转投于俞先生的门下,果然,在俞师的悉心指导下,马寅初的学业大有长进,《大学》、《中庸》、《论语》、《孟子》等,他几乎都能倒背如流,几年下来,打下了厚实的国学基础。

1898年由父亲的老友张江声安排到上海教会学校育美书馆读中学。

我国最早的经济学家之一

1901年回乡与张团妹结婚。同年入天津北洋西学学堂(1903年改名为北洋大学堂,1951年更名天津大学),选学采矿业和冶金学。

1907年北洋大学毕业,被保送赴美国留学,专攻经济学,1910年获耶鲁大学经济学硕士学位,1914年获哥伦比亚大学经济学博士学位。

1915年回国,任北洋政府财政部职员。

1916年任国立北京大学经济系教授兼系主任,1919年出任首任教务长。兼任浙江兴业银行顾问。

1917年又在嵊县与第二个妻子王仲贞结婚。小学毕业的王仲贞比马寅初小22岁,与女儿马仰班同岁的,当时年仅13岁。

1920年,继国立东南大学(1928年更名国立中央大学,1949年更名南京大学）首任商科主任杨杏佛之后，出任国立东南大学附设上海商科大学（现上海财经大学）教授兼教务主任，曾兼任中国银行总司券（总发行人）等职。

1923年，当选中国经济学会第一任会长。

1927年后任浙江省政府委员、南京国民政府立法院立法委员、立法院经济委员会委员长、财政委员会委员长等职。并先后出任国立中央大学经济系教授兼系主任、国立重庆大学商学院教授兼院长。曾任广州国立中山大学、交通大学（沪校）、苏州东吴大学、重庆陆军大学、立信会计专科学校、中华工商专科职业学校等校教授。

热心关注国计民生

抗日战争爆发后，1938年马寅初受聘于重庆大学，任商学院院长。

在民族危亡的紧要关头，面对当局利用时局混乱，横征暴敛，巧取豪夺，大发国难财，马寅初写文章，做演讲，揭露当局贪污腐败，抨击战时经济，呼吁征收国难财者的财产税。因而罹罪，于1942年12月被捕，先后囚禁在贵州息烽和江西上饶。在社会舆论压力下，1942年8月出狱，但马寅初仍被软禁在歌乐山上，限制与外界接触。

1945年抗日战争胜利后，马寅初担任重庆大学教授，后又到上海担任中华职业学校教授，上海工商专科学校教授。

1948年当选第一任中央研究院院士。1948年底，借道香港，转赴北京，参加新中国的筹建。1949年8月出任浙江大学校长，9月，被选为中央人民政府委员，10月，被任命为政务院财经委员会副主任，12月，出任华东军政委员会副主席。

1952年5月被任命为北京大学校长。1954年9月被选为第一届全国人民代表大会常务委员会委员。作为人民代表，马寅初走遍大江南北，深为新中国经济的恢复和发展而兴奋，但他又发现处处婴儿绕膝，深感人口问题严重。

从1955年起马寅初就对我国人口问题提出了许多独到的见解。在1957

年3月召开的最高国务院会议上，马寅初就"控制人口"问题发表自己的主张。4月27日上午，马寅初又在北京大学作了"人口与节育"的报告，此稿几经修改，以《新人口论》为题，作为一项提案，正式提交全国人大一届会议，7月15日，人民日报全文发表了《新人口论》。

然而，在当时特定的历史条件下，《新人口论》受到了极不公正的批判。

遭到围攻没有屈服

围攻马寅初的斗争在毛泽东的亲自发动和中共中央的直接部署下，于1958年在全国范围内大规模地开展。当时《光明日报》开辟了批判马寅初的专栏，从1958年7月至11月，该专栏就发表了指名道姓的批判文章二百多篇。其他全国性以及各地的报刊杂志发表的批判马寅初的文章则是不计其数了。参加这场大批判的，有那些出于对伟大领袖毛泽东的忠诚而对经济学理论一无所知的"工人、农民、小知识分子、新老干部"，还有"大学教授、副教授、讲师、教员和助教"以及有关理论界人士，尤其是一些知名的经济学家如孙冶方、王亚南、苏星、樊弘、漆琪生、骆耕漠等。这场批判运动集中火力批判马寅初的"新人口论"和"综合平衡论"。这场名为学术批判运动实质从一开始就已定性为政治批判了。

1959年12月15日，康生向北大党委书记陆平布置批判马寅初的事宜，还告知北大方面，在批判完成之后中央会将马寅初调离北京大学这个"战略重地"。陆平回校之后召开常委会，传达康生指示："马寅初最近很猖狂，给《新建设》杂志写了一篇《重申我的请求》的文章。他的问题已经不是学术问题，而是藉学术为名搞右派进攻，要贴大字报把他拖住，不让他外出视察。"北大党委于12月17日给北京市委写了报告，提出批判马寅初的做法和安排。这个报告说，要通过学术讨论揭发马寅初的政治问题，要对马寅初的学术、政治问题一起进行批判，要把马寅初的"洋奴思想"搞臭，还要彻底揭露马寅初的政治面目。具体做法是：以北大人口问题研究会、毛泽东哲学会、经济学会民意出面组织学术报告会，批判马寅初的"人口论"、"综合平衡论"等谬论,然后动员群众在校园内贴大字报全面揭发和批判。据《北京大学记事》记载:12月28日,北大"毛泽东经济思想学习研究会"举行报告会,由经济学系教师作《批判马寅初团团转综合平衡论》的报告。31日,北大学报发表马寅初的长篇论文《我的哲学和经济理论》和四篇批判马寅初的人口论的文章。从1959年12月15日至1960年1月下旬,先后有两百多篇批判马寅初的文章在《光明日报》、《文汇报》、《新建设》上发表。许多文章直接辱骂马寅初是"资产阶级代表人物、地主、资本家"、"披着学术外衣,贩卖反动政治观点,向党的社会主义路线进攻"。

马寅初在这声势浩大的批判运动面前没有屈服,他在反驳文章中指出:"我认为这不是一个政治问题,是一个纯粹的学术问题。学术问题贵乎争辩,愈辩愈明,不宜一遇袭击,就抱'明哲保身,退避三舍'的念头。相反,应知难而进,决不应向困难低头。我认为在研究工作中事前要有准备,没有把握,不要乱写文章。既写之后,要勇于更正错误,但要坚持真理,即于个人私利甚至于自己宝贵的生命,有所不利,亦应担当一切后果。我平日不教书,与学生没有直接的接触,总想以行动来教育学生,我总希望北大的一万零四百学生在他们求学的时候和将来在实际工作总要知难而进,不要一遇困难随便低头。"

1960年3月31日,马寅初被迫辞去北大校长的职务,由党委书记陆平继任。

最后一笑,笑得最好

1963年又被免去第二届全国人大常务委员会委员职务。此后十几年间,马寅初彻底从公共领域消失了,他也被剥夺了学术研究和教书育人的权利。具有讽刺意义的是,直接操纵批判北大批判马寅初运动、并由此当上北大校长的陆平,在6年之后的"文革"中却成为北大的"黑帮头子",十年间受尽折磨。在牛棚里、在批斗会上,陆平有没有良心发现的时刻,对自己昔日领导的"批马运动"进行忏悔呢?我们没有在公开言论中看到陆平曾向马寅初道过歉。

60年代以后，马寅初长期蛰居寓所，撰写探索中国农业经济规律的巨著——《农书》。至1965年完成初稿，约100万字，在"文化大革命"中，却被付之一炬。

马寅初受批判后赋闲在家。他常带家人去京郊各处爬山，尤喜攀援香山鬼见愁。过了80岁以后，就不再到远处去登山了，只在京城内的景山公园和北海公园小练。1966年"文革"期间，北京各公园关闭，马老就在自家院里溜达，每日要坚持走完3000米。1969年，马老已87岁高龄，他的右腿突然瘫痪（由于当年他被关押在息烽监狱，环境潮湿，落下后遗症）。但马老在房间里双手扶着一个高凳，拖着瘫痪的右腿，坚持运动，最终在地板上拖出一条很宽的痕迹。后来，他的左腿也瘫痪了，就坐在轮椅上活动手臂。夏季，他每天坚持挥动大蒲扇数千次。1972年，马寅初被确诊患直肠癌，此时他已91岁高龄。经过两次手术治疗后，竟然康复无恙。医生说这是马老几十年来的运动为克服癌症储备了良好的体能。在马寅初生命的最后10年，癌细胞都没有恶化和转移，这不能不说是个奇迹。

1979年9月，马寅初98岁高龄时，得到彻底平反，恢复名誉。同时，被任命为北京大学名誉校长，11月《新人口论》正式出版，1980年8月，被选为全国人大第五届委员会委员。1981年2月，被推选为中国人口学会名誉会长。1982年5月10日下午5时，马寅初因肺炎复发，病情恶化，医治无效，溘然长逝，享年101岁。

著作有《新人口论》、《中国经济改造》、《经济学概论》、《通货新论》、《马寅初经济论文集》、《中华银行论》、《中国关税问题》等数十种。

马寅初的知识结构

1901年入天津北洋大学，选学矿冶专业。

1906年得到公费赴美国留学，1910年获耶鲁大学经济学硕士学位，1914年获哥伦比亚大学经济学博士学位。1915年学成回国。

马寅初魄力型（坚韧型）的16种个性特质

用因素分析法，可以得出马寅初的16种个性根源特质的测试结果：

乐群性（＋）、聪慧性（＋）、稳定性（＋）、恃强性（＋－）、兴奋性（－＋）、有恒性（＋）、敢为性（＋）、敏感性（－）、怀疑性（－＋）、幻想性（－）、世故性（＋－）、忧虑性（－）、求新性（＋）、独立性（＋）、自律性（＋）、紧张性（－）。

马寅初善于交际、赤诚、乐群，他不惯孤独、喜欢热闹；他聪明、富有才识、抽象思考能力强；他平时情绪稳定、态度温和、不易冲动；他好胜心强、但不武断、不好斗，而是温情、谦逊、随和；他热情、但又沉静、审慎；他自觉、负责任、讲道德、不敷衍、遵守规则；他胆大心细、敢作敢当、但不冒险，不退缩，不犹豫畏却；他敏感、但不抱幻想、不感情用事，而是着重实际、理智、能自我克制；他警觉、但决不刚愎自用，他善于接受、容纳别人的正确意见；他不狂放，而是现实、脚踏实地、合乎常规；他老练、世故、精明能干，但又坦率、朴实、天真；他自信、安详、沉着、满足；他求新、思想自由、爱批评、不守旧；他自立、当机立断、自有主张，不随大流；他严于待己、受约束、不任性、不松懈、重视细节；他一般很少紧迫感、不困扰，无拘束、镇定、放松自如。

马寅初的个性因素（特质），可以概括为下表——

马寅初的魄力型（坚韧型）个性因素表

A. 乐群性　　　　　　（＋）外向、爱社交——内向、不善交际（－）

B. 聪慧性　　　　　　（＋）聪明、理智——迟钝、欠理智（－）

C. 稳定性　　　　　　（＋－）沉着、情绪稳定——易激怒、情绪不稳（－）

E. 恃强性　　　　　　（＋－）争强好胜——温顺、随和（－＋）

F. 兴奋性　　　　　（+）活泼、热情洋溢——严肃、冷静（-+）
G. 有恒性　　　　　（+-）道德观念强——玩世不恭、漠视规则（-）
H. 敢为性　　　　　（+）胆大、冒险——退缩、犹豫（-）
I. 敏感性　　　　　（+）感觉敏锐——不敏感（-）
L. 怀疑性　　　　　（+）怀疑、警觉——轻信、麻痹（-）
M. 幻想性　　　　　（-）富于幻想、心不在焉——现实、脚踏实地（+）
N. 世故性　　　　　（+）世故、老练——坦率、朴实（-+）
O. 忧虑性　　　　　（-）忧虑、不安——无忧无虑、满足（+）
Q1. 求新性　　　　（+）求新、思想自由——守旧、保守传统（-+）
Q2. 独立性　　　　（+）独立自主、有主见——服从、依赖群体（-）
Q3. 自律性　　　　（+）自律、受约束——任性、无拘束（-）
Q4. 紧张性　　　　（-）紧张、紧迫感——放松、镇定（+）

五因素模型检测马寅初的人格结构

（E）倾向性（+）

（A）随和性（+-）

（C）认真性（+）

（N）情绪性（+-）

（O）开放性（+）

第九型：达观的和谐者宗白华（1897—1986）

宗白华，是中国现代美学的先行者和开拓者、哲学家、诗人，被誉为"融贯中西艺术理论的一代美学大师"，20世纪中国唯一的一个建立了自己美学体系的美学家。与朱光潜先生并称为20世纪中国美学界的"双峰"。

宗白华把中国的"体验美学"推向了极致，作为一个审美悟道者，后人很难再出其右。

宗白华的个性是达观的和谐者。

宗白华给人们的达观和谐者印象

宗白华（1897.12.15—1986.12.20）是最早建立中国美学体系的人——不仅冯友兰这样指出，当代许多学者也都是这样认可的。

在美学爱好者与研究者心目中，对于宗白华的印象，就是一个"美学散步者"。

求学时代的宗白华常常挂在口边，尤其是在他独自一人散步的时候吟诵的唐人诗句是："行到水穷处，坐看云起时……"宗白华一辈子的特色就是散步，在缓缓的散步中，看水、看云、看天；在上海、在南京、在北京，在金字塔畔、在卢浮宫、在佛像旁。在德国大学校园，在罗马古建筑里，在意大利教堂……不慌不忙地、悠闲自得地，在散步中观察，在散步中思索，在散步中构思他的文章——一句话，在散步中寻求美，美的感悟、美的发现、美的表达、美的境界。散步是自由自在、无拘无束的行动，但并非没有计划，没有系统，散步和逻辑并不是绝对不相容的。宗白华是中国散步美学的创始人。

1919年夏，22岁的宗白华应上海《时事新报》主编郭虞裳的邀请，编辑学艺性副刊《学灯》。他发现并扶持了年长自己5岁的郭沫若。郭沫若永志不忘，他说："使我的创作欲爆发了，应该感激一位朋友，编辑《学灯》的宗白华先生。"甚至由衷地称宗白华为"我的钟子期"。

30年代中期，宗白华逛南京夫子庙时，在一家古董店偶尔发现一尊雕刻精美的隋唐石佛头，爱不释手，店主见顾客十分喜爱，也没出什么高价，生意就这样谈成了。宗白华运回中央大学寓斋。佛头重数十斤，低眉瞑目，秀美慈祥。他曾对学生说："我回家只要一看见它，就什么烦恼都消失了。"终日把玩，兴趣盎然。此事在同事中传开，大家纷纷到宗白华家观赏和拍照。徐悲鸿、胡小石等好友亦交口称赞，爱抚不已，为此，宗白华就有了"佛头宗"的雅号。不久，抗日战争爆发，南京沦陷，宗白华跟随中央大学仓促西迁重庆。临先前只将佛头埋在院中的小枣树下。在渝期间，谈话中常常提及，惘然若失，很是惦念。抗日胜利后，复员回到南京，家中所有书画古玩荡然无存，唯有此佛头深埋地底得以幸存，宗白华望着佛头感到由衷的喜悦。1952年院系调整，宗白华调北京大学哲学系主任，佛头亦随之迁往北京。数十年来，他将这尊雕刻精美的佛头一直置于案头，朝夕相处。

宗白华上课时，多半是一袭灰布长衫，衣着极为朴素。他讲书喜欢低头对着书案，一堂课下来，很少抬几次头，却口若悬河，滔滔不绝，声调铿锵，无论吐字遣词，都优美如诗。

他讲"美学"时，形容一幅画，说是好像在一个宁静的秋天下午，全身披满了金色的光灿；形容一阕音乐，仿佛一会儿风声竹韵，泉水涓涓，一会儿金铁交鸣，雄浑悲壮。

学生们听得悠然神往，被美的气氛所感染了。那时宗先生大约四十三四岁左右，已入中年，每逢讲得出了神时，也会偶尔对着学生们一笑，从这里显示他尚未磨损的天真和鸢飞鱼跃的心灵。

下课铃响了。从教室窗外忽然刮来的一股劲风，把讲台桌上的讲稿撒落一地。好心的同学要去帮助老师收拾残局，可老师执意不肯。只见他倏地躬下身来几乎跪到讲台上，躲着风把一张张讲稿按序拾了起来，掸了土，码齐了放进一个手工制的蓝布口袋里。他就是宗白华先生。

那时他教《中国美学史专题讲座》课，每次上课总提着那个宝贝口袋，放在讲台的桌上，慢慢掏出讲稿来。但讲课时几乎不看，偶尔一瞥的仅是用一张纸写的提纲。他在滔滔不绝的讲授中，有时注视着天花板凝思，更多的则是转过敦实的身子，在黑板上既写且画。

宗白华老师晚年自得其乐，身体一直康泰，几乎天天在未名湖畔散步；但有一夜突发泌尿障碍，这并非什么疑难病症；送到北医大第三医院急诊室，谁料院方竟以"不够高干级别"为由，拒绝动用进口设备，终于不治。当我赶到宗老师身边时，禁不住悲从中来。宗老师抚摸着我的手臂，宁静地微笑说："……我这一生，很充实……追求美，归于淡"。

宗白华和谐型个性特点

宗白华的个性属于达观的和谐型。

五四新文化运动期间，正是宗白华的青年时代，他发表了一篇著名的文章：《青年烦闷的解救法》。他说："现在（20世纪初）中国有许多的青年，实处于一种很可注意的状态，就是对于旧学术、旧思想、旧信条都已失去了信仰，而新学术、新思想、新信条还没有获着，心界中突然产生了一种空虚，思想情绪没有着落，行为举措没有标准，搔首踟躇，不知怎么才好，这就是普通所谓青年的烦闷。这种青年烦闷的状态，以及由此状态产生的现象，如一方面对于一切怀疑，力求破坏；他方面，又对于一切武断，急求建设。思想没有定着，感情易于摇动，以及自杀逃走等等的事实，这本是向来'黎明运动'所常附带的现象，将来自然会趋于稳健创建的一途，为中国文化开一新纪元，就着过去历史上看来，本是很可喜的现象。

但是，我们自己既遇着这种时期，陷入这种状态，就不得不自谋解救的方法，以求早入稳健创造的境地。"宗白华提出了三条途径：（一）唯美的眼光，（二）研究的态度，（三）积极的工作。

他是这样认识的，也是亲身实践的。由此，这就形成了宗白华的个性——

（一）唯美的眼光；

（二）艺术的生活；

（三）客观的观察与研究；

（四）人生就是工作；

（五）一往情深；

（六）不建体系，直接感悟；

（七）通——融会贯通；

（八）简朴淡泊的日常生活；

（九）坚持学术本位；

（十）达观的态度——归于淡。

下面主要根据宗白华自述和已经发表的回忆录、访谈录，摘引一些实例，加以论证。

（一）唯美的眼光

宗白华认为：把世界上社会上各种现象，无论美的，丑的，可恶的，龌龊的，伟丽的自然生活，以及鄙俗的社会生活，都把他当做一种艺术品看待——艺术品中本有表写丑恶的现象（注：以丑为美）的——因为观览一个艺术品的时候，小己的哀乐烦闷都已停止了，心中就得着一种安慰，一种宁静，一种精神界的愉快享乐。

把社会上可恶的事件当做一个艺术品观，厌恶心就淡了。

对于一种烦闷的事件作艺术的观察，烦闷也就消了。

持纯粹的唯美观点，在一切丑的现象中看出他的美来，在一切无秩序的现象中看出他的秩序来，以减少厌恶烦恼的心思，排遣我们烦闷无聊的生活。

（二）艺术生涯

宗白华认为：作艺术的观察，又常同艺术接近，就会渐渐的得着一种超小己的艺术人生观。这种艺术人生观也就是把"人生生活"当做一种艺术看待，使他优美、丰富、有条理、有意义。总之，就是把一生生活，当做一个艺术品似的创造。

这种艺术式的人生，可以使得人格高尚。艺术品是人类高等精神文化的表示。

在宗白华那里，艺术问题首先是人生问题，艺术是一种人生观，"艺术式的人生"才是有价值、有意义的人生。

宗白华先生讲美学，挂上一张仕女图，可以连着讲几星期，就以这张图为例，把美学的一些知识、理论贯通起来讲活了。

（三）客观的观察与研究

遇着一个困难或烦闷的事情的时候，不计较切己的利害，以致引起感情的刺激，神经的昏乱，而平心静气，用研究的眼光，分析这事的原委、因果和真相，知这事有它的远因、近因，才会产生这不得不然的结果，对于这切己重大的事，就会同科学家对于一个自然对象一样，只有支配处置的手续，没有烦闷喜怒的感情了。

这客观研究事实是不含痛苦的，是排遣烦闷的，而同时于事实上有极大的利益。

他原来是学医的，只是后来觉得"终究不适于拿手术刀解剖人的形体，而适于用理性去探索人的内心，就改行钻进了美学"。

和众多的书斋型学者一样，宗白华度过的是单纯的学者、教授的一生，少有起落与波澜，平静得近乎平淡的一生，然而，平淡中自有其不平淡者在。

宗白华通过对"流云"种种形态的观察、体悟、参照自己的心情，表达诗人所追求的"流云"之美。宗白华的学术领域极广，其西学方面，涉及古希腊到 20 世纪的多种哲学流派，对于中国的孔孟、老庄、《周易》、玄学、佛学、理学以及近代思想等，亦无不涉猎。在中西广博深厚的学术背景下，宗白华确立了他对于中西哲学和美学思想研究的比较意识和观念，并在这一基础上建立一个贯通古今中外，汇通文史哲，沟连艺术、宗教甚至科学的中国美学体系。

（四）人生就是工作

人生的生活，本来就是工作。无工作的人生，是极无聊赖的人生，是极烦闷的人生。有许多青年的烦闷，就是为着没有正当适宜的工作而产生的。试看那些资本家的子弟，终日游荡，没有一个一定的工作，虽是生活无虑，总是烦闷得很，无聊得很，终日汲汲的寻找消遣排闷的方法。我以为，正当的积极的工作，是解救烦闷与痛苦的最好方法。最危险的时候，就是完全没有工作的时候。这时候，最容易发生幻想，烦闷，悲观，无聊。

做精神工作的，不可不当附带做点肉体的工作，以维持他的健康。

（五）一往情深

宗白华自己说，他从小就爱静思和浪漫，喜欢对着天上的白云流连想。宗白华艺术境界造诣之高，不仅基于他的意趣超越，深入玄境，尊重个性，生机活泼，更主要的还是他的"一往情深"。无论对于自然，对探求哲理，对于友谊，都有可述。

宗白华回忆他在留学德国期间写"流云小诗"时说："民国十年（1922）的冬天，在一位景慕东方文明的教授的家里，过了一个罗曼蒂克的夜晚；舞阑人散，踏着雪里的蓝光走回的时候，因着某一种柔情的萦绕，我开始了写诗的冲动，从那时以后，横亘约摸一年的时光，我常常被一种创造的情调占有着。黄昏的微步，星夜的默坐，大庭广众中的孤寂，常时仿佛听见耳边有一些无名的音调，把捉不住而呼之欲出。往往是夜里躺在床上熄了灯，大都会千万人声归于休息的时候，一颗战栗不寐的心兴奋着，静寂中感觉到窗外横躺着的大城在喘息，在一种均匀的节奏中喘息，仿佛一座平波微动的大海，一轮冷月俯临这动极而静的世界，不禁有许多遥远的思想来袭我的心，似惆怅，又似喜悦，似觉悟，又似恍惚。无限凄凉之感里，夹着无限热爱之感。似乎这微渺的心和那遥远的自然，和那茫茫的广大的人类，打通了一道地下的深沉的神秘的暗道，在绝对的静寂里获得自然人生最亲密的接触。我的流云小诗，多半是在这样的心情中写出的。往往在半夜的黑影里爬起来，扶着床栏寻找火柴，在烛光摇晃中写下那些现在人不感兴趣而我自己却借以慰藉寂寞的诗句。"

（六）不建体系，直接感悟

宗白华的治学特点：不建体系，而是注重对艺术的直接感悟，充满灵气与睿智。他毕生重视自己亲身体会的艺术实践，流连于美与艺术的领会，没有留下鸿篇巨制，但他总能在那看似闲适、随意的艺术品评中引发人们对宇宙人生的思考，他那弥漫着浓重诗意情怀的美学文字总能让人在心悦神驰中领略美的神韵，在强烈的情感共鸣中去理解他的思想。宗白华这种独特的美学风貌与他的天才情结有着直接的联系。

宗白华以艺术家的态度感受着世间万物，并用那行云流水般的文字将其形诸笔端。这样写成的书绝不只是艺术理论，还是一种生活的方式。

在宗白华看来，天才追求的对象是宇宙人生的真相，而体验与表现宇宙人生真相的最好方式是感悟艺术。对宇宙人生真相的不懈探求，直接影响了宗白华的美学风貌。

（七）通——融会贯通

宗白华的学问，归纳而言便是一个"通"字，他非但融会贯通了我国古代文化、思想长河的背景中包含诸多艺术门类相依相生的美学历程，并且融会贯通了古代美学与包括东、西方在内的发展的交接与比较，因而他的讲授往往能高屋建瓴、抓纲带目，从一点引发开去，或以大见小，或以小见大，引导学子在浩瀚无际、美妙无穷的世界里徜徉。

例如他讲《易经》中离卦的美学蕴涵，说离者丽也，离卦首先具有附丽的意思。古人以附着在器皿上的花纹为美。既是附着，自然就可以分开和脱离，这正如德语里的"扬弃"一词，兼有"扬"与"弃"的意思。但它本身又包含有华丽之美、雕饰之美。它是附丽与美丽之统一。有趣的是，它却与平凡朴素的窗子发生了关系。宗白华在黑板上离卦卦符的阴爻中间加画了一个圆圈问道："你们看它像不像一扇窗子！？"宗白华接着说，人与外界接触要穿过窗户，又相通又有距离（"隔"）便是窗户的功效，而既有遮拦又相通则是中国建筑的基本特点，"隔而不隔"的审美观念或许源于古代的窗户。

又例如在讲离卦还具有"明"的意思时再对窗户情结作了美学阐释。他一笔一画逐个儿描出古代十个形状各异的"明"字，几乎占了半面黑板。然后认真分析道：为什么古人写"明"字多为窗形？因为只有把墙壁掏通才能得到明朗；"明"还与"月"相连，字形中一边是月，一边是窗，乃因夜晚上从窗户里望月光格外显得明亮。中国人喜欢明亮，喜欢与外部广大世界沟通，所以古代建筑里便以雕空的窗门来体现有隔有通的思想，这与埃及金字塔和希腊神庙等的封闭式团块造型截然不同。

宗白华总结道：有隔有通就是实中有虚，因而可以说离卦的美学就是虚实相生的美学，就是内外相通的美学。宗白华先生的"窗子说"乃见他人之未见，这建立在严密推理下的合理想象不仅极具启发性，而且充满诗情画意，如此深奥的古代美学精髓，经先生这么一点化，蓦地变得亲近起来。

（八）简朴淡泊的日常生活

宗白华的日常生活是简朴而淡泊的。他从来不抽烟不喝酒，不会下棋和打牌，也并不注重美食和品茶等等。他只注重吸取精神生活的营养，如欣赏雕塑、绘画、书法、音乐、舞蹈、园林、建筑、戏曲、话剧等等。因此他同画家徐悲鸿、戏剧家田汉、音乐家吴梅、佛学家汤用彤以及一些书法家、考古学家保持着深厚而长远的友谊。这种友谊是纯粹建立在艺术欣赏方面的，是不带有任何功利心的。

宗白华选择了纯粹的中国艺术，也就塑造了一种简朴淡泊的生活方式。他在日常生活中体验到中国艺术至境的乐趣，这样选择的生活方式，贯入一种深沉挚厚的生命意识。他本人对各门艺术都感兴趣，尤其重视对中国书法、绘画、诗歌、园林建筑等艺术的鉴赏，有机地融合在他的日常生活中。

（九）坚持学术本位

宗白华曾在20世纪60年代美学热潮中有心想写一部"中国美学史"。当时国内哲学界和美学界的诸多大师都健在，如朱光潜、邓以蛰、冯友兰、汤用彤等，学术上可互通有无。1952年，全国高校进行院系调整。将全国所有大学的哲学系都合并到北大哲学系成为全国唯一的哲学系。因此，宗白华写作《中国美学史》的学术优势是得天独厚的。

1962年国务院指派周扬主持大学文科教材的编写工作，当时列入计划的美学教材有3部，一部是《美学概论》，王朝闻主编；另一部是《西方美学史》，由朱光潜先生独撰；还有一部就是《中国美学史》，应该由宗白华主编。《西方美学史》在60年代出版，《美学概论》也在1981年正式出版，唯独《中国美学史》夭折，最后只勉强辑录《中国美学史资料选编》（上下两册）交差了事。宗白华先生留下来的大量中国美学史笔记，被束诸高阁。

宗白华开始主编《中国美学史》的时候，还同汤用彤谈到研究中国美学的特殊方法和见解。从艺术实践总结的美学思想出发，强调中国美学应该从更广泛的背景上搜集资料。

但是由于当时编写中国美学史的班子成员意见出现分歧，导致宗白华不能按照自己意愿去完成这个功在千秋的学术事业，"著史"愿望终成梦幻泡影。宗白华要坚持学术本位，而以周扬为主持人的另一方，坚持教条化的马列主义政治立场即文艺的机械反映论，二者道不同不相为谋，立场的歧见，造成散摊。这个当时流产的美学史计划一拖就是几十年，至今，如宗白华那样的学术功底又精通中西各类艺术的美学家还没出现。宗白华当然并非不可超越的学术高峰,但就目前的中国来说,产生如宗白华一样的大师的基础条件还不具备。如此看来,宗白华先生未完成的这部《中国美学史》,将是学术界永久的难以弥补的损失,这个遗憾令人深思。

(十) 达观的态度——归于淡

郭沫若提出,这是一种"达观"主义,它"建立在对于宇宙及人生透彻了解的基础之上"。(引自《新发现的郭沫若书简》,《文汇报》1993年1月10日)不像浮士德追求着"无限",乃是在一丘一壑,一花一鸟中发现了无限。所以,他的态度是悠然意远而以怡然自足的,他是超脱的,但又不是出世的。

宗白华的"归于淡"是一种对世界的认同、一种对人生的心态。它并非一张白纸"始于淡",而是大笔淋漓后的空白,强烈音响后的寂静;必须经历许多曲折反复的事理和体验,方能领悟出的深层哲理。细细分析起来,"归于淡"有多重含义。

"归于淡"的一重含义是提高气质涵养。唯其"归于淡",才能心平气和、谦虚大方,平易近人、潇洒自如。具备高度有效的自我控制能力,克己制怒、戒骄戒躁。20世纪应该实现人类文明史告别奴役、告别暴力的基本转折。"归于淡"诉诸理智而摒弃野蛮,尊重平等而决不屈从。所以气质上"归于淡"体现一种人格的高尚和优雅。

宗白华指出:"归于淡"的又一重含义是任重道远的行为准绳,"有所不为然后有所为"。

"归于淡"表现为特立独行的勇气;有时候,为追寻和坚持真善美,需要"知其不可为而为之"!

"归于淡"体现一种人本主义的价值观。唯其"归于淡"能做到"众人皆醉而我独醒","匹夫不可夺其志";唯其"归于淡"能实事求是地坚持独立思考而非趋炎附势;唯其"归于淡"能对自己的社会义务愉快胜任、排忧解难,义无反顾地承担历史使命而举重若轻。

宗白华指出:"归于淡"的另一种含义是宽容的原则。首先尊重别人然后可以自尊,爱护别人然后可以自爱。对于利害和是非的冲突看得透彻、看得淡,从而"归于淡",就在人际关系上能宽容不同的对象(异己),在学理争鸣中能宽容反对派的意见(异端)。深刻认识到宇宙、世界的多元性多变性,认识到每一个人肉体生命的渺小和短暂,认识到每一个人精神思维的独特和可贵,"归于淡"从而承认并宽容人群的多样化,承认并宽容所有的人都享有自由发展实现自我的权利。"归于淡",在挫折时能自甘寂寞,坐得住冷板凳;在成功时谨慎存心,而不忘乎所以。这才是"归于淡"的深层含义。

最后,"归于淡"是一种诗化哲理的境界,是一种美的体现。宗白华说:美是多元的——在空间上是变化的、在时间上是发展的。中国文明在四千年进步积累中,创造了多种多样的美,如正气磅礴的美,如天马行空的美,如镂金刻银的美,如行云流水的美……而其中备受推崇的美乃是一种"玉"的美,是"绚烂之极而归于淡"的美。青年人在事业之初,追求绚丽、灿烂、曝光、辉煌,这些都是可选之途无可厚非,但难免滞留于肤浅。经历了年轻气盛、血气方刚的初级阶段,经历了许多曲折反复的事理和体验,如果努力的话,大衍求一,到了成熟之年,由"绚烂"而终能"归于淡",也许可以对于这种"玉的美"有一二领悟,返璞归真。这种"归于淡"或者说"淡化"是生之解脱、美之超越,是人生的极致、自然的归宿。

宗白华经历对个性的影响

宗白华原名宗之櫆,字伯华。1897年生于安徽安庆小南门方宅母亲家中,祖籍江苏常熟虞山。

父亲宗嘉禄,清末举人(先祖为抗金名将宗泽),曾任江南商业学堂堂长。母亲方淑兰,为桐城派散文家方苞之后。

学生时代兼任编辑

1905年,宗白华随父母亲迁居南京,入思益小学,和茅以升等人同学;

1909年入南京第一模范高等小学；1912年金陵中学；1916年随母亲移居上海，入同济医工学堂（1927年改为同济大学）医预科，1918年毕业。

1918年，宗白华参加了少年中国学会的筹备工作。1919年8月，宗白华受聘参加上海《时事新报》的文艺副刊《学灯》等编辑工作。11月，宗白华正式担任《学灯》的主编，8月15日开辟新文艺栏目。9月11日发表了郭沫若（笔名沫若）的两首新诗《鹭鸶》和《抱和儿浴博多湾中》。在任《学灯》主编期间，宗白华为郭沫若提供了发表作品的阵地，发表了郭沫若的大量作品（后备编入诗集《女神》）。

宗白华与郭沫若，以及田汉三人书信往来，三人的通讯后被亚东书局编为《三叶集》出版。

在此期间，宗白华还担任《少年中国》的校勘工作。

毕生钻研中国美学

宗白华原来是学医的，但他觉得"终究不适于拿手术刀解剖人的形体，而适于用理性去探索人的内心，就改行钻进了美学"。1920年德国留学，又专门学习美学和历史哲学。"回过头来再研究中国的东西，似乎进展就快一点了"。

宗白华认为中国美学应以生意盎然的气韵、活力为主，"以大观小"，而不拘于模拟形态。他说："中国人不像浮士德追求着'无限'，乃是在一丘一壑，一花一鸟中发现了无限。"所以，他的态度是悠然意远而以怡然自足的，他是超脱的，但又不是出世的。这样的人生态度是"天行健，君子以自强不息"的儒家精神，以对待人生的审美态度为特色的庄子哲学，以及并不否弃生命的中国佛学——禅学，加上屈骚传统，从而构成了中国美学的精英和灵魂。

1920年四月底，宗白华辞去了在《学灯》和《少年中国》的工作，赴德国留学。他先在法兰克福大学哲学系学习，第三学期转至柏林大学学习美学、历史哲学。1925年回国，担任国立东南大学（1928年改为国立中央大学）哲学系教授，曾任系主任，讲授美学、艺术学等。

抗战期间随中央大学迁至重庆，抗战胜利后返回南京，继续在国立中央大学（1949 年改为国立南京大学）任教。1952 年院系调整，宗白华离开南京大学，担任北京大学哲学系美学史教授。曾任中华美学学会顾问和中国哲学学会理事。

1986 年 12 月 20 日在北京逝世。

宗白华是我国现代美学的先行者和开拓者，被誉为"融贯中西艺术理论的一代美学大师"。著有《宗白华全集》及美学论文集《美学散步》、《艺境》等。

宗白华的知识结构

1905 年入南京思益小学，1909 年入南京第一模范高等小学；1912 年入金陵中学；1916 年入上海同济医工学堂医预科，1918 年毕业。

1920 年 4 月底，宗白华赴德国留学。先在法兰克福大学哲学系，第三学期转至柏林大学学习美学、历史哲学。1925 年回国，担任国立东南大学（1928 年改为国立中央大学）哲学系教授，曾任系主任，讲授美学、艺术学等。

宗白华和谐型的 16 种个性特质

用因素分析法，可以得出宗白华的 16 种个性根源特质的测试结果：

乐群性（－）、聪慧性（＋）、稳定性（＋）、恃强性（－）、兴奋性（－ ＋）、有恒性（＋）、敢为性（＋ －）、敏感性（－）、怀疑性（－ ＋）、幻想性（－）、世故性（＋ －）、忧虑性（－）、求新性（＋）、独立性（＋）、自律性（＋）、紧张性（－）。

宗白华不善于交际、赤诚，习惯幽居独处、不喜欢热闹；他聪明、富有才识、抽象思考能力强；他平时情绪稳定、态度温和、不易冲动；他温情、谦逊、随和；他热情、但又沉静、审慎；他自觉、负责任、讲道德、不敷衍、遵守规则；他胆大心细、不冒险，不退缩、不犹豫畏却；他敏感、但不抱幻想、不感情用事，而是着重实际、理智、能自我克制；他警觉、但决不刚愎自用，他善于接受、容纳别人的正确意见；他不狂放，而是现实、脚踏实地、合乎常规；他坦率、朴实、天真；他自信、安详、沉着、满足；他求新、思想自由、爱批评、不守旧；他自立、自有主张，不随大流；他严于待己、受约束、不任性、不松懈、重视细节；他一般很少紧迫感、不困扰，无拘束、镇定、放松自如。

宗白华的个性因素（特质），可以概括为下表——

宗白华的和谐型个性因素表

A. 乐群性　　　　　（-）外向、爱社交——内向、不善交际（+）

B. 聪慧性　　　　　（+）聪明、理智——迟钝、欠理智（-）

C. 稳定性　　　　　（+）沉着、情绪稳定——易激怒、情绪不稳（-）

E. 恃强性　　　　　（-）争强好胜——温顺、随和（+）

F. 兴奋性　　　　　（-）活泼、热情洋溢——严肃、冷静（+）

G. 有恒性　　　　　（+）道德观念强——玩世不恭、漠视规则（-）

H. 敢为性　　　　　（-+）胆大、冒险——退缩、犹豫（+）

I. 敏感性　　　　　（+）感觉敏锐——不敏感（-）

L. 怀疑性　　　　　（-+）怀疑、警觉——轻信、麻痹（+）

M. 幻想性　　　　　（-+）富于幻想、心不在焉——现实、脚踏实地（+）

N. 世故性　　　　　（-）世故、老练——坦率、朴实（+）

O. 忧虑性　　　　　（-）忧虑、不安——无忧无虑、满足（+）

Q1. 求新性　　　　（+）求新、思想自由——守旧、保守传统（-）

Q2. 独立性　　　　（+）独立自主、有主见——服从、依赖群体（-）

Q3. 自律性　　　　（+）自律、受约束——任性、无拘束（-）

Q4. 紧张性　　　　（-）紧张、紧迫感——放松、镇定（+）

五因素模型检测宗白华的人格结构

（E）倾向性（−）
（A）随和性（+）
（C）认真性（+）
（N）情绪性（−）
（O）开放性（+）

后记·剖析百多年间文化名人个性的发展

鲁迅晚年曾多次向冯雪峰等人表示：他想要写出四代人（章太炎一代、鲁迅一代、瞿秋白一代、萧军萧红一代）的心路历程，也即新文化运动一些主要人物的个性人格及其形成与发展。他预设的笔法是"夹叙夹议"，叙事结合评论。然而鲁迅不幸早逝，未能实现他的这个心愿。

周作人也说过：北大与新青年同人有三代兔子（属兔的）：蔡元培一代是老兔子、陈独秀一代是中兔子、胡适一代是小兔子。

通常说来，十年或一轮（12年）为一"代"，三十年左右为一"辈"，但是这种划分也不能够绝对化，而是模糊概念，因为人们的出生年代是连续分布的，无法截然一刀切。

大致说来，章太炎一代，就是出生于1870年前后的维新改良派，有蔡元培（1868—1940）、章太炎（1869—1936）、张元济（1867—1959）、梁启超（1873—1929）等；

鲁迅一代，就是出生于1880年前后的革命派，有陈独秀（1879—1942）、鲁迅（1881—1936）、马寅初（1882—1982）、刘师培（1884—1919）、李大钊（1886—1927）等；

其间还有"小兔"一代就是出生于1890年前后的少壮派，有胡适（1891—1962年）、陶行知（1891—1946）、刘半农（1891—1934）、郭沫若（1892—1978）等；

瞿秋白一代，就是出生于1900年前后的一代，有瞿秋白（1899—

1935）、田汉（1898—1968）、老舍（1899—1966）、朱自清（1898—1948）、闻一多（1899—1946）等；

萧军萧红一代，就是出生于20世纪初的后起一代，有萧军（1907—1988）、周扬（1907—1989）、萧红（1911—1942）等；某种程度上说来也可以涵盖柔石（1902—1931）、韦素园（1902—1932）、胡风（1902—1985）、阳翰笙（1902—1993）、冯雪峰（1903—1976）、林徽因（1904—1955）、丁玲（1904—1986）、巴金（1904—2005）等。

近十几年来，我运用现代心理学方法，不仅分析和归纳了上述几代人的个性，而且追溯到1840年出生的马相伯一代，下延到1920年出生的张爱玲一代，总共可算作八代人。由此绘出了百多年间百位文化名人的群像。

我采用的笔法也是"夹叙夹议"，叙事结合心理学的类型分析和特质分析。

要从许多细节、分析许多代表人物的个性人格入手，从而发掘社会的真相、剖析时代精神的特征，描绘出历史演化的轨迹。

人们的个性，不同于戏曲中的夸张脸谱；深刻实录的传记，也不同于虚构的小说或泡沫电视剧。人性的复杂性必须由许多实例资料分析、归纳出一些本质的因素，方能透视这个人的个性与特质；然后从许多人的个性，综观某一时代某一阶层的共性，以及它与另一时代另一阶层相区别的特殊性。我多年来所作的初步工作，使我产生了如下看法：

人格应该是独立自主的，但并不是各自孤立的。个体的人格必定在社会群体活动中相互影响、相互促进。人们常议论"解放个性"和"独立人格"，由此发出种种感慨。然而由于环境与自身诸因素的局限，远非所有的个性都能得到自主的解放、远非所有的人格都能保持自觉的独立。所有个体各种素质的有意无意的总和，形成了某一社会全体的根本面貌；历史的演化，取决于所有个体作用的合力。然而，在特定的社会群体中，只要有一小部分（甚至极少数）个体的人格能够保持独立，发挥应有的效用，这个社会群体就有复兴与进步的希望。

任务很繁重、工作量很大很难，本书只不过是一砖一瓦。希望有同好者携手逐步完成这一项工程，以不辜负先人的厚望，与后人的需求。

【附录】百多年间百位文化名人的个性类型一览

马相伯（1840—1939）属于信仰天主的奉献者；

盛宣怀（1844—1916）是圆滑的务实者；

林纾（1852—1924）是保守的古典的求全者；

严复（1853—1921）是反省的质疑者；

张謇（1853—1926）是注重实业的务实者；

辜鸿铭（1857—1928）属于神经质怪杰型；

康有为（1858—1927）是虚夸型权威者；

吴稚晖（1865—1953）属于神经质型；

张元济（1867—1959）是干练的稳健型务实者；

蔡元培（1868—1940）是自由宽容的和谐者；

章太炎（1869—1936）属于神经质型；

梁启超（1873—1929）是兴趣多变的浪漫者；

林白水（1874—1926）属于为报业牺牲的奉献者；

张伯苓（1876—1951）是活动的实干型务实者；

王国维（1877—1927）属于抑郁悲观的思考者；

陈独秀（1879—1942）是领袖型权威者；

陈垣（1880—1971）属于钻研型的思考者；

鲁迅（1881—1936）是苛求型的求全者；

马寅初（1882—1982）是不畏强暴的权威者；

刘师培（1884—1919）属于神经质型；

周作人（1885—1967）是随遇而安的脆弱型和谐者；

李大钊（1886—1927）属于仗义忠厚的奉献者；

夏丏尊（1886—1946）是悲观的和谐者；

黄侃（1886—1935）属于神经质魄力型；

钱玄同（1887—1939）是直率激进的乐天者；

刘文典（1889—1958）属于神经质狂傲型；

杨振声（1890—1956）属于潇洒型；

陈寅恪（1890—1969）属于深沉透彻的思考者；

晏阳初（1890—1990）属于外向灵活的奉献者；

陶行知（1891—1946）属于平易淳朴的奉献者；

刘半农（1891—1934）是开朗的乐天者；

胡适（1891—1962）是积极外向的成就型务实者；

郭沫若（1892—1978）逢场作戏型的浪漫者；

张申府（1893—1986）是反复型质疑者

顾颉刚（1893—1980）是善思考的多方位务实者；

梁漱溟（1893—1988）是抑郁型思考者；

吴宓（1894—1978）是自我情绪型的浪漫者；

叶圣陶（1894—1988）是投身教育的和谐者；

徐悲鸿（1895—1953）是艺术型的求全者；

林语堂（1895—1976）是幽默的乐天者；

金岳霖（1895—1984）属于真纯的思考者；

冯友兰（1895—1990）是中庸型和谐者；

傅斯年（1896—1950）是支配型权威者；

徐志摩（1896—1931）是快活的乐天者；

郁达夫（1896—1945）是自暴自弃的质疑者；

罗隆基（1896—1965）是支配型权威者；

宗白华（1897—1986）是达观的和谐者；

孙荃（1897—1978）是贤妻良母型的奉献者；

章乃器（1897—1977）是刚直型务实者；

田汉（1898—1968）是外向活跃的浪漫者；

庐隐（1898—1934）是激烈的质疑者；

朱自清（1898—1948）是平稳的和谐者；

瞿秋白（1899—1935）是清醒的质疑者；

潘光旦（1899—1967）属于顽强的思考者；

罗常培（1899—1958）属于懦弱的思考者；

老舍（1899—1966）是勤奋的谨慎型务实者；

闻一多（1899—1946）是刚直型的求全者；

郑天挺（1899—1981）是尽职尽责的和谐者；

夏衍（1900—1995）是宁静型的求全者；

冰心（1900—1999）是纯爱型的求全者；

凌叔华（1900—1990）是协调型的和谐者；

张幼仪（1900—1988）属于三从四德型的奉献者；

卞之琳（1910—2000）属于抑郁型；

梁思成（1901—1972）是学术型的务实者；

吴文藻（1901—1985）属于书卷气的思考者；

柔石（1902—1931）属于抑郁型；

韦素园（1902—1932）属于抑郁型；

傅鹰（1902—1979）属于刚直型；

胡风（1902—1985）是魄力型权威者；

阳翰笙（1902—1993）属于平和型；

冯雪峰（1903—1976）是耿直刚烈的权威者；

林徽因（1904—1955）是完美型的求全者；

丁玲（1904—1986）是女性自主的浪漫者；

巴金（1904—2005）属于理想型的奉献者；

朱湘（1904—1933）属于神经质；

魏鹤龄（1904—1979）属于粘液型；

戴望舒（1905—1950）属于抑郁型；

王实味（1906—1947）是神经质的质疑者；

邵洵美（1906—1968）是唯美的乐天者；

萧军（1907—1988）是鲁莽粗犷型的浪漫者；

周扬（1907—1989）是管理型（工头型）权威者；

傅雷（1908—1966）是偏执型的求全者；

艾青（1910—1996）是艺术型的抑郁的浪漫者。

曹禺（1910—1996）是懦弱的质疑者；

唐瑛（1910—1990?）是交际花乐天者；

卞之琳（1910—2000）是抑郁质的和谐者；

萧红（1911—1942）外向，率真型：

孙多慈（1913—1975）抑郁质和谐者；

顾准（1915—1974）是不屈不挠的求全者；

赵丹（1915—1980）属于多血型，

金山（1915—1982）属于胆液型，

石挥（1915—1957）属于抑郁型，

吴祖光（1917—2003）是没有顾虑的乐天者；

穆旦（1918—1977）是抑郁型的求全者；

张爱玲（1920—1995）是唯美的质疑者。

参考书目

1. 【美】唐·李查德·里索(Don Richard Riso):《性格型态》(*Personality Types*),吴振能、傅世良、陈营生译,远流出版公司,1994年。

2. 【美】兰妮·巴伦(Rence Baron)、伊莉莎白·华盖利(Elizabeth Wagele):《寻找灵魂伴侣:从九型人格解析人际关系》(*Are you my Type am I Yours? Relationships Made Easy Through the Enneagram*),李美珍译,世茂出版社,1997年。

3. 【英】凯伦·韦布(Karen Webb):《九型人格》(*Principle of Enneagram*),翁静育译,团结出版社,1998年。

4. 【美】戴维.丹尼尔斯(David N. Daniels),弗吉尼亚.普赖斯(Virginia Price. Ph. D):《九型人格测验及指南——我是哪种人》(*The Essential Enneagram: The Definitive Personality Test and Self-Discovery Guide*),程艮译,中信出版社,2003年。

5. 【美】海伦·帕尔默(Helen Palmer):《九型人格(I,蓝宝书)》(*The Enneagram* I),徐扬译,华夏出版社,2006年。

6. 【美】海伦·帕尔默(Helen Palmer):《职场和恋爱中的九型人格(II,红宝书)》(*The Enneagram* II),徐扬译,华夏出版社,2007年。

7. 【法】达涅卢(Danielou, L.),【法】萨尔蒙(Salmon, E.):《九型人格》(*Decouvrir l'Enneagramme*),张粲、袁才蔚译,化学工业出版社,2009年。

8. 【美】唐·理查德·里索（Don Richard Riso），拉斯·赫德森（Lars Hudson）：《九型人格1：了解自我、洞悉他人的秘诀（I，红皮书）》（*Personality Types：Using the Enneagram for Self-Discovery I*），余燕译，南海出版社，2010年。

9. 【美】唐·理查德·里索（Don Richard Riso），拉斯·赫德森（Lars Hudson）：《九型人格2：发现你的人格类型（Ⅱ，白皮书）》（*Personality Types：Using the Enneagram for Self-Discovery II*），徐晶译，南海出版社，2010年。

10. 陈明远：《文化名人的个性》，陕西人民出版社，2010年。

11. 陈明远：《洗尽铅华始见真：民国才女的个性与婚恋》，中央编译出版社，2011年。